黑水为证/
旅俄华侨的历史记忆

история китайцев в России на
верховье и среднем течении реки Амур

宁艳红 著

社会科学文献出版社
SOCIAL SCIENCES ACADEMIC PRESS(CHINA)

1988年黑河首批建筑工人55人前往苏联布拉戈维申斯克

20世纪初的采金工人

阿穆尔地区的航运、商业码头

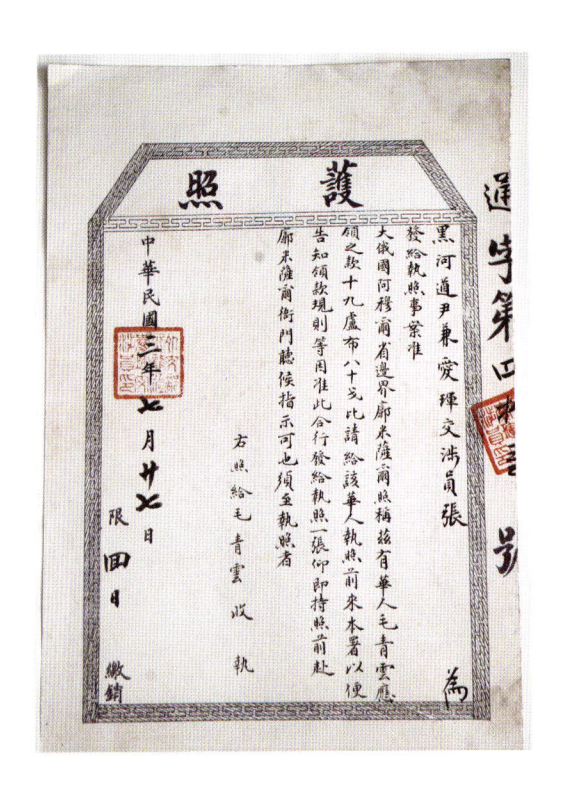

民国三年护照

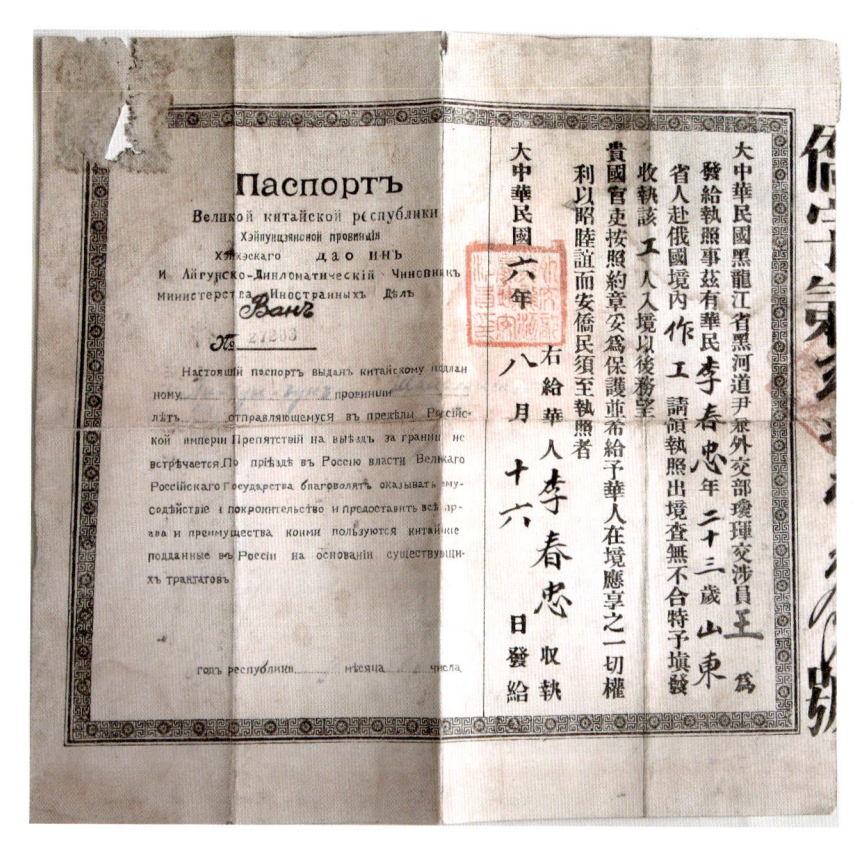

民国六年护照

Паспортъ
Великой китайской республики
Хэйлунцзянской провинціи
Хэйхэскаго дао инъ
и Айгунско-Дипломатическій Чиновникъ
Министерства Иностранныхъ Дѣлъ
Ванъ
№ 27263

Настоящій паспортъ выданъ китайскому подданному, провинціи ..., лѣтъ ..., отправляющемуся въ предѣлы Россійской имперіи. Препятствій на выѣздъ за границу не встрѣчается. По пріѣздѣ въ Россію власти Великаго Россійскаго Государства благоволятъ оказывать ему содѣйствіе и покровительство и предоставить всѣ права и преимущества, коими пользуются китайскіе подданные въ Россіи на основаніи существующихъ трактатовъ.

... гoдъ республики ... мѣсяца ... числа.

大中華民國黑龍江省黑河道尹兼外交部瓊理交涉員王為
發給執照事茲有華民李春忠年二十三歲山東省人赴俄國境內作工請領執照出境查無不合特予填發
收執該工人入境以後務望
貴國官吏按照約章交為保護並希給予華人在境應享之一切權利以照睦誼而安僑民須至執照者
右給華人李春忠收執
大中華民國六年八月十六日發給

民国元年过江小票

執照
黑河府衙門為
發給執照事茲據本城居戶……報稱前赴俄國買賣物件辦理自己私事請發執照前來合亟發給執照以利遍行該居戶亦不得夾帶違禁貨物為此仰俄國邊關查驗放行可也須至執照者
右照給……執此
中華民國 年 月 日
限 月 日 銷

侨批

本书由黑河学院优秀学术著作出版基金资助出版

目 录

绪论 黑水为证：旅俄华侨风雨浮萍一个半世纪 …………………… 1

第一编

第一章 帝俄时代的旅俄华侨 ………………………………………… 15

第二章 苏联时代的旅俄华侨 ………………………………………… 41

第三章 面向 21 世纪的旅俄华侨 …………………………………… 55

第二编

第一章 二十世纪初劫后余生的旅俄华侨 ………………………… 69

  被命运眷顾的满族家庭
    ——访满族文化的"活化石"何世环老人 ………………… 69
  黄山屯五兄弟的多舛命运 ………………………………………… 76
  宁氏家族的变迁 …………………………………………………… 82
  吴文柱的沉浮人生 ………………………………………………… 89
  黑河通司付福生 …………………………………………………… 92

1

辫子老人的"最大"幸运 ……………………………………… 96

第二章　早期开交通时期的旅俄华侨 ……………………… 101

　　葛锁旅俄归来支援抗联 …………………………………… 101

　　黑龙江畔岛屿上酒柜的经营者张福盛 …………………… 105

　　二道卡岛沧桑历史的见证者曲兰田 ……………………… 109

　　三卡百年沧桑的见证者刘俊卿 …………………………… 114

　　回族爱国志士韩子和 ……………………………………… 118

　　名振边陲的回民商人白锡贵 ……………………………… 123

　　旅俄华侨刘松山 …………………………………………… 128

　　从麒麟金沟走出的"玉乐园"饭店经营者张玉双 ………… 132

　　半个世纪的思念五十年后的重逢 ………………………… 138

　　一名苏联女人的中国情结 ………………………………… 142

　　黑河房地产家毕凤芝 ……………………………………… 147

　　见义勇为的旅俄华商邵宗礼 ……………………………… 152

　　闯崴子的成功民族资本家徐鹏远 ………………………… 158

　　杰出的爱国实业家张廷阁 ………………………………… 177

　　浮华背后的屈辱

　　　　——苏联远东情报员徐日晓和他的家人 …………… 193

　　情系孙吴哈达彦 …………………………………………… 212

　　苗忠林的故事 ……………………………………………… 224

　　一名华侨后裔的回忆 ……………………………………… 227

　　告别儿女　舍弃家产　抗日先锋

　　　　——旅俄华侨周光甲的传奇人生 …………………… 234

第三章　新时期的旅俄华侨 ………………………………… 250

　　从黑河走出去的资深外交官陶春宝 ……………………… 250

目录

海南俄语导游第一人王博涵 ········· 256

布拉戈维申斯克的淘金者

——张元磊和他的母亲 ········· 264

中俄边境贸易的领路人 ········· 269

爱情无国界 ········· 278

从黑土地走出去的跨国建筑第一人何文安 ········· 284

我和我的中国丈夫 ········· 296

我的前半生 ········· 301

代结语：未终结的研究与思考 ········· 308

附录　采访人员名单 ········· 318

后　记 ········· 323

绪论　黑水为证：旅俄华侨风雨浮萍一个半世纪

叩开中俄（苏）关系史之门，一个特殊的群体赫然展现在眼前。他们或来自中俄边境地区，或来自内地省份，或经陆路一路艰辛，或经水路长途跋涉，选取不同的赴俄线路，采取不同方式，历尽千辛万苦，来到地域遥远风霜寒冷之地，漂泊在西伯利亚和远东地区的广袤土地上。

从1858年《瑷珲条约》签订至今，旅俄华侨已经走过一个半世纪的风雨历程。他们在中俄（苏）关系的历史变迁过程中经历风云变幻，留下辉煌与落寞，抒写平凡与雄壮。由于所处的时代不同，他们或许有着相似的赴俄经历，却有着不同的奋斗历程和不一样的人生轨迹。

黑龙江是中俄两国的界江，在黑龙江上中游中俄边境地区有许多让人难忘又记忆犹新的故事，滔滔的黑龙江水载走两岸人民许多记忆，却载不走旅俄华侨的生离死别、爱恨情仇。近年来，中俄两国顺应合作共赢的时代发展潮流，开创性建立全面战略协作伙伴的新型国家关系，中俄两国人民的友谊日益加深，两岸的学者对中俄关系以及旅俄华侨历史文化的研究日益增多。

关于"华侨"与"华人"概念

"华侨"作为一个具体概念出现已经有大约130年的历史，可是从其产生以来，对其理解和表述一直存在争议。在晚清、民国凡是具有中国血统而居住在国外的人，都被认为是华侨。中华人民共和国成立之后，随着华侨双重国籍问题的解决，华侨概念也产生了变化。1990年颁布的《中华人民共和国归侨侨眷权益保护法》第二条明确指出："华侨是指定居在国外的中国公民。"同时，依照国务院侨务办公室发出的通知，对华侨定义中"定居"一词作了具体解释，是指已取得住在国长期或者永久居留权或已取得住在国连续五年（含五年）以上合法居留资格，并在国外居住。中国华侨华人研究所副所长张秀明认为，定居指中国公民已经取得住在国长期或者永久居留权，并已在住在国连续居留两年，两年内累计居留不少于18个月，中国公民虽未取得住在国长期或者永久居留权，但是已经取得住在国连续5年以上（含5年）合法居留资格，5年内在住在国累计居留不少于30个月，视为华侨。[①]

1993年我国出版了首部《世界华侨华人词典》，其中对"华侨"一词的解释是：中国在海外定居谋生并保持中国国籍侨民的总称。如此看来，对于华侨概念的界定与历史背景的变化是息息相关的，不同的历史时期，华侨定义所指人群也会有所不同。在俄罗斯学术界"华侨"一词泛指绝大部分居住在其境内的"中国人"，无论其是否取得该国国籍或长期居留权；在表述上多使用"中国侨民""中国移民""俄罗斯的中国人"等词语。

华人（Ethnic Chinese）概念初专指起源于黄河和长江流域的华夏族，随后扩展到受中华文明影响的周边少数民族，现时并成为全体中华民族之代称，其概念包括了"中国公民"（citizen of China）和"海外华人"（Overseas Chinese）。

中华人民共和国成立之前的民国政府侨务委员会的法条强调"华人"除华侨外，尚包括"归化为外国国民"以及移民散居在全球各地的中国人；"华侨"则单指定居在国外的中国公民。在中华人民共和国的法律中，华人是指带有前述中华民族血缘而"国籍非属中华人民共和国之人"。

因此，基于本书研究对象的特定含义，我们将"华侨"宽泛地界定为

[①] 张秀明：《华侨华人相关概念的界定与辨析》，《华侨华人历史研究》2016年第2期。

留居海外并保留中国国籍的华人。旅俄华侨就是泛指留居俄（苏）、保留中国国籍的华人，它包括早期的华农、华商、华工等取得长期或永久居住权的居民，也囊括了赴俄（苏）短期居住、工作、学习的中国人。这既是出于学术研究的需要，更是出于多角度、全视野展示旅俄同胞学习工作、文化生活、社会活动的考虑。

国力衰微，割地成侨

黑龙江是我国三大河流之一，源远流长、水势壮阔，奔腾入海。巍峨的外兴安岭，绵亘数千里，是江北原野的天然屏障。在这辽阔的地域，土地肥沃，物产丰富。19世纪末以前，西起贝加尔湖，北至外兴安岭，东至鄂霍次克海，均属中国版图。自8世纪初，唐王朝在黑龙江地区设都督府，册封部落首领为都督起，历代王朝均派官吏对黑龙江地区行使管辖之权。到了清代，居住在黑龙江以北、乌苏里江以东的各族人民分别归黑龙江将军和吉林将军管辖。这里不仅地域辽阔，而且民族众多，创造了丰富多彩的民族文化。满族、蒙古族、鄂伦春、鄂温克、达斡尔等民族是生活在我国东北边疆的古老民族，人数众多，足迹遍布整个黑龙江流域。清廷问鼎中原后，除居住在东北腹地和"从龙入关"者外，黑龙江中下游为其主要聚集地，他们绝大部分是清朝派驻瑷珲的八旗士兵后代，包括满族八旗、汉军八旗。这里还有达斡尔族、鄂温克族（索伦人）、鄂伦春族、赫哲族（俄人称戈尔德人），少部分费雅喀族（又叫作飞牙喀、非牙哈等，俄国人称之为基里亚克人）、库页（专指居住在库页岛的原住民）等少数民族以及汉族人。这里的每一寸土地，都浸透中华儿女的血汗，他们胼手胝足，用辛勤的劳动共同开发这块世代繁衍生息的土地。

黑龙江沿岸地区对于俄国，尤其是对于西伯利亚具有重要意义。1689年，清朝同俄国签订了《尼布楚条约》，确认中俄东部边界，阻止了俄国向中国东北地区的继续扩张、侵吞。《尼布楚条约》的签订，使中国东北边疆获得了较长久的安宁。1858年5月，俄国西伯利亚总督穆拉维约夫趁英法联军攻陷大沽口之际，以武力强迫黑龙江将军奕山签订了中俄《瑷珲条约》。根据这个条约，清政府割让黑龙江以北、外兴安岭以南的 60 多万平方千米的土地，原属我国的乌苏里江以东约 40 万平方千米的土地，包括吉林省全部海岸线及海参崴出海口，划为中俄"共管"，俄国在黑龙江、乌苏里江享有航行权，从而夺得了经黑龙江前往太平洋的通道。1860 年 11 月 14 日，清政府与俄国签订了《北京条约》，将乌苏里江以东 40 万平方千米的土地划归俄国。俄国通过《瑷珲条约》和《北京条约》割占黑龙江以北、外兴安岭以南、乌苏里江以东 100 多万平方千米的领土，成为鸦片战争中最大的赢家。从此，黑龙江和乌苏里江从中国的内河变为中俄两国的界河。

1900 年，中国华北地区和东北地区相继爆发了义和团反帝运动。俄国为了维护其在华的侵略利益，于 1900 年 7 月，派兵进入此时仍属中国管辖的"江东六十四屯"，对世世代代居住于此的中国人进行了疯狂的屠杀和驱赶，先后制造了骇人听闻的"海兰泡惨案"和"江东六十四屯惨案"。《瑷珲县志》记载，江东六十四屯北起精奇里江口，南至孙吴县的霍尔莫勒津屯，面积 3600 平方千米。在 1900 年被俄人割占前约有 3.5 万人。与之毗邻的海兰泡（布拉戈维申斯克）大约有 4 万居民，两地居民总数在 7.5 万余人，其中绝大部分为中国人。这一部分人因为割地而成为生活在俄国的侨民。

学术史：国内外研究动态

目前在国内外的研究成果中，并未有专门针对黑龙江上中游中俄边境地区旅俄华侨及其后裔相关史料研究的成果问世，学术界对中俄边境地区旅俄华侨及其后裔的相关史实的研究和关注较少。

1. 国内研究现状及动态

相关史料。清末民初之际，一些官吏和文人对黑龙江沿岸进行实地考察，留下笔记等史料，如曹廷杰的《西伯利亚偏东纪要》《东北边防辑要》《东三省舆地图说》，屠寄《黑龙江舆图》《黑龙江舆地图说》等，宋小濂

《北徼纪游》，程德全《程德全守江奏稿》（外十九种），林传甲《龙江旧闻录》，以及《会勘黑龙江中俄国界案》《黑龙江述略》《黑龙江志稿》《黑龙江志略》《龙江三纪》等，特别是民国时期徐希廉编纂的《瑷珲县志》等对旅俄华侨赴俄方式、分布及生活状况等有粗略记述。

近年来主要学术成果。侧重旅俄华工的生活状况与觉醒的学术成果有李永昌的《旅俄华工与十月革命》（河北教育出版社，1988）；记录华侨基本状况如周南京主编的《华侨华人百科全书：历史卷》（中国华侨出版社，2001）、李明欢著《欧洲华侨华人史》（中国华侨出版社，2002）；侧重俄罗斯移民政策的有王晓菊《俄国东部移民开发问题研究》（中国社会科学出版社，2003）、强小云《移民对当代中俄关系的影响》（时事出版社，2010）；侧重留俄学生的有郝世昌、李亚晨《留苏教育史稿》（黑龙江教育出版社，2001）等。

相关的回忆录及日记。《赛福鼎回忆录》；蔡运辰《旅俄日记》；列夫、王易《刘泽荣传略》；刘泽荣《十月革命前后我在苏联的一段经历》，《文史资料选辑》第60辑；马员生《旅苏纪事》；周保中《东北抗日游击日记》等，都详细记录了旅俄的所见所闻，还原了当时旅俄华侨的真实生活。

国内期刊文章。（1）侧重旅俄华侨的生活状况的有赵俊亚《旅俄华人研究》（博士学位论文，吉林大学，2007），卜君哲《近代俄罗斯西伯利亚及远东地区华侨华人社会研究（1860～1931年）》（硕士学位论文，东北师范大学，2003），李志学《割地成侨——俄罗斯华侨华人史的特殊一页》（《学习与探索》2005年第5期）；侧重旅俄华侨与马克思主义传播的有林军《全俄华侨组织——旅俄华工联合会研究》（《北方论丛》1994年第1期），薛衔天《关于旅俄华工联合会机关报——〈大同报〉》（《近代史研究》1991年第3期），郭渊《旅俄华工接受和传播马列主义过程的历史考察》（《西伯利亚研究》2007年第5期）；侧重旅俄华侨对俄罗斯贡献的有В.扎采平：《华人对俄罗斯远东城市发展的贡献》（《西伯利亚研究》2007年第4期）；侧重留俄学生的有于洪君《关于二、三十年代中国革命者和青年学生赴苏学习的几个问题》(《苏联问题研究资料》1988年第6期)等。

旅俄华侨、华人输出地的地方文史资料。如《山东省志·侨务志》《威海旧影》《龙口县志》《荣成市志》《莱州史话》《烟台文化通览》,以及中俄边境地区编撰的《黑龙江省志》《呼玛县志》《漠河县志》《大兴安岭历史编年》《黑河地区志》《珲春市志》《绥芬河站志》《旅俄华人史料选》;曹明龙、于海鸥《旅俄华侨(旅苏、俄留学生)纪念馆史料汇编》。

虽然国内学者对旅俄华侨的研究有了一定成果,但是尚未进行系统梳理和调查,研究内容比较分散,尤其对黑龙江上中游的旅俄华侨涉猎的更少,如中俄通婚、社团组织,旅俄华侨对于两国边境地区的城镇发展、贸易往来等交往的作用与贡献,没有进行深入研究和思考。

2. 国外相关研究及动态

(1) 俄罗斯(苏联)方面

帝俄时代。伊凡·纳达罗夫、翁特尔别格、B.格拉维分别著《北乌苏里边区现状概要》(上海人民出版社,1975)、《阿穆尔沿岸(1908~1911年)》(圣彼得堡,1912)、《阿穆尔沿岸地区的中国人、朝鲜人、日本人》(圣彼得堡,1912)。这些资料详细记录19世纪末20世纪初华侨华人赴俄的线路、人数、分布、职业状况、工资状况、社团活动及中俄通婚、华侨华人经济文化活动,并提出管理华侨的办法,是研究早期华侨华人的重要参考资料。

苏联时期。伊·巴比切夫、尼·波波夫、刘永安的《在远东参加国内战争的中国朝鲜劳动者》《他们同我们一起为苏维埃政权战斗》《为苏俄而战的中国志愿军》,详细记录十月革命后旅俄华工的觉醒,拿起武器和苏联人民一起并肩作战,保卫苏维埃的英雄事迹。

当代俄罗斯。索罗维耶夫·费德罗·弗拉迪米洛维奇《资本主义时代俄远东的华人劳务(1861~1917)》,Е.И.聂斯杰洛娃《俄罗斯远东地区南部的管理体制及中国移民(19世纪下半叶至20世纪初)》,分别从不同角度和侧面记录19世纪末20世纪初旅俄华侨(华工、华商)在俄国远东地区的生活,再现了百年前华侨真实的生活状况和俄罗斯对华侨务工、定居采取的政策。俄罗斯远东科学院的亚历山大·G.拉林撰写的《中国人在俄罗斯:历史与现实》以及《旅俄华侨简史(1850~1920)》。当代俄罗斯一些学术文章有 O. B. 扎列斯卡亚的《1930年在苏联远东地区的中国农庄》等,对于中俄资料的对比研究以及国内资料是最好的补充和完善。

(2) 日本方面

福岛安正的《单骑西伯利亚之行》中,就有对俄罗斯布拉戈维申斯克市周边及清朝黑龙江城的详细调查的细节,包括人口、士兵、城镇、商铺、贸易买卖、采金、民族等内容。日本参谋部《露境边民人口调查》、乌居龙藏《东北亚洲搜房记》(商务印书馆,1930)、石光真清《谍报记》,这些资料对当时中俄、中苏边境的村镇分布、人口布局、民族成分也进行了翔实的记录,对于研究黑龙江流域沿岸华侨华人后裔大有裨益。

国外学者由于视角、侧重点、立场不同,研究的成果存在一定的局限性,特别是对旅俄华侨发展历史、特点了解不足,很难深入了解此类问题,但学者们从不同侧面记录旅俄华侨的生活状况、行业分布、文化活动,为黑龙江上中游旅俄华侨研究提供了有价值的参考。

口述为实,亲笔为证:本书的研究设想

黑龙江与俄罗斯远东地区相邻而居,黑龙江上中游的漠河、呼玛、黑河、逊克、孙吴等地是赴俄的重要通道,也是早期华侨归国的留居地和集散地。

笔者此前曾对19世纪中期至当代的旅俄华侨进行了较为系统的学术研究,曾出版《旅俄华侨史》(人民出版社,2015)、《华侨在俄罗斯》(黑龙江教育出版社,2015)和《旅俄华侨史料汇编》(黑龙江教育出版社,2016)。本书即是在此基础上借鉴新史学中的社会史和口述史的方法,进

一步深化旅俄华侨史研究的尝试。

2013年初春，笔者决定从家族的源流入手，为了掌握第一手的资料，利用笔者工作的黑河学院与俄罗斯边境毗邻的便利条件，在随后的5年里，利用寒暑假和休息日走遍黑龙江上中游的各市县及其乡镇，先后到华侨后裔生活地山东省、北京市、沈阳市、齐齐哈尔市等地调研、查找资料，并两次去旅俄华侨谋生地俄罗斯布拉戈维申斯克等地采访调研。无论是山间小路，还是城市街道都留下笔者探寻的足迹。先后寻访百余人，有90余人提出有价值的资料和线索。笔者透过当事人及其亲友的回忆，查阅尘封百年的档案及文献，秉承实事求是的态度，用质朴的语言记录百年来黑龙江上中游旅俄华侨的足迹，力求还原旅俄华侨当年的生活情景，试图为了解旅俄华侨创业、奋斗的历史，了解中国移民的历史，了解中俄关系历史的人们提供点滴帮助，这也是拙著创作的初衷。

本书主要针对黑龙江上中游中俄边境地区19世纪末至20世纪末旅俄华侨及其后裔的历史沿革、人口、民族、文化结构、社团活动、中俄通婚等进行深入的社会实践调查，通过查阅呼玛县档案、爱辉区档案、黑河市档案、哈尔滨市档案、黑龙江省档案，结合地方文史资料《黑河文史资料》《旅俄华侨史料选》《莱州文史》《哈尔滨历史编年（1763～1949）》，以及《瑷珲古今名人传》《黑水丛书》等，对该地区百年来旅俄华侨中俄通婚状况，旅俄华侨及其后裔的数量、分布状况、职业结构、生活状况等进行梳理和归纳、综合分析，探寻特色典型案例，从中了解旅俄华工与俄罗斯远东大开发的关系、华商在远东地区经济中所占的比重、留俄学生与马克思主义的传播方式及其途径。

本书以时间为经，以人物事件为纬，通过人物小传展示不同历史时期旅俄华侨的生活状况、情感经历、创业历程及个人和家庭的发展变化。通过一个个华侨的故事延伸到一个个家庭乃至家族的变迁，折射不同时期的中俄关系。

主要内容分为三部分，第一部分20世纪初劫后余生的旅俄华侨，选取6个有代表性的华侨，他们生活在日益衰败的清末，祖祖辈辈居住在土地肥沃的黑龙江左岸海兰泡、江东六十四屯，过着富裕安宁的幸福生活。由于清政府腐败无能，官吏卖国求荣，在清政府管辖之下世代居住和生活在此地的中国人随着国土的沦丧一夜之间成为俄国领土上的"中国侨民"。据资料记载，在俄国人侵前，"自格尔必齐河起，至霍尔托库止，黑龙江城附近左岸，向有旗户分驻三十余屯"，连同汉人村庄算在一起，黑龙江以北地区有满、汉"五十余屯，万余人口"。按照1858年的《瑷珲条约》和1860年的《北京条约》正式将黑龙江沿岸地区划属俄国时，在阿穆尔省居住着1.5万名左右的中国人。他们分布于结雅河（精奇里江）到霍尔莫勒津屯间的44个村落里（即江东六十四屯）。在滨海省，有900名左右的中国人沿乌苏里江的支流定居。此外，该省还有不定居的中国渔猎者、挖参者和采金者，这些居无定所的人与定居者一共也不超过2000～3000人。

1900年沙俄武力侵占海兰泡、江东六十四屯，屠杀中国居民，把成千上万的中国人驱赶到黑龙江中活活淹死，尸横遍野、血染龙江，枪炮声、哭喊声打破往日村庄的宁静，他们的父母兄弟被屠杀，财产被掠夺，经历生离死别，幸存者奔走在逃生的路上，衣衫褴褛、食不果腹，辗转逃到江省卜奎（今齐齐哈尔），遇上瘟疫，大多又折返回到瑷珲。他们望江兴叹，近在咫尺的家园面目全非，只好选择在黑龙江右岸一带安家落户。坚强不屈的瑷珲儿女不抱怨、不灰心，在荒芜的土地上，重新点燃生活的希望，他们日升而作、日落而息，辛勤地耕耘着，在黑龙江右岸开枝散叶、繁衍生息。

第二部分是早期开交通时期的旅俄华侨，选取19个华侨故事。20世纪初至20年代，中俄边境正值开交通时期，一些山东、河北、河南等地灾民由于灾荒频发、土地减少以及俄罗斯远东地区大开发急需劳动力等原因，在推拉因素的影响下，闯关东、闯崴子，追寻淘金梦。由于黑河是赴俄的重要通道和旅俄华侨归国的离散地和集聚地，他们选择在黑河安家落户。有的在俄罗斯打拼后，与俄罗斯妇女通婚，组成各具特色的中俄通婚家庭；有的旅俄归来支援抗联，惨死在日军的暴行下；有的回国拉街基、投资建厂，兴办实业，成为黑河早期民族资本家，为早期黑河的经济文化发展做出突出贡献；有的在苏联学习接受马克思主义，回国传播马克思主义，是抗日先锋，成为新中国建设的骨干力量；还有的归国后关心支持边疆教育事业发展，受聘劝学员，扶贫救困，乐善好施，开设养病院，救助归国侨胞，被省政府嘉奖。这一部分的华侨与割地成侨的先民不同，他们在俄国胼手胝足，谋取生计，忍辱负重，赚取钱财，生活安定富裕后，历尽千辛万苦，携妻儿回国定居，他们爱国爱乡，不仅是黑河工商业的引领者，还是早期中俄文化交流的推动者。

第三部分是新时期的旅俄华侨，选取 8 位有代表性的华侨。他们是中俄边境贸易合作的见证者、亲历者。在中俄边境贸易开启后，他们率先走出国门，带去质优价廉、种类繁多的商品，满足了俄罗斯居民对日常生活用品的渴求，他们分布在中俄边境城市，并辐射至俄罗斯远东其他地区和城市。他们长期在俄罗斯生活与工作，以血缘、亲缘或业缘为主形成较大的移民网络，构建成微型华人社区。有驰骋商海多年，中俄边境贸易的引领者，也有在俄罗斯远东地区互货贸易的小商小贩，还有从黑河走出去的资深外交官，把俄罗斯人推介到海南旅游的公司经理，把长城和苏州园林修筑在俄罗斯的建筑商，以及新时期的中俄通婚代表。面对经济危机，有的选择回国谋生，有的选择坚守俄罗斯，开辟新天地，有的组建中俄通婚家庭，成为企业白领，他们在俄罗斯的农业、商业、建筑业等各个领域挥洒着汗水，是俄罗斯远东地区经济发展的重要力量，为中俄文化交流的繁荣与发展做出积极贡献。他们是新时期中俄关系的见证者，是联系中俄经济文化的桥梁和纽带。

本书的特点和使命

本书首次全面系统针对黑龙江上中游中俄边境地区旅俄华侨及其后裔进行调查研究，弥补以往学术界在该领域的研究缺失。本书的内容、基本观点均具有原创性，所依据档案史料及调查资料大多属首次披露，采取民族学、社会学、历史学、文化人类学、国际法学、社会心理学等多学科交叉比较的方法，采取结构式访谈、半结构式访谈、深度访谈、叙事访谈、事件访谈、田野访谈相结合的调查方法，并充分利用中俄两国的档案文献检索的方法。

本书通过口述材料，展现了百年来旅俄华侨的人生观、爱情观、生活观，再现了他们的家庭及子女的生活状况，记录了他们在俄罗斯的酸甜苦辣及人生足迹，还原了旅俄华侨的真实历史面貌，描绘了百年来黑龙江沿岸旅俄华侨在多方面因素影响下，人口数量、文化程度、职业结构、生活状况等方面发生的变化，呈现不同历史时期旅俄华侨的特点。

这是一部黑龙江上中游地区旅俄华侨的血泪史、奋斗史、发展史，更是黑龙江移民史的缩略。本书旨在填补旅俄华侨口述史研究的空白，愿意为开展地方历史文化研究，开展国际移民史、世界华侨史研究提供基础资料，也为中俄之间区域合作及中俄关系史研究工作提供借鉴。

黑龙江上中游中俄边境地区是中俄两国经济文化交流的枢纽，本书通过对中俄边境地区旅俄华侨及其后裔的调查，完成19世纪末至20世纪初黑龙江流域中俄边境地区旅俄华侨及其后裔的全面调查和系统梳理工作，为新时期中俄两国开展黑龙江流域的文化经济活动提供新的决策参考，再现这一特殊华侨群体的发展历程，增进对旅俄华侨及其后裔的了解认知，总结在中俄关系下，不同历史时期华侨及其后裔的发展规律及其特点，拓宽旅俄华侨研究的新领域。

在我采访的百余人中，年龄最大的92岁，年龄最小的32岁，他们大都是耄耋老人，令我吃惊和敬佩的是他们精神矍铄，思维依旧那么敏捷，几十年前的事情记忆犹新，为我提供许多珍贵史料。我在与华侨及其亲友的交流中，分享了他们成功创业的喜悦、家园破碎的悲伤、亲人离别的痛苦、遭遇外辱的愤恨。我看到几代旅俄华侨历经磨难不退缩，挺起脊梁继续前行的身影。他们的喜怒哀乐深深镌刻在我的脑海，他们拓荒不止的精神鼓舞了我，他们跌宕起伏、精彩缤纷的人生影响了我，令我不敢有辱使命，拿起笔记述他们生活的点点滴滴。

早期旅俄华侨与新时期旅俄华侨在文化程度、生活环境、历史地位、社会作用、社团活动等方面发生极大变化，在饮食、文化、语言、社交、环境、行为等方面存在中西文化的融合，旅俄华侨的文化经济活动与中俄历史关系紧密相连，发挥旅俄华侨及其后裔的引领作用，促进中俄关系健康快速发展，对中俄边境地区开展民族文化交流、经贸合作具有现实意义。黑龙江黑河是对俄的窗口，作为赴俄重要通道，是旅俄华侨归国的离散地和聚集地，挖掘侨乡文化资源，弘扬和传承中华优秀的传统文化，传承边境地区华侨精神文化，传播侨乡中华好声音，也是落实十九大精神，实现文化强国，坚定文化自信，繁荣社会主义文化的具体体现。

第一编

第一章　帝俄时代的旅俄华侨

自 19 世纪 70 年代始，来自中国山东、河北以及东北三省的破产农民和无业居民大量移居俄国的东部地区乃至欧俄核心地带，至第一次世界大战爆发前，在俄国境内形成了分布广泛、人数庞大、从业各异的华工群体，成为近现代史上跨国界、跨文化的历史现象，而旅俄华工就其历史起源、人口数量、生存际遇和活动区域都堪称鲜见。

华侨赴俄原因

华侨赴俄具有政治、经济、生活等多方面原因。

1. 国内因素

土地减少。19 世纪末，山东省是我国北方人口最为密集的省份之一。清末民初时，该省土地总面积为 168826 平方千米，人口 3900 万。山东省土地、丘陵约占总面积的 3/5，土壤条件不利于农业耕作，谷地和平原地区人口过剩（每平方英里达 1000～1300 人）。山区的西部、济南的东部和沿黄河北岸居住人口稠密，即使在丰收之年，收获的粮食也不够食用，大批灾民被迫赴外谋生。近代以来的战争和自然灾害造成的山东乡村贫困化至晚清达到了历史最高点。土地兼并问题亦随着贫困化的发展进入最为严重的一个时期。以山东半岛一带为例，土地总量的 50% 以上为地主、豪强拥有，以前拥有土地的人，大多数都变成佃户。尤其是列强瓜分狂潮开始以后，山东变成了德国的势力范围，仅从 1898 年到 1902 年 4 年间德国就以青岛为中心共强购地 14000 余亩,到第一次世界大战前夕又买地 4500 亩,失去土地的农民沦为佃户或耕丁,他们要承担名目繁多的苛捐杂税,并且常常受到"增租夺佃"的威胁。在这一背景下,许多失去土地的农民流离失所,贫民从 19 世纪 70 年代开始大批涌向蒙古和东北的"封禁"地区私垦,后定居于东北,还有许多人越过黑龙江、乌苏里江到俄国远东地区从事垦殖、采参或渔猎活动,成为华侨。

连年战乱。自 1894 年开始,十年时间里,在东北和华北的土地上,先后发生了甲午战争、庚子义和团起事和八国联军入侵、日俄战争三次大规模战事,战争使百姓生灵涂炭,流离失所,秀美山河满目疮痍,给北方各省人民带来无穷的灾难。为躲避战争,许多人背井离乡迁徙到东北各地,沿着中俄边境地区赴俄。

灾荒频发。据有关史料记载,黄河流域自 18 世纪末、19 世纪初以来,水、旱、雹、风、虫灾从未间断,其中 1855 年的水灾、虫灾和 1905 年的水灾波及范围广,山东、直隶、山西灾害最为严重。1875 年,山西省几乎无处不旱,全省受灾 80 余个地区,饥民饿死者十有五六,有些村落甚至无一生者。当时有人记录:"晋省迭遭荒旱……赤地千里有余,饥民至五六百万口之多,大祲奇灾,古所未见。"同期,河南省"报灾八十七厅州县,待赈饥民不下五六百万"。1914 年山东风灾,1915 年东北又逢水灾,饥民遍地。1915 年 4 月 2 日《盛京时报》报道:"山东饥民,流离道途,转为乞丐。"同年 4 月 11 日该报报道"客冬天气酷寒,省垣贫民冻馁致毙者触目皆是"。由于连年的灾荒和战乱,农民生计荡然,衣食无着,北方各省的饥民有增无减,不得不廉价出售自己的土地,豪绅富甲竞相购置地产,土地状况日益紧张。

为了生活,出关路上的灾民络绎不绝。1904 年 4 月 8 日《北华捷报》记者写道:20 年来,"从未见过这样多的人步行流徙"。这位记者数了一下,在 35 分钟内走过了 270 人;又 20 分钟内走过了 210 人。

在清朝统治时期,出于民族的自我保护意识,东北地区始终被清朝统治者视为"祖宗肇迹兴王之所",对东北地区实行了封禁政策。连绵不断的灾荒和土地兼并，迫使大量的山东人寻找外逃机会，尝试进入东北谋生。迫于灾民的压力，为减轻朝廷的负担，同时出于移民实边的政治考虑，清廷逐步取消对"龙兴重地"东北的"封禁"政策。1860年，清政府宣布关东向流民开放，1885年吉林省全部开禁。早在1860年黑龙江省已部分开禁，到东清铁路通车后已全部开禁。1902年，奉天省大凌河牧场全部开禁，随后东三省全部开禁，出关不再非法。另外由于当时东北边境空虚、外力侵逼，为了增民实边，清政府从华中、华东和华南加紧向东北边疆地区移民，1840~1850年东北人口从253.7万人增加到289.8万人，平均每年增加13.39%；1850~1910年东北人口又从289.8万人增加到2158.2万人，平均每年增加34.03%。人口激增导致东北土地集中地区农民破产和丧失土地现象不断加重，自由劳动力的数量迅速增长，同时由于封禁政策的取消，南方各省大量没有土地和失业的人们纷纷来到东北各地觅工，加之出国的合法化，大多数人进入东北后，继续北上，越过黑龙江和乌苏里江到俄国的远东地区佣工谋生，此间赴俄华侨人数迅速增长。

华工受土地不足和失业的驱使来到俄国谋生，他们生活节俭，消费水平降到最低点，每年春至秋归，赚取的辛苦钱比在家乡多2~3倍。赴俄国谋生的大多是山东人，确切地说，很多山东人都到过阿穆尔沿岸地区，西伯利亚地区，或到北满的俄国人那里去挣钱。19世纪末20世纪初，山东每年"出佣满蒙俄领之苦力"多达35万人，其中登州、莱州最多，青州、沂州和胶州次之。

2. 国外因素

俄国移民政策与远东地区大开发。俄国占据远东后，面对少有人烟的这片土地，摆在其面前的第一要务就是让人口稠密起来。为了稳定占领区和开发远东经济，1858年，《瑷珲条约》签订后，穆拉维约夫就立即下令向乌苏里江右岸紧急移民定居。他们深知"要想在这片土地上站稳脚跟并把这块土地变为己有就必须向这里移民，逐渐'同化'黄种人或把他们驱逐出去，最终达到瓜分满洲的目的，使之成为远东的大粮仓，以满足整个后贝加尔和阿穆尔地区的粮食和肉类供应，同时把江东六十四屯一带变成继续南侵的桥头堡"。

当年俄国就从外贝加尔迁来140户家庭以及一些退伍士兵到乌苏里江右岸，建立科尔萨科夫、卡扎凯维奇和涅维尔斯科耶3个驿站，在黑龙江北岸新建32个军人村屯。翌年春天，他们散居在乌苏里江上游并组建了12个新站点。与此同时，迁来230户家庭沿着阿穆尔河沿岸散居在哈巴罗夫斯克（伯力）至索菲斯克。1860年《北京条约》签订后，俄国政府不顾中俄《北京条约》第一条关于"遇有中国人住之处，及中国人所占渔猎之地，俄国均不得占"的规定，大肆掠夺当地居民的土地，无偿赏赐给哥萨克官兵及新来的俄国移民。按照俄国政府的规定，哥萨克军的校官每人可占地400俄亩，尉官、士兵、神职人员每人可占地分别为200俄亩、30俄亩、99俄亩。俄国通过这种办法使这部分俄国人留在远东以解决人员不足的问题，俄国政府甚至不惜耗费巨资从黑海向南乌苏里地区大批移民。

1861年4月27日，俄国政府制定并颁布了《俄国人和外国人向阿穆尔省和滨海省移民条例》，"实行缓交税务和用地分期付款，规定每户移民最多可占有100俄亩土地，免除兵役10年，免除土地税20年"。[①] 移民条例还规定了移民享有只交付国家土地税和城市税款的待遇，阿穆尔地区对俄国和外国移民开放，为俄国及中国人移居该地区提供法律保证，通过诸多的优惠条件吸引更多的志愿者来阿穆尔省和滨海省定居。

受优惠政策的影响，1861年，阿穆尔省的外来迁居者的数量达到22574人（14825个哥萨克人和7749个农民），滨海边疆的迁居者为11457人（5510个哥萨克人和5947个农民）。实行初期，每年向远东西伯利亚地区迁居者的增速一直保持在1‰~1.5‰。在19世纪60年代，有15万~20万农民越过乌拉尔山脉向西伯利亚迁移，但只有一小部分移民到达东部西

---

① 〔俄〕翁特尔别格：《滨海省（1856~1898年）》，商务印书馆，1980，第64~65页。

第一章　帝俄时代的旅俄华侨

伯利亚，大部分移民在途中其他地方定居下来。移民计划持续了9年，共迁移农民2250户，组建了90个移民点。[①] 到1869年，由外贝加尔省移至此地的哥萨克男女共计才1.85万人左右。由俄国移至此地的农民，到1875年也不超过3500人。[②]

虽然俄国实施了一系列吸引本国人和外国人定居滨海省和阿穆尔省的条例，但是移民过来的哥萨克人只会屯垦戍边，真正从事农业的人很少，远东大片土地荒芜，经济发展缓慢。为了进一步加大移民力度，19世纪80年代初，俄国再次制订了向乌苏里边疆区迁居农民的计划，每3年从俄国中部省份迁居250户家庭至乌苏里地区，国家承担部分费用，采取以粮食为抵押的无息贷款的形式，每个家庭的固定资产补助费为400卢布，农民可以按3卢布/俄亩的价格购地获得土地的所有权。移民人数由1859~1882年的平均每年601人，剧增到1883~1899年的平均每年4076人。[③]

为了妥善安置这些移民，俄国还专门设立了由督军领导的滨海边疆区迁居委员会。俄国政府相继在1861年、1882年和1894年多次颁布移民条例，以最优惠的条件在国家组织下实施大规模移民，可是收效甚微。1861~1901年的40年间，俄国远东移民人数仅11.7万，占农奴制改革后沙俄远东移民总数的1/4，其中农民占80%以上，哥萨克人和非农业居民各占9%左右。[④]

俄国移民速度缓慢，满足不了远东地区经济发展的进程需要。19世纪末到20世纪初，俄远东的各生产行业都出现了劳动力不足的窘况，只有大

---

① 〔俄〕索罗维耶夫·费德罗·弗拉迪米洛维奇：《资本主义时代俄远东的华人劳务（1861~1917）》，科学出版社，1989，俄文版，第12页。

② 〔俄〕B.格拉维：《阿穆尔沿岸地区的中国人、朝鲜人、日本人》，圣彼得堡，1912，俄文版，第6页。

③ 帝俄地方自治会编《黑龙江地区》，第95页，转引自《沙俄侵华史》第二卷，人民出版社，1978，第233页。

④ 王晓菊：《俄国东部移民开发问题研究》，中国社会科学出版社，2003，第111页。

型的国企有能力从俄国的欧洲部分调集大量的劳动力，一些私企只能使用移民中贫困的农民劳动力，但是他们不能满足工作需求，繁重的工作、低廉的薪水以及艰苦的生活和居住条件，使阿穆尔河沿岸外来劳动力放弃了长期工作的打算，多数工人在雇佣期满后选择离开，回到故土，剩下的少数工人在这里依旧过着艰难困苦的生活。

松散的边境制度、拥有土地的机会和专门的税收政策在一定程度上刺激了吉林、黑龙江、山东等省灾民向远东阿穆尔省和滨海省迁徙。自1862年起，每年至少有1000名以上的中国人越过黑龙江和乌苏里江，进入阿穆尔和滨海地区。到1883年，在这一地区定居和短期经商、做工的中国人已超过6万人。[①] 19世纪末20世纪之交，俄国远东与中国东北的人口状况相差越来越大，东北地区人口是远东地区的15倍。

远东大开发缺少粮食和生活用品，俄国移民中哥萨克士兵多，农民较少，又不善于耕种，为保证生活供给，急需大量劳动力。俄国占据远东后开始一系列规模巨大的工程建设，符拉迪沃斯托克（海参崴）的筑港工程、西伯利亚大铁路、乌苏里铁路的建设，以及黑龙江、乌苏里江流域数十个金矿的开采，工程量不断扩大，为了解决劳动力问题，俄国把注意力集中到中国。在移民输出国的推力和输入国拉力的结合下，大批中国劳动力涌入俄国远东地区谋生。

3. 俄国招募华工

1860年以后，俄国加紧了对远东地区的经济开发，建设城镇、铺设道路、修建港口、创办工厂、发展农业，需要大量的劳动力。从遥远的欧俄省份招募工人费用高，时间长，从相邻的中国招募劳工则会取得事半功倍的效果。于是，俄国政府和企业纷纷到中国招募大量的廉价华工，以补充国内劳动力的严重不足。19世纪70年代中期，俄国从直隶、山东等省签订劳务合同招募第一批华工，大约有150人。华工不仅能熟练掌握细木工、

[①] 《吉林省志》侨务卷十一政事志。

第一章 帝俄时代的旅俄华侨

砖瓦工和铁工等工作技能,不久还学会了粗木工、屋顶工、炉灶工、油漆工等手艺。于是,尝到雇佣华工甜头的俄国政府,在大型建设项目如西伯利亚大铁路和海参崴筑港工程中分别雇佣华工,私人企业也效仿国有企业雇佣华工,华工作为主要劳动力被大规模雇佣。

1891年,俄国开始动工兴建西伯利亚大铁路,从车里雅宾斯克和符拉迪沃斯托克东西两端同时动工修建这条计划长达13380公里的铁路,这是当时俄国计划实施的最大工程,也是当时世界上最长的铁路。西伯利亚长年冰天雪地,生活环境恶劣,在大片永冻土和冻土上修筑铁路,工程作业极端艰苦。俄国主管部门原打算完全使用本国工人,这样做既可以把投资花在俄国人身上,资金不至流往国外,又可以增加远东的移民数量。但是远东地区地理位置远离国家社会经济发展中心,干燥恶劣的气候和匮乏的生活及医疗条件不利于区域移民潮。工程开工不久,从俄国欧洲招募的工人因工作条件太艰苦,环境恶劣而逃离工地。为了延续工程,主管当局决定从中国招募大量华工以解决工程之需。于是大规模招募华工活动开始,俄国每年从山东招募上万名华工。连阿穆尔总督翁特尔别格也承认:"铁路工程的极大部分是由中国工人完成的。工程的各个部门——无论是挖土方,还是架设桥梁,修建车站票房、营房、看守房等,都有中国工人参加施工。"另外,尼古拉耶夫斯克(庙街)、符拉迪沃斯托克、乌苏里斯克铁路的筑港工程、10余个金矿的开采、建设城镇、铺设道路、创办工厂、农业耕种以及在远东的一些基础设施、军用设施如碉堡、兵营等工程,这些劳动密集型的工作需要数十万乃至上百万的劳动力。由于远东经济发展对劳动力的强劲需求,19世纪后期,华工赴俄开始进入新阶段。当时有近3万名季节性华工出现在符拉迪沃斯托克、哈巴罗夫斯克、尼古拉耶夫斯克以及南乌苏里等几个城市。

自此,每年从山东沿海被掠卖到符拉迪沃斯托克的苦工多达数千人。据当时的《官书局报》(1898年)记载:"东海滨省近年入境华民人数,日见加增,就所验护照论之,1895年,约16500名,1896年,已逾35000名,1897年,更形倍蓰,盖已增至7万。而其纷至沓来之故,乃由于海参崴等处修垒筑台，在需人也。"①

20世纪初，俄国政府出于国际政治和军事战略方面的考虑，再次把远东地区列为其在亚洲开辟的重点移民区。日俄战争后，俄政府采取紧急措施，制定了特殊的奖励制度，包括迁移到新的居住地国家付费等，以维护在远东地区的影响力。1906~1907年在斯托雷平的倡议下，新移民大规模迁移到远东地区。1906~1909年，西伯利亚移民人数超过150万，大量移民的涌入，急剧扩大了远东地区的消费市场，少量中国手工商品的出现解决了俄国移民生活必需品、工艺品匮乏的问题，可是各种服务行业人员短缺，工业劳动力需求迅速上涨。随着各项工程的扩大，对华工的雇佣范围和规模也逐渐扩大，到20世纪初已达到相当大的规模。

华人赴俄路线

随着帝俄对西伯利亚和远东的大肆扩张，以及占领中国大片领土，到19世纪中期，中俄两国已经边境接壤，因此彼此间交通十分便利，赴俄路线繁多。

许多华侨采取陆路和水路相结合的方式。走陆路的先出山海关沿铁路乘火车到宽城子（今长春），然后转车去哈尔滨。华工在这里集中后，再选择出国的路线。（1）到后贝加尔的走西线，从满洲里出境。（2）到乌苏里江以东的走东线，从绥芬河出境，进入乌苏里斯克（双城子）再乘火车到俄国境内的符拉迪沃斯托克。（3）到黑龙江北岸的走北线，或者乘船沿松花江—三江口—黑龙江从黑河出境去俄国布拉戈维申斯克一带，或者由哈尔滨陆路到卜奎（齐齐哈尔），走讷河、嫩江、黑河，乘船去布拉戈维申斯克，无论水路、旱路，都由黑河去俄国布拉戈维申斯克。（4）从奉天（沈阳）、吉林进入张广才岭，渡乌苏里江去伯力，或者经过珲春和其他位于中俄交界之地进入俄国。营口、安东（今丹东）和满洲里则是华侨经陆路赴俄的转运站。

---

① 倚剑生：《中外大事汇记·交涉汇》第四之二《俄地华民人数》，光绪二十四年，戊戌广智书局印。

另外，从黑龙江上游漠河、呼玛到中游黑河之间分布着大大小小几十个岛屿，这些岛屿地处中俄两国交界，如张地营子乡大新屯下游4千米处的姜保和岛，张地营子乡白石砬子村2千米处的旭盛东岛、兴隆号岛，这些岛屿距离我岸最近的几十米，特殊的地理位置使得从黑河沿江一带村屯赴俄更加便利快捷。漠河、呼玛以及黑河的张地营子乡、上马场乡、瑷珲镇外三道沟村、长发屯、孙吴县沿江乡哈达彦村、逊克县边疆乡均与俄罗斯阿穆尔省隔江相望，两岸最近距离几百米，这些地方不仅是赴俄的重要通道，也是旅俄华侨归国的离散地和留居地。

华侨具有浓厚的故乡情结，他们中除了一部分在乌苏里江和黑龙江以北定居外，大部分是季节工，每年出了正月或者春暖花开期间就背起行囊上路，2、3月间人流达到高峰，4月以后逐步减少，到旧历年前便带着自己的血汗钱踏上回乡之旅。为了养家，他们穿梭往来于中国北方和俄国远东地区，犹如候鸟一样。从俄罗斯远东地区归国的华侨大多留居黑龙江沿岸黑河市各村屯，在此繁衍生息，他们带回辛苦积攒的血汗钱、现代化的农耕用具、生产生活用品及先进的经商管理经验，不仅对当地工业、农业开发起到积极推动作用，还促进边境地区中俄文化的融合和发展，形成独具特色的边疆多元文化。

华人赴俄相关手续

早期赴俄人员持通行证过境，通行证有护照和过江小票两种。据《瑷珲厅报告书》记载："将两国边界票照详细议定，分为大照小照两种。大照如游历护照、行商执照之类。无论远近一经入境，有领事处则由边界官与地方衙门验明签收。""小照为两国百里内商民过界之用，票内注明本人姓名、籍贯及往某处为某事字样，并必须有就近边界官、地方衙门添给衔名、年月，其有随带兵弁、枪械者，必须边界官照会，否则一概不准越界。"大照限于外省人员赴俄所用，小照即短期过江小票。俄国政府规定，赴俄人员须持通行证出境，这样可以证明该公民身份的真实性。护照和过江小票均由国内政府颁发，由国内收取相关费用。

1. 护照

1689年9月7日签订的《中俄尼布楚议界条约》中第五款规定:"自和约已定之日起,凡两国人民持有护照者,俱得过界往来,并许其贸易互市。"《中俄续增条约》中更明确说明:"须本国边界官员给以路引,内写商人头目姓名,带领人多少。"《尼布楚条约》签订后,赴边境与俄互市的商人,其护照皆由黑龙江将军衙门开具。1897年,中东铁路开工在即,俄事频繁,在将军衙门下,成立黑龙江交涉处,办理签发护照事宜。1905年,黑龙江将军衙门将交涉处改为交涉总局。

早期护照的使用和办理具有随意性,对申办人员没有严格的要求,凡是出境人员,有人出具作保便可申请办理。1903年7月,中东铁路全线通车。外省华民赴俄大多通过中东铁路,由黑河出境,由于黑河与俄接壤,交通便捷,加上护照的办理方便、快捷,这样既方便了务工人员,又增加了出国人数。

为规范护照办理,严禁无照人员出境,滨江关道宋小濂决定,东路由五站出口,归吉林交涉总局发给护照,并由滨江关道稽查;北路由满洲里出口,由黑龙江交涉总局发照稽查。两省商定,所发护照,华俄文合璧,便于俄国边境检查。赴哈巴罗夫斯克(伯力)、尼古拉耶夫斯克(庙街)及符拉迪沃斯托克(海参崴)者向吉林省交涉局呈请,赴阿穆尔省向黑龙江省交涉局呈请。黑龙江衙门曾照会俄国驻哈尔滨总领事商定,交涉局所发护照,由俄国驻哈尔滨总领事签押;一面坡、五站各分局所发的护照,由五站俄国副领事签押,由五站分局随时会同俄官稽查。出国人员没有护照,一律禁止出境。

随着赴俄务工人员的增多,加上大批内省贫苦流民无钱办理护照,时有华人无照偷渡俄境或者冒名顶替借用他人护照现象发生,于是,俄国不断更改护照使用及管理办法,达到限制华人过境的目的。

1912年6月24日,驻吉俄领事米清彻尔奇称:"阿穆尔省俄督已将须发护照章程略加变更,以后华人赴沿边地方经过俄界乘轮之际或登岸之时，必须持有俄国许可护照。"出境护照一事瑷珲兵备道屡次照请俄廓米萨尔遵照驻俄公使胡惟德所订章程办理，由于俄国人在瑷珲没有设立领事，无人签押，延隔数年未能照章实行。俄署多次照会黑河府遣送无票人员。为避免外省无护照人员出境，遭受俄人凌辱，1911 年 6 月，瑷珲兵备道仿照胡公使所发护照格式，要求"凡由内省来爱报请越境入俄华侨谋生者，除齐齐哈尔、哈尔滨各交涉局发有票照不计外，其并未领有何项票照者，一概由本道发给出口护照持入俄境，再由俄廓米萨尔加给护照以符定章"。① 要求"凡由内地到瑷珲欲赴俄界谋生的无照贫民，一律由瑷珲兵备道印出三联格式的护照，发交黑河府随时分发"。②

2. 过江小票

《瑷珲条约》第二条规定："两国所属之人互相取和，乌苏里江、黑龙江、松花江居住两国所属之人，令其一同交易，官员等在两岸彼此照看两国贸易之人。"③ 边境的开放，促使大批边境居民赴俄务工、经商、开垦。20 世纪初，俄国远东地区经济迅速发展，已能满足其占领远东在粮食、燃料等物资上的供应需求。由于俄国远东地区移民不断增加，可耕种土地面积不断减少，为限制赴俄华侨人数及居住期限，俄国地方政府不顾中国政府和人民的反对，背弃了条约规定，在沿边实行过江小票。自此，在中俄边境地区实行过江小票。经查，瑷珲档案记载最早的过江小票时间是俄历 1909 年 12 月 3 日，俄国第 1443 号照会黑河府，"阿穆尔江右岸住户来本界贩卖食粮、购买物件可持贵署发给票照前往，期限仅可 3 天"。④ 要求凡

---

① "道札拟发华民出口护照仍发该府就近办理并抄粘胡大臣所拟华民出境条章由"，瑷珲档案，宣统三年五月十八日，黑龙江省黑河市爱辉区档案馆藏。
② 《准俄照会勿再发外省华人渡江小票》，"严禁无业贫民并无身票私行过江致被凌虐由"，瑷珲档案，1910 ~ 1912 年卷宗，外事类第 17036 卷，黑龙江省黑河市爱辉区档案馆藏。
③ 《外旧约章汇编》第 1 册，三联书店，1957，第 85 ~ 86 页。
④ 《准俄照会勿再发外省华人渡江小票》，瑷珲档案，1910 ~ 1912 年卷宗，外事类第 17036 号卷，黑龙江省黑河市爱辉区档案馆藏。

是边境华民在过境时必须领取一种纸质小票，限期3日，使用一次即行作废。这种小票只限边界50俄里（53.34千米）内使用，逾期不归，1日罚款1卢布，超过10日者按日罚款2卢布，逾期1个月者除罚款外永夺其使用小票之权。1915年，俄方未经商议，单方实行过江小票必须另贴俄方印花税75戈比，后又增加25戈比，过江一次等于交税1卢布，未持小票或未经查验者课以4卢布50戈比至30卢布50戈比不等的罚金。

黑河府在过江小票的办理、发放、钤印及管理上实行严格监管。黑河本地沿边居民使用的短期过江小票由黑河府印发，这只是暂行的一项权宜之计。俄国照会黑河府后，为了严防愚民作假，黑河府更改过江小票办理办法，所有过江小票将参照《华民出境护照章程》，黑河府"将小票前衔改用瑷珲兵备道衙门字样，饬交刊印，铺刊"，① 凡过江小票均由瑷珲兵备道盖印后转发给黑河府，再由黑河府转给经办人员，限定过江小票只发给本地居民过江之用，随后，黑河府把小票样式与文件一同印发各部门。

1912年5月17日第746号，俄国阿穆尔省廓米萨尔照会黑河府，过江小票专为本地居户过境到俄国买卖物件办理事务之用，外省人赴俄境佣工，须请领大照，过江小票与外省做工大照截然不同，"倘率持往，非独无效且违定约，必千察究其各懔，遵毋违特示"。② 此后黑河府不再将过江小票发给内地做工人员，发照人员须将过江边民住处及号码、日期填明。按照规定，外省出境做工的华人必须领取大票，由俄国领事签字方能施行，黑河府也多次下发文件，要求各地遵照执行。

过江小票的请领、钤印的手续都异常严格、规范。1912年7月20日，黑河府知府林松龄呈请瑷珲兵备道，过江小票改由瑷珲兵备道钤印后发

---

① 《准俄照会勿再发外省华人渡江小票》、《道台札为过江小票改刷道署官衔由道署钤印以昭慎重由》，瑷珲档案，1910~1912年卷宗，外事类第17036号卷，黑龙江省黑河市爱辉区档案馆藏。

② 《准俄照会勿再发外省华人渡江小票》、《为过江小票专为过江买卖物件之用于出境作工大照截然不同晓谕周知》，瑷珲档案，1910~1912年卷宗，外事类第17036号卷，黑龙江省黑河市爱辉区档案馆藏。

第一章 帝俄时代的旅俄华侨

还,再进行发放,以昭慎重,并派出巡警稽查员王宝胜持文请领过江小票15000张,以备应用。瑷珲兵备道姚福升批示:"呈悉,据请过江小票15000张如数钤印,严交来差领回,仰即妥慎严放。"①

为方便边境居民往来于中俄两国,过江小票除由黑河府零星发放外,均由戏院等公共场所代售,方便边境居民渡江往返中俄两岸,每张收俄币3戈比。1911年9月18日,黑河府地方城乡自治议事会以"惟查取此项小票之人偶有紧急私事,立待渡江奔往起票犹有耽误,是虽尽美尚未尽善"为由,请求黑河府批准将出售小票处挪设江干,雇人专管,并不动用官中薪费,"拟于每票加收自治附捐差字(俄币)1戈比,每月估计所得除开销薪食房费之外,尚可赢余,籍以稍助自治"。② 每日过江小票销售量大,黑河边境居民赴俄人数甚多,收取的费用弥补了黑河府办公费用不足,黑河府因贪图其利,敷衍应允,这也是衍生过江小票的一个原因。

俄国政府实行过江小票后,多次更改过江小票的期限,并不断更改税费标准。开始阶段时限为3天,小票只限使用1次,当时,黑河、瑷珲商民过江贸易一日之内往返几次,这对我岸商民到俄岸进行贸易打击很大。为此,黑河道尹兼瑷珲交涉员与俄边界官多次交涉无效,黑河商会和自治会动员商民与俄断绝贸易关系,抵制俄方无理增加税收。"仅实行3天,俄方无菜无肉,引起俄国当地居民的不满,迫于黑河府及本国居民的压力,俄国政府主动与我方交涉,声明取消印花税办法,但是对长期在俄方从事劳动者,议定由黑河发给过江大照,再由黑河俄国领事馆签押同意方可入境,每份大照俄方收2卢布25戈比。有效期1年,到期再换新照,旧照撤销作废。"③ 俄国把过江小票的期限从3日改为5日。后来,在农忙时

---

① 《准俄照会勿再发外省华人渡江小票》、《呈为请领过江小票一万五千张请饬发由》,瑷珲档案,1910~1912年卷宗,外事类第17036号卷,黑龙江省黑河市爱辉区档案馆藏。

② 《准俄照会勿再发外省华人渡江小票》,瑷珲档案,1910~1912年卷宗,外事类第17036号卷,黑龙江省黑河市爱辉区档案馆藏。

③ 东三省公署:《黑龙江》,第29页,转引自《爱辉县志》,北方文物杂志社,1986,第557页。

节，为了方便边境农户雇佣华工从事农事，俄国政府临时把过江小票的时限更改到农忙结束。俄国政府随意更改过江小票期限的做法，无异于关闭边境贸易，给中俄双方带来巨大损失，不仅引起俄国居民不满，俄境的税官也因不满而不认真执行，漠河一带各卡在1914年10月才开始实行过江小票。

1920年，由于俄政府苛待华侨，黑河商会请求黑河府设法阻止，号召边境商民与俄断绝关系，不再与俄进行贸易，禁止百货出口，临时取消过江小票。

1923年，欧俄驻黑非正式委员会要求过江小票增加75戈比的税费，由其统一发领，在大票上缩短签字日期，三个月一签字，否则不许华船进入苏联口岸。这项规定手续烦琐、费用增加，办理需要很多时间，引起华侨的不满。自俄国十月革命后，华商蒙受巨大损失，大批华侨回国，在黑河对岸布拉戈维申斯克从事贸易的仅剩二三十家，苏联政府又增加税收，这些商号资本较少，大多数华商无法归国，继续留下的又无法生存。黑河商务总会的商民义愤填膺，一致认为我方应采取与其断绝交通的办法，6月13日至15日，黑河商务总会召开全体成员大会，到会者千余人，有一半商民赞成取消过江小票，仿照1920年的办法与俄断绝交通，拟设立黑河道区沿边市民经济联合会，定于6月20日实行。黑河绅商、居民拟定办法约章6条：一，停发过江小票与居留大票；二，截止百货出口；三，不用俄船运输货物；四，召回华侨归国；五，不准私自过江；六，不准行使俄币，禁止国币出口。

过江小票是中俄边境居民特有的赴俄通行证，它带有明显的时代印记。在那个国力衰微的年代，由于中俄关系的不平等，加上边境一些奸民勾结俄官，采取种种刁难方式，阻止我国边境居民过境，过江小票成为俄国排华的一个方式和手段。

旅俄华侨的职业结构

赴俄佣工的华侨主要来自东北三省和山东，另有山西、河南、河北、湖北各省。十月革命以前，在远东经济开发中华侨涉足的领域十分广泛，包括资源开采与加工、交通与通信、建筑、贸易、服务业、农业等各个领域,主要在矿山、伐木场、铁路、航运、磨米厂、油坊、面粉厂等部门,从事非技术性的体力劳动,如伐木、船舶、采石、修路、航运、捕捞、渔猎、采集和与城市建筑行业相关的细木工、石工、石雕工、房屋油漆工、砖瓦匠等。

华工吃苦耐劳,薪酬低且能认真完成工作,俄国企业主和资本家愿意雇佣华工。海兰泡交易所委员会1897年调查资料显示,在纤维、畜产品、金属以及非酒类的饮料加工和生产工业中,俄国工人要占优势。反之,在矿物加工业(制砖、石灰焙烧)、化学及与此有关的生产(煮盐)、制酒以及食品加工业(磨面与碾米)中,黄种人——主要是中国人占大多数。据统计,在西伯利亚和远东地区的中国人中,工人占95%以上。工业家和商人较少,如在阿穆尔省他们只占当地中国人总数的4.4%。全区黄种工人的主要成分是壮工、木工和泥石匠。在滨海省,从事这三类职业的工人,在全部工人总数中所占的比例如下:壮工41.7%,木工26.4%,泥石匠16.4%。而且,中国人和朝鲜人又占壮工总数的81.5%,占泥石匠总数的96.8%,占木工总数的79.4%。在阿穆尔省,黄种工人多半也从事这类职业。[①] 在采金部门,华工人数占相当大的比例。

据1910年出版的《阿穆尔的黄种人》一书记载:1897年阿穆尔省有中国人11160人(户籍人数),滨海省有中国人31157人。两省中国人职业分布情况如表1-1。

表1-1 1897年阿穆尔省和滨海省中国人职业分布情况

单位:%

职业 \ 省份	阿穆尔省	滨海省
农业	33.1	11.5
仆役、日工、杂工	13.7	28.9
矿工、采石、伐木	4.5	16.5

---

① 〔俄〕B. 格拉维:《阿穆尔沿岸地区的中国人、朝鲜人、日本人》,第74~75页。

续表

职业 \ 省份	阿穆尔省	滨海省
建筑工	5.3	16
木材及金属加工	1.3	4.5
经济人、商人、酒店主	10.3	10.9
其他业	31.8	11.7

可见，赴俄华侨在远东地区经济发展中扮演不可替代的角色，成为俄国开发远东地区的重要劳动力资源，为远东大开发做出了突出贡献。

华工：旅俄华侨特殊群体

旅俄华工是中国社会由于帝国主义侵略而发生巨大变化的产物。为了开发远东地区，俄国政府制定一系列优惠政策，实行大规模移民，迫切需要吸引国外劳动力弥补国内劳动力的不足。华工中以山东籍人数最多，其他省份的人也占相当大的比重。其中较有影响、形成一定规模的有东北三省、河北、江苏、浙江、广东的华工。赴俄华工随着俄国的需求而逐年增多，具有较大的流动性。他们春至秋归，像候鸟一样，分散在远东各个地区，从阿穆尔的西北向东至尼古拉耶夫斯克，沿乌苏里江的右岸往南至波西耶特，从日本海同朝鲜的国境线边岸一带到奥莉加湾，到处都有华工的身影。这种分散性在一定程度上也决定了工期的长短、工资标准和工人的生活条件。华工有长期居住的，还有数目极大的季节性的短期打工者，更有居无定所的渔猎、采摘人员。这些做粗活的华工作为矿工遍布大森林，作为农工遍布乡村，作为城市建筑工遍布各建筑工地，作为修理工、装卸工，走街串巷，到处可见，总之，凡是需要重体力劳动的地方都能看到华工的身影。

早期赴俄华工生活在祖国被帝国主义列强欺凌、奴役、蚕食、瓜分的年代，在国内处于社会最底层，受到不平等待遇。他们背井离乡来到俄国，却依旧未改变被奴役、剥削的命运。在俄国，华工被称为"苦力"

第一章 帝俄时代的旅俄华侨

"老伯代""跑腿子",受尽俄国官僚、资本家的压榨,华工的付出与所得报酬和待遇不成正比。华工大多从事俄国工人不愿意做的最危险、最苦、最累、最脏的苦工,每天工作 10 到 16 个小时,工作稍有怠慢或差错就要遭到监工打骂或扣罚工资,根本谈不上劳动权益的保护,人身安全也得不到保障,只有少数会俄语的"俄国通"或者与俄国妇女通婚的华工生活较好。在远东大开发建设中,华工更是用鲜血和生命抒写了一部奋斗、辛酸的血泪史。

俄国城市里华工在各行业所占的比例较高,占据主导地位。据 1910 年俄国政府官方统计资料,在俄国从事公务劳动,以及在金矿和乌苏里铁路工作的外国人共有 51404 人,其中华工占 95% 以上。[①] 1913 年华工占远东采金业劳动力总额的 87.6%。[②] 这一比例说明了华工在远东大开发中的作用以及远东工业对华工的依赖程度。1910 年,远东地区共有 120 万俄罗斯人,中国人口占总人口的 10% 至 12%,然而他们的经济贡献是巨大的,远远大于其在该地区的人口统计上的数字。在阿穆尔省其他私营企业中华工的日平均工资是 1 卢布 68 戈比,月平均工资是 42 卢布。在滨海边疆区的国有企业中华工的工资同样也不是统一的:日工资在 1 卢布 13 戈比左右。在符拉迪沃斯托克做建筑销售,在阿穆尔省和哈巴罗夫斯克做工程师的工资可以达到 2 卢布 6 戈比。一般来说,俄国工人工资比华工高出 0.5~1 倍,甚至干农活前者的劳动报酬都比后者高出 25%~30%。

华工是远东劳动力市场的主力军,成为远东资本积累过程中不可缺少的一部分,在远东地区的经济开发中起到了重要的作用,加速俄国远东大开发的进程。俄国西伯利亚地区和远东地区的经济发展与华工的辛勤劳动是分不开的,没有华工的积极参与、无私奉献,就无法实现远东大开发的目标。

---

① 〔苏〕伊·巴比切夫:《在远东参加国内战争的中国朝鲜劳动者》。
② 〔俄〕B. 卡尔鲁索夫:《俄罗斯远东的中国机关:历史经济分析》,《远东问题》,2002,第 3 页。

华商：旅俄华侨的中、上层阶级

在远东大开发初期，俄国移民的主体是哥萨克军人、农民、职员和知识分子。由于移民类别多而总量相对小，经济生产能力低下，所以粮食和日用消费品奇缺，从该国欧洲部分的工业城市中运来的商品因路途遥远价格奇高，这就给中国商人从事跨境贸易带来了机遇。华商赴俄贸易从1860年开始，到1870年形成规模。华商运销的商品种类繁多，物美价廉，大大丰富和满足了远东地区俄国人的生活需求。华商通过海路和陆路到达俄国远东地区，并深入俄国中部、西部以及俄蒙边境的库伦、恰克图等地经商，连遥远的庙街，也有众多华商及他们开设的店铺。在远东阿穆尔省、滨海省，华商建立了一个分布非常广泛的小零售商店经营网络，这个网络延伸到了俄远东地区最遥远的乡村，以满足市民生活商品的需要。翁特尔别格说："没有任何一个买卖里，我们会看不到中国人，从中国人作为买主的市场提供生活必需品——粮食、肉类、蔬菜开始，到小本生意，市场的货摊，以至省内各主要中心城市，直至乡村的常设商店，到处都可以看到中国人……符拉迪沃斯托克的中国商店，数量与年俱增，小本生意几乎完全由他们操纵。"①

华商在商品贸易及创办企业方面是非常出色的，华商之间团结协作，联系密切，统一商品价格，低价销售商品，低工资雇佣劳动力，具有俄国商人无法比拟的优势。华商中以沿街叫卖的小商小贩为主，他们采用赊账、代销、易货等各种灵活手段，生意做得红红火火，对俄商一度形成了较强的竞争压力，在商业经营领域占有重要地位。虽然华商经营的大企业为数不多，但是两国企业间的良性竞争降低了物价，使当地居民得到了实惠。由于华商经营的企业具有资金周转灵活、薄利多销、雇佣劳动力工资成本较低等俄国企业无法与之竞争的优势，零售批发业迅速占领并垄断远东市场，他们在与俄国商人角逐中赢得了先机。1870年，

---

① 〔俄〕翁特尔别格：《滨海省（1856~1898年）》，商务印书馆，1980，第189页。

第一章　帝俄时代的旅俄华侨

符拉迪沃斯托克已经发展为俄远东最大的工商业城市，这里的华商数量在各国驻该城商人群体中居于首位，商号数量最多，资本总量最大，达一千数百万。1877年底，南乌苏里斯克地区和符拉迪沃斯托克港口的居民数达到15106人，按贸易额计算，每位居民每年花费近20卢布来购买中国的商品，而当时南乌苏里斯克地区只有26名俄商，可见该地区的贸易掌握在华商手里。

在符拉迪沃斯托克俄国人的企业同华商的企业特别是小店铺根本无法竞争。根据1893年达塔的一份报告，在符拉迪沃斯托克有中国小店铺127家，俄国店铺23家。根据阿穆尔财政厅厅长的资料，在1909年的海参崴有中国店铺447家，俄国店铺99家；到1910年，这里有中国店铺625家，俄国店铺181家。在1883年以前，双城子尚无一家中国人的店铺。1909年双城子有华商店铺245家，俄国店铺48家；到1910年，这里的华商店铺为272家，俄国店铺106家。①

从资金总额看，1908年，海参崴资本20万元以上华商共有16号，2万元以上华商有100余号，千元、百元以上者400至500号。② 华商在崴部的商业中占有举足轻重的地位，海参崴商业的盛衰是以华商的盛衰为基础，如果华商企业发展，海参崴的商业就会出现"市面日见繁盛"的景象，如果华商元气大伤，海参崴的商业就会出现"市面萧条"的局面。

布拉戈维申斯克是近代中俄商品贸易的一个交通枢纽，在活跃俄国远东地区经济发展上起到核心作用。早在19世纪中后期，两岸中俄居民采取集中经商互换贸易。20世纪初，布拉戈维申斯克市到处可见华商开设的店铺，十分繁华。据《瑷珲县志》记载，有华商经营的店铺500余家，当时，商铺被俄国政府按资本及经营种类划分为一至四号票，并依据分号缴纳税金。一号票多为外国人经营的商行，资本在5000卢布以上；二号票有

---

① 〔俄〕B.格拉维：《阿穆尔沿岸地区的中国人、朝鲜人、日本人》，第33页。
② 吉林省档案馆：《驻扎海参崴总领事官呈报该地及领辖各处华商大略情形》。

华商 12 家，资本在 3000~5000 卢布，主要经销布匹、绸缎、衣料等；三号票为华商经营的杂货日用品商店，资本 300~1000 卢布；四号票为随处可见的经营日用小商品的摊床和小作坊等。

华商进货渠道非常广泛，从国内外均可进货，经营品种繁多。布拉戈维申斯克还有很多中国的手工业者，开设皮鞋店、成衣铺、帽子铺、照相馆、列巴铺、香肠铺、糖果铺、薄铁铺、浆洗坊等。据 1910 年资料，俄阿穆尔省共有 67 家总流动资本超过 264400 卢布的华商企业；滨海地区有 1078 家总流动资本超过 3643020 卢布的华商企业。与此同时，该地区还新成立了 1144 家总流动资本超过 24987920 卢布的俄国和欧洲企业。华商的企业规模较小，平均每位华商的流动资金为 3192 卢布，俄国商人的流动资金为 21755 卢布，[①] 俄国商人的资金数量多于中国商人。尽管如此，华商企业在为当地居民提供生活必需品上仍然扮演着重要角色。

旅俄华商致富不忘祖国和家乡，如早期黑河旅俄华商毕凤芝、邵宗礼、金秉恒，他们回国后凭借雄厚的经济实力兴建房屋，投资建厂，大力发展工商业，促进了黑河地区经济的建设和发展，为地方经济发展做出突出贡献。华商毕凤芝在黑河城兴建时，抢抓机遇，领取大片街基，成为黑河屈指可数的房产家之一，为黑河城镇建设投入大量的精力和资金，如今黑河王肃街上，充满异域风格的典型的俄式建筑旅俄华侨纪念馆就是他早年兴建的。

华商邵宗礼耗巨资建造房产、开办商号广聚公、与人合伙开办金矿并投资兴建两处戏院。作为慈善会会长他乐善好施，率先捐款、捐物，带领乡民扩充、整理贫民院房舍，为灾民施备食粮，苦心经管贫民院。

归国华商徐鹏远在黑河创设徐家分号万福广烧锅，采取手工作坊制酒，利用地缘优势，产品销往黑河对岸的俄罗斯。在 20 世纪初黑河百业待

---

① 〔俄〕索罗维耶夫·费德罗·弗拉迪米洛维奇：《资本主义时代俄远东的华人劳务（1861~1917）》，第 57 页。

兴时期，他还开设裕源金矿采苗公司、恒曜电力电灯公司，为黑河的衙署、局、所、商铺共装电灯728盏、路灯48盏，开辟了黑河用电之始。他投资兴建了万发和、瑞兴祥、德昌火磨公司等商号，创立松树沟煤矿，兴建赛马场，实现改良马种、尚武实边的目的。他还在黑河购买了13932平方米的土地，建立房屋和厂址，成为有名的房产家。1923年，徐鹏远在五道壑洛的地方创办振边西皮酒烧锅，力图振兴沿边实业，历经四年建成7849平方米的振边酒厂，年产3000吨，就其规模和设备，是"东北十六家酒精厂中，设备最完善、生产能力较高的一个工厂"，在当时也是国内一流的现代化酒厂。

山东掖县（今山东莱州市）的华商张廷阁曾在符拉迪沃斯托克一家杂货店当店员，后负责业务并全权经办双合盛大型百货公司，是符拉迪沃斯托克首屈一指的商业大户，被推举为崴埠中华总商会经理。在实业救国思想的影响下，他把资产调回国内投入工业。日俄战争前，他在哈尔滨的义合成杂货店投资5万卢布。1913年，张廷阁又在黑河设立一个分号，在国内建立落脚点。1931年，张廷阁支持抗战，为"江桥抗战"的马占山部捐款捐物。

早期旅俄华商拉街基、兴建房屋，使黑河街道初具规模，拉开黑河早期建筑的序幕；他们投资建厂，壮大黑河的经济力量，成为黑河知名的民族资产家；他们建立跑马场，改良马种，促进畜牧业的发展；他们引进俄罗斯农耕用具和先进的碾米机器，加快农业的发展，促进边境地区黑河经济的繁荣，成为当地经济发展中不可或缺的重要力量。

华农：旅俄华侨的农民群体

在远东地区华农积极开展农副业生产活动，中国的农耕技术远比俄国先进，华农把长期积累的耕种经验带到了俄国，向当地俄国人传授耕种技术，远东地区农村开始实行中国的垄耕法。华农不仅种植粮食，还发展蔬菜栽培技术，在农副业生产方面发挥积极作用。20世纪初，距俄国布拉戈维申斯克市5公里的北部郊区，俗称小北屯，集居着许多华侨，这些华侨多半是清朝末年从山东、河北一带逃荒到俄境的农民。他们以种植蔬菜和出卖苦力为生。小北屯农民是种植蔬菜的行家，种植的品种有西红柿、马铃薯、黄瓜、洋葱、胡萝卜等俄国人日常喜爱的蔬菜，华农把自己种植的蔬菜运到市场里销售，还有部分华农在玻璃暖窖中培育鲜花，供应城市居民。

华农在乌苏里江沿岸俄国居民点附近开垦大片耕地，用于栽种白菜、土豆、西红柿、黄瓜、圆葱、大蒜等。华农种植蔬菜技术好，产量大，农产品非常畅销。有的华农直接将这些蔬菜运往城市，在市场、广场、城市十字路口等处设蔬菜销售点卖给当地俄国居民；还有的华农沿街叫卖出售；俄国居民也可以提前订购蔬菜，华农送货上门，货到付款。1882年至1883年间，新鲜蔬菜在俄远东地区供不应求，华农在远东地区建立118个蔬菜种植基地，有493名华农在这里耕种。在符拉迪沃斯托克1名华农为25至26名俄国居民供应蔬菜，这充分证明了华农在当地农业发展中的作用。早期阶段，俄国对华农从事农业生产一直采取宽松政策，直到20世纪初期，俄国政府都没有对华农的种植活动进行过监管，这在一定程度上也促使华农队伍的发展壮大。华农耕种经验丰富，粮食产量多，种植的粮食和蔬菜不仅满足了当地居民的生活需要，还为远东提供了大量的出口产品，繁荣了远东经济。华农为远东地区经济发展做出突出的贡献。连俄国人都承认在农业方面，只有依赖中国人。

中俄通婚

随着华侨的不断增多，俄国逐渐形成一个庞大的华侨群体，这个群体的显著特点是性别结构严重失衡。如1898年，在符拉迪沃斯托克的华侨男女人数比例为10121∶60；在哈巴罗夫斯克男女人数比例为3608∶33；在尼古拉耶夫斯克男女人数比例为1106∶3。华侨性别结构失衡一方面是因为华侨具有浓厚的故乡情结。由于战争、贫困、饥饿等，他们远离故土在俄国务工，无论是工作环境还是生活环境都异常艰苦，不方便携带家眷。另一方面受封建男尊女卑思想的影响，女人一般在家操持家务，赡养父母和养育儿女，男人则承担养家糊口的重任。为了家，他们大多只身在外做临时性的短期工、季节工。文化、语言以及职业等因素，阻碍了华侨与俄国人融合的进程。

俄国法律规定，入境华侨须皈依东正教，并在教堂里接受正式洗礼，才有权与有身份、身体健康的俄国女人通婚。华侨与俄国女子通婚，是他们滞留在俄国境内，并且获得俄国国籍的唯一正式渠道。华侨大多很难放弃原有信仰，虽然与当地俄国女子通婚，但是他们没有办理登记手续，只是建立在双方自愿的基础上。从历史档案资料看，俄国当局对于华侨与俄国女子通婚的态度是既默许又谨慎。一些中国人因此申请加入俄国国籍并参加哥萨克。居住在俄国的华侨尤其是华商常娶俄国女人为妻。据统计，在沿额尔古纳河的村落中有33对这类中俄混合婚姻。如果俄国女人嫁给华侨后不愿留在俄国境内生活，定居到中国的俄国女子和他们的子女将自动失去俄国国籍。

第一次世界大战后，俄罗斯男性参战较多，造成男女比例失衡，加上中国国内连年战乱、灾荒频发，南方部分省份及山东、河南一带人口多、土地少，百姓生活困苦不堪，为了谋生，中国贫苦男性农民大多只身到东北或者俄罗斯远东地区谋生。受上述情况的影响，20世纪初，黑龙江上中游中俄边境地区的漠河、呼玛、奇克、黑河等地均有许多华商、淘金的华工与当地俄罗斯女子通婚后回国定居。如1928年，曾在俄国腾达麒麟金矿"沙金"的山东华工刘松山与俄罗斯雇主的女儿秋达国娃结合在一起，他们积攒了一点钱财后，1931年夫妇俩带着长子刘全福坐着马爬犁过江来到黑河定居；河北省黄骅县的赵彦邦，青年时期和几个兄弟一起闯关东到东北，1918年他来到中苏边境娶妻娜塔莉娅后定居在孙吴县哈达彦村；山东人徐鹏远早年在俄国行商时娶俄罗斯富商女儿为妻，后回黑河开办逢源金厂、德昌火磨公司、万福广酒庄、恒曜电灯公司，曾任万发、和瑞、兴祥等商号财东，是名震东北的民族企业家；在中俄开交通时期，山东华商张福盛经常往返于中俄两国之间，背着酒桶沿街叫卖，逐渐引起一位俄国富农女儿的注意，两人在接触中互生情愫，结为连理，1911年28岁的张福盛带着俄国妻子来到张地营子上游1公里处距离黑河岸边15米的东夹信子岛经营玉盛和酒柜。

早期这种中俄通婚现象在黑龙江沿边村屯较为普遍。由于中俄通婚人数多,黑龙江沿岸的村屯逐渐形成独具特色的俄罗斯村屯,仅爱辉区就有张地营子乡小新屯俄罗斯族村、白石砬子俄罗斯族村、爱辉镇外四道沟俄罗斯民族村,这些村屯形成区域性的民族融合。

旅俄华侨的社团组织

华侨大多采取群居生活,从踏入俄国的那天起,就设法组建各种社团组织。一方面是生存发展的需要。早期华侨身居海外异国,他们中大多数人文化层次较低,不懂俄语,很少与当地居民融合交流,按照自己的生活方式生活,在中俄尚未在远东建立领事关系的情况下,缺少祖国的保护,尤其是在第一次世界大战前,国家在国际上尚无地位,在遭遇歧视、排挤时,个人或家庭无力抵御和抗拒。在艰难的生活中,为了求得生存和发展,他们选择与同乡或者同伴结交金兰互相照应。他们遵照传统方式以血缘、亲缘、地缘和业缘自发地组织各种社会团体,互相团结、互相帮助,并通过选举产生组织机构,负责管理社团内部的一切事务。另一方面是适应俄国政府管理华侨的需要。面对日益增多的华侨,俄国政府手足无措、无能为力,曾试图建立由华侨管理华侨的社团组织,作为对华侨实施管理、监督的辅助手段,以减轻政府的负担。

旅俄华侨非常重视同乡情谊,根据需要组建各种社团组织,实行自治管理。早期的华侨在各地建有同乡会(帮会)、公益会等,如在哈巴罗夫斯克按照华侨原籍贯组成的有"广东帮、宁波帮、东(山东)帮、关(东北)帮"等地域帮会。在符拉迪沃斯托克有山东的东帮、广东的广帮、直隶东三省的北帮、江浙的南帮等地域帮会。早在1858年,这类帮会就在潭克胡(千波山)地区出现。19世纪60年代,华侨在远东地区建立了公益会,该组织主要以血缘为基础依靠熟人和老乡发展起来,在伊曼地区垄断人参、鹿茸、毛皮的收购价格,公益会在渔猎业和工商业中小有名气。

第一章 帝俄时代的旅俄华侨

社团组织的直接作用是把一个个分散的个体凝结成地域小群体,这对于华侨彼此间生活互助、共同抵制异族歧视无疑是有利的。1881年,成立符拉迪沃斯托克(海参崴)华侨商会。1889年,成立哈巴罗夫斯克(伯力)华侨商会。国内记载哈巴罗夫斯克商会成立的时间是在1882年,比国外记载时间早7年。这是因为俄国对这些社团组织的存在采取默认的态度,允许他们开展活动,但是也不积极支持,致使有的商会在秘密状态下成立。哈巴罗夫斯克商会成员筹资建立孔庙以及设立一个商会行政中心。由于旅俄华侨社团组织的规模和影响不断扩大,俄国政府遂对华侨社团实施限制。1897年,以取缔秘密结社为由,俄国政府正式取缔了华侨社团组织机构,并取消其活动。

在以后的10年里,中国政府多次照会俄政府允许成立合法的华侨社团组织。俄国政府一直没有批准。在中国方面不断吁请下,同时也是基于1906年10月4日俄国社团组织法开始生效,滨海省华侨才陆续得到该省驻军司令的批准,先后于1907年9月18日,1910年1月10日和2月4日成立了海参崴、伯力、双城子中国人互助会。[①] 1913年成立驿马河中华总商会。

华侨通过选举产生社团组织的负责人,行使管理权。社团组织负责解决华侨内部与外部的纠纷问题,实现维权保护、管理的功能。华侨社团组织不仅有保护侨商的权限,还有担保、证明等职权。社团组织从事慈善、文化普及、搜集商业信息活动。到20世纪初,社团组织的履职能力也逐步完善,义务不断扩大,更加注重传统文化的传承,不仅维护了华侨的生命及财产,还满足了华侨及其子女在知识上的渴求。如符拉迪沃斯托克市的华商会成员集资开办华商附属学校,教授华侨子女中国文学、地理和历史课程,同时还开展文化普及活动,不但给华侨的社交和经商带来方便,而且为两国政府之间的交往带来益处。符拉迪沃斯托克

[①] 〔俄〕索罗维耶夫·费德罗·弗拉迪米洛维奇:《资本主义时代俄远东的华人劳务(1861~1917)》,第57页。

华商会 1909 年花费 3733 卢布 94 戈比，1911 年花费 415 卢布 40 戈比的巨额资金在符拉迪沃斯托克建立了中式寺庙。[①]

俄国政府试图通过华侨社团组织来管理华侨，把华侨纳入自己的管辖范围，这种方式在某种程度上减轻了俄政府管理华侨的负担，把华侨社团组织作为对华侨实施管理的辅助机构。同时，俄国行政机关又对这些社团组织产生不满情绪，认为其是该地区的隐形政权，态度很矛盾。俄国政府对远东地区华侨社团组织的态度由最初的默许、支持变为后来的猜疑、反对。俄国要求各社团组织每年定期向俄国地方当局提出书面报告，汇报活动情况。俄国政府意识到无法管理华侨社团的弱点，1914 年 5 月俄阿穆尔边疆区都督下发加强监管华人互助协会的指令。1922 年 12 月，苏军督察处以"私藏军火、鸦片，且向中国军事机关报告调动军队及政治消息"为由，拘禁旅俄华侨总会会长解宝玲、执事人员王巨川等，并搜查侨会，把卷宗图记一同带走，自此早期华侨社团组织被取缔。

[①] 〔俄〕B. 格拉维：《阿穆尔沿岸地区的中国人、朝鲜人、日本人》，第 112 页。

第二章　苏联时代的旅俄华侨

苏联时代的旅俄华侨在数量上要比帝俄时代大为减少，但是在人员结构和政治觉悟上有了极大的变化。旅俄华工在十月革命的影响下，思想觉悟不断提高，纷纷与俄国工人一起反抗阶级压迫和民族压迫，接受并传播马克思主义，是马克思主义传播的一支重要力量。20世纪20年代出现了中国人留学苏联的第一次浪潮，20世纪50年代出现了第二次留苏浪潮。

旅俄华工与十月革命

十月革命前，在俄国远东地区的华工达30多万人，生活环境极其恶劣，从事最艰苦的劳动，受到资本家的虐待、凌辱，他们纷纷要求摆脱奴隶地位争取自由。仅在1916年就发生6起较大的华工反抗斗争事件。1917年9月，俄国华工因反抗军事当局虐待，300人遭枪杀。

十月革命期间，华商的资产被没收，各地工厂纷纷倒闭，许多华工因革命和内战失业，处境艰难，人身安全难以保证，财产损失惨重，经常发生白卫军屠杀华侨事件，到处都有流浪的华工人群，他们靠行乞度日。大批华工失业归国，造成俄国远东地区劳动力严重匮乏，大多数企业停产、停工，俄国居民的日常生活受到严重影响，远东地区的经济受到重挫。

十月革命促进旅俄华工的觉醒，他们与俄国工人联合起来共同反抗阶级压迫和民族压迫。1916年在彼得格勒造船厂做工的刘福臣、冯作发是第一批报名参加赤卫队的战士，他们曾经参加突击进攻冬宫的战斗，并加入了布尔什维克党。明斯科巴赫工人赤卫队建立后，当地伐木场的千余名华工全部报名参加。在遥远的柯维契车站附近伐木工厂做工的2000名华工在布尔什维克党的帮助下全部报名参加赤卫队。1917年在俄罗斯的莫斯科、彼得格勒、彼尔姆、别尔米、弗拉基卡夫卡兹、彼特罗扎伏德斯克以及俄国其他城市的赤卫军支队中都有旅俄华工的身影，以卫士队小队长李富清为首的70多名中国籍红军战士荣幸地担任列宁的卫士。

在许多城市里都留下了旅俄华工战斗的足迹，他们誓死保卫苏维埃政权，用鲜血铸成中俄友谊。1918年初，任辅臣响应列宁向全国发出的"一切为了前线"的号召，将矿区1500多名中国矿工组织起来，成立中国团，自任团长，自发地在卡马河、杜拉河、阿克塔伊河一带与矿主纠集的小股白卫军作战，并屡战屡胜。该团由于作战英勇引起了列宁同志深切关注，他立即签署命令，将任辅臣组建的中国军团编入苏俄红军第三军第29步兵师，命名为"中国团"，番号为第225团，任辅臣任团长。这一时期还涌现出保卫弗拉季高加索的传奇英雄包其三、骁勇善战的中国营长孙富元和蒂拉斯波支队、威震阿穆尔州的陈柏川和老头队，他们用行动彻底改变了中国人在苏俄的形象，他们的名字铭记在苏俄国内战争的史册上。

1918年10月4日，彼得格勒《武装人民》对中国战士大加赞赏："第一卡美施洛夫团中有各国红军战士，中国同志是他们的佼佼者，中国战士视死如归，血在淌，他们用破布堵住伤口，高喊着'乌拉'又向前冲去，中国人有毅力，没有苛求，东方兄弟成了其他国际主义战士的榜样。"1919年2月5日，《贫民报》以《中国人——英雄》为题刊载了沃罗涅什战线上英雄的中国营出色的表现。1919年7月15日维利卡卢家苏维埃《消息报》刊载，由于参战部队人数太少而且战斗地点彼此交错，常常有包围和迂回的情况发生。在一次包围事件中，一个连的部分人陷入困境，全体战士都英勇牺牲。机枪排有一小队中国人，他们是连队里的优秀红军战士，依然坚守在那里，他们曾多次打退敌人散兵线攻势，"子弹打光后，他们不愿意可耻地投降"，全体战士都英勇牺牲。他们直到生命最后一息仍然忠于职守，从而使兄弟部队有时间进行休整。这种英雄主义的典范，

第二章　苏联时代的旅俄华侨

"只有在为无产阶级革命事业而进行的国际主义斗争中才有可能",他们自觉地把"自己的生命贡献给革命事业","无名英雄们,你们将永远活在俄国工人农民的心中"。

为纪念在莫罗佐夫斯克车站战役中牺牲的中国战士,苏联政府在莫洛佐夫斯克市建成一座纪念碑。如今在莫斯科红场上还有张、王华工的墓碑,这是旅俄华工用鲜血和生命援助苏联人民解放事业的历史见证,他们用实际行动书写中俄两国人民的友谊。

十月革命为华工成立社团组织提供外部环境,他们成为马克思主义在东北地区传播的一支重要力量。1917年留俄学生刘泽荣带领爱国留俄学生成立"中华旅俄联合会",1918年底改名"旅俄华工联合会"。旅俄华工联合会及分会创办多种中文报纸,如《震东报》《共产主义之星报》,阿穆尔《社会警钟报》和《工人之路》,赤塔华工会出版的《华工醒时报》,这些报纸在华工中引起轰动,再次掀起了华工参加红军的高潮。

黑龙江沿岸许多城市与俄罗斯隔江相望,是旅俄华侨赴俄和归国的重要通道,也是华工传播马克思主义的红色通道。这些新思想和出版物被归国的华工陆续带回国内并沿着中东铁路传播出去。到1918年,大约4万华工由中东铁路回国。

1917年5月1日,哈尔滨3万名中俄工人罢工,在秦家岗教堂集会,举行示威游行。1918～1920年,中俄工人一起举行大规模罢工,从哈尔滨逐步扩展到中东铁路全线,由单纯的经济罢工迅速发展为政治大罢工。

十月革命掀起了马克思主义在东北传播的热潮,加快马克思主义在东北地区的传播速度,加快了东北地区党组织的建设步伐。

车里雅宾斯克、鄂木斯克、秋明、托木斯克、克拉斯诺亚尔斯克、伊尔库茨克以及新尼古拉耶夫斯克等城市均设有联合会的地方组织,后又在布拉戈维申斯克、赤塔、摩尔曼斯克、彼尔姆、上乌丁斯克、奥伦堡、伯力、海参崴等地增设了华工地方组织。

旅俄华工联合会最基本的工作就是维护旅俄华侨在俄国的利益。会长刘泽荣领导旅俄华工联合会代行领事职权,他着手进行华工生活状况调查，以与各地华工、华工团体联系或深入实地调查两种方式，拟定多处调查地点，如大战西部战线、西南战线、乌拉尔矿区、基辅、莫斯科至沃里滨斯克铁路沿线等，了解俄国各地华工的真实生活情况，取得证据，并向俄国政府内务部、兵工会、京城自治会等各机关进行交涉接洽；同时，提议召开有中国驻俄使馆代表、彼得格勒自治会代表、俄国政府工部代表、兵工会代表、中东铁路代表、彼得格勒总招工所代表、职业联合会总干事会代表等各方人士参加的会议，制定修改招募华工的统一合同大纲草案，力争改善华工待遇。在他的努力下，俄方政府决定在彼得格勒设立华工栖留所，并由市自治会、联合会共拨出经费 8 万卢布，负责收纳和安置华工，截至 1917 年 9 月共为 1000 多名华工安置工作，而且所有被安置工作的华工均享有和俄国工人同等的权利和待遇。到 1918 年，共遣送了大约 4 万名华工回国。归国华侨将俄国革命的所见所闻带回国后，也扩大了十月革命对中国的影响。

联合会积极组织华工参加苏俄的革命斗争，进一步促进了旅俄华侨与马克思主义的结合，随着红军中旅俄华工人数的增加，报纸作为传递消息、发布革命言论的重要媒介，成为部队越来越迫切的需求，尤其是在东部战线，苏维埃军事当局也认为有必要办一种中文期刊，以鼓舞红军中的中国战士。因此，旅俄华工联合会经过周全考虑，决定尝试创办一个不定期的刊物——《旅俄华工大同报》，作为自己的机关报，在全俄范围内发行。编者为刘泽荣、张玉春和孙言川，该报为不定期出版物，拟定每月出版一次，最多两次，版面为两开两版。吸取了《华工报》办报经验，报纸素材大多取自本地报刊的重要文章和消息，收集材料后，由刘泽荣口译为中文，由孙言川记录并抄好后送彼得格勒兹洛特尼可夫石印厂石印，每期两三千份，几乎全部转送到苏俄的军事部门。1919 年 2 月 28 日《真理报》记载：在 1919 年 1 月苏俄国内战争前线和沿前线地区，共发行 2700 份。

1918 年到 1920 年，《旅俄华工大同报》一共出版了四五十期，它详细记录了旅俄华侨参加和支持革命，为保卫苏维埃舍生忘死英勇斗争的艰难历程，刊载了中苏两国领袖友好往来及两国战士和睦相处的珍贵历史文献。由于 1920 年刘泽荣同志回国，《旅俄华工大同报》停刊。

苏联初期的留俄学生

1922 年 12 月，苏维埃社会主义共和国联盟（简称苏联）成立后，发表了对华宣言，废除沙俄时代一切不平等条约和在中国攫取的一切特权，在中国人民中引起了强烈反响，尤其是十月革命的胜利，为寻求革命出路的爱国青年带来了希望和曙光。在这样的形势下，中国人的目光由西方转向苏联，于是在国内掀起了一股向往苏联、学习苏联的热潮。

一些进步青年不远万里纷纷到苏联求学，寻求革命真理。苏联各大城市相继开放和创办学校，为中国革命者敞开了学习的大门，东方大学、中山大学等革命学校应运而生，赴苏留学活动渐次兴起。

20 世纪 20、30 年代，中国共产党陆续派出一批骨干赴苏联学习军事和政治理论，以推动中国革命发展。由于共产国际的指导和大革命的影响，在 20 世纪 20 年代曾出现中共党员留学苏联的高潮。

1. 东方大学的留学生

根据当时的革命形势需要，1921 年 4 月，共产国际创建的隶属民族事务委员会的东方训练班，是专门为苏俄远东少数民族及邻近东方各国培养革命干部的政治大学。东方大学，全称莫斯科东方劳动者共产主义大学。这所大学一开始就担负着双重任务：既为苏俄东部地区培养民族干部，又要考虑东方"国家革命发展的一切特点，培养来自这些国家的干部"。东方大学建校之初属苏俄教育人民委员部领导，后转为俄共（布）中央直接领导，学生的衣食住行等费用都由第三国际东方部提供。

1920 年 8 月，上海外国语学社成立后，上海共产主义小组决定从外国语学社中挑选二三十名优秀学生，分三批派往莫斯科东方大学学习。1921 年 4 月，杨明斋具体安排第一批留学生启程，一个月后又派出了第二、三批。由于当时燃料缺乏，交通困难，这些留学生一路上走走停停，经过两个多月的长途跋涉，终于在共产国际第三次代表大会召开期间抵达莫斯科。

上海外国语学社选派的学生抵达莫斯科后组成的中国班是东方大学第一届中国班，该班学员有罗亦农、刘少奇、王一飞、任弼时、萧劲光、彭述之、任作民、俞秀松、柯庆施、胡士廉、许之桢、汪寿华、卜士奇、任岳、陈为人、谢文锦、曹靖华、蒋光慈、韦素园、吴芳、周昭秋、韩慕涛、傅大庆、廖化平、李宗武、吴保尊等人。至此，以莫斯科东方大学为中心、以东方大学第一届中国班为主体，中共第一批留俄学生正式诞生。

1922年，陈独秀率中共代表团赴莫斯科出席共产国际第四次代表大会期间，得知中共旅欧支部的许多同志在学习和生活上遇到很多困难，便决定分批抽调旅欧同志到莫斯科东方大学学习，在征得共产国际和苏联政府同意后，陈独秀便在莫斯科写信给巴黎中共旅欧支部。中共旅欧党支部于1923年3月首次派出赵世炎、陈延年、陈乔年、王若飞、熊雄、王圭、余立亚、袁庆云、王凌汉等12人赴莫斯科东方大学学习，同年11月和1924年夏、秋，共分4批抽调旅欧同志奔赴苏联学习，学习期限一般为2年。中国班主要招收的是中共党员、团员，这些学员基本上是在国内有一定党务工作经验的干部，只有极个别的学员是非党人士。截至1924年秋冬之际，东方大学中国班学生人数约在150名，是各国留苏学生中人数最多的一个班。1925年以后，东方大学根据中国留学生的文化程度，又开设了知识分子班和工人班。据史料记载，在1925年以前，中国共产党选送到苏联留学的干部，基本上都在东方大学中国班学习，到1927年上半年，到东方大学学习的中共人员共计100人以上。

东方大学中国班开设的课程很多，学习内容集中在政治学科，尤其是马列主义理论，主要课程和读物有：俄文、国际工人运动史、俄国共产党党史、列宁的《青年团的任务》、马克思的《共产党宣言》、布哈林的《共产主义ABC》、波格丹诺夫的《政治经济学》等。1922年1月，远东各国共产党及民族革命团体第一次代表大会在莫斯科召开，瞿秋白以及任弼时、萧劲光、俞秀松、柯庆施等留学生以正式代表的身份参加了这次盛会。每到十月革命节、五一国际劳动节等重大节日，中国学生都与当地市

第二章　苏联时代的旅俄华侨

民一起参加游行、集会等纪念活动。他们还定期到当地工厂、农村参观。

大革命失败后，共产国际和中国共产党为了能在短期内培养出一批军事干部，以便更好地进行武装革命斗争，在中国各地挑选了六七百人，其中有些是暴露身份的中共党员，赴东方大学的军事速成班学习。这些人先后于1927年10月到达莫斯科，并从中选拔出数十人，进入东方大学二年制的中国班。如著名抗日女英雄赵一曼，就是这时由党组织派往苏联东方大学学习的。东方大学军事速成班的负责人是马斯洛夫，教员和教官是苏联人，担任翻译的人员大多是东方大学中国班的毕业生。军事速成班的六七百名学员分成几十个小班，学习的主要课程有列宁主义、政治经济学、中国革命运动史、战术战策、简易工程兵学等。

1927年4月12日，蒋介石背叛革命，白色恐怖笼罩整个中国，轰轰烈烈的大革命遭到失败。1928年夏，东方大学的军事速成班结束后，大部分学员回国。第一批回国的大都是国民党右派分子和支持国民党观点的人，如谷正纲、邓文仪、郑介民、康泽等。随后，一些中共党团员也相继回到国内开展武装斗争，一部分中共党团员则进入苏联正规军事学校学习，如伍修权等11人于当年秋天进入莫斯科步兵学校；左权、陈启科等进入伏龙芝军事学院；朱瑞、于树功等16人进入莫斯科克拉尔炮兵学校；王稼祥、张闻天、沈泽民等人则考入莫斯科红色教授学院；俞秀松、周达明等人进入列宁学院继续深造，王明、吴亮平等人则留校任教或做翻译工作。1929年初，第二期学生毕业。大部分学生被秘密护送回国，博古、何子述等十多名学生留校任教；杨尚昆、李竹声、盛忠亮（即盛岳）留在了中山大学社会发展史教研室工作，另有少部分学生被转入苏联其他学校深造。后来，原东方大学的中国学员全部并入中山大学。

1933年5月，莫斯科东方大学重新开设中国班，称为满洲班，专门从东北抗日联军（包括兵败后退到苏联境内的部队）中选拔干部进行短期培训，时任红色工会国际太平洋书记处海参崴局书记的维经斯基负责招生工作。1933年6月3日，共产国际委派时任共产国际远东局委员的美国共产党员蒂姆·赖安前往中国，负责招生工作。截至1935年底，东方大学的中共留学生由原来的20人增至70人，班级数量也增至9个。原来的满洲班升级为中国部，分为三个部分：基础班（军政训练班）设在莫斯科近郊的康采沃，共有7个教学班，其中满洲班4个，每班10人，共40人，学习期限为18个月，东北抗日联军的李兆麟、魏拯民、陈龙、朱光、李桂林、朱德海等人都曾先后在此学习；1个研究生班，学员6人，学习期限2年；1个青年班，学员9人，学习期限3年。远东特别班设在新佩列维坚诺夫卡，招收在苏联远东边疆地区工作的中国人，包括20世纪20年代毕业的原莫斯科中山大学、东方大学留学生，学员9人。短期特别培训班设在东方大学校本部，专门为中共培训在国统区进行秘密活动的特工人员，共有6名学员。1936年2月11日，共产国际执委会决定进一步扩大中国部的规模：满洲班扩充至100人，远东特别班扩招到20人，研究生班增至10人，特别培训班增至15人，新成立华北班，从华北的日占区招收30名骨干，特别设立党的领导人员班，招生10名，主要是为负伤或患病的中共高层领导提供疗养和学习机会。这样，中国部的中共留学生达到185名。

1938年，应中共中央代表团的提议，共产国际执委会将中国部原有的几个教学部门合并为一个，称为共产国际中共党校，仍隶属民族殖民地问题研究院之下，由郭绍棠任校长。蔡畅、贺诚、贺子珍、杨之华、袁牧之、马明方、塞先任等人曾先后在此留学。

1938年，东方大学关闭。1941年德国大举入侵，苏联已经无暇顾及留学生工作，东方大学中国分校停办。

2. 中山大学的留学生

1925年10月7日在国民党中央政治委员会第66次会议上，鲍罗廷建议选派学生到中山大学学习。国民党政府对派遣留学生工作十分关心，成立了由谭延闿、古应分、汪精卫组成的选拔委员会，鲍罗廷担任委员会顾问，指定高级官员（包括谭延闿）来甄别学生是否具备资格。委员会成立

第二章 苏联时代的旅俄华侨

后迅速在广州、上海、北京、天津开始选拔留学生,选派留学生去苏联学习的消息迅速传遍全国各地。1925 年秋天在广州进行公开选派留学生报名工作。由于当时广州是全国革命中心,仅在广州就有 1000 多名青年报名参加选拔考试。经过初选、笔试、口试,淘汰率为 9/10,共录取 340 名。其中,广州留苏学生占多数,为 180 人,广州的黄埔和湘滇军校各 10 名,50 名来自上海,50 名来自京津地区,还有 20 名学生由鲍罗廷推荐。鲍罗廷推荐的大多数是国民党要人的子弟。在广州选拔的留苏学生中,90% 是国民党员。

除广州作为选拔留苏学生的中心地区外,上海和京津是另外两个主要的选拔地区,生源很广泛,有上海、江苏、安徽、江西、湖南、湖北、河南、山西、陕西和北京、天津等地学生报名。上海和京津地区选拔的学生则多数是共产党员。

当时上海是留学生前往苏联的总站,除广州的一部分学生直接乘船到海参崴赴莫斯科外,其他大部分地区的学生都要先到上海集中。中共把选派干部赴苏学习这一任务交给了杨明斋。杨明斋专在上海负责接受和选派学员的工作。在北京的负责人为李大钊,他当时是中国共产党北方区党委总负责人,并担任国民党在整个北方的领导责任。与广州公开选拔赴苏留学生不同,包括上海在内的北方区选送的赴苏留学生,由于在军阀的统治地盘内,不能公开招考,所以只能是采取直接指派的方式。在国共两党合作的前提下,1925 年 5 月 20 日,中共中央为选拔留苏学生问题发出专门通告,要求各地党组织负责同志选拔时要掌握合格条件,选拔的赴苏留学生大部分是共产党员、共青团员和进步青年。张闻天、王稼祥、沈泽民、吴乐平、伍修权、孙冶方、陈绍禹(王明)等都是由北方区选送到苏联学习的。在这批留苏学生中,还有专门从北京蒙藏学校中挑选的蒙古族青年,如后来成为国家重要领导人的乌兰夫(云泽)。除了从国内派出到苏联留学的学生之外,还有一批是从法国、德国、比利时等西欧国家转学至苏联的学生。1926 年 1 月 7 日,邓小平、傅钟、邓绍圣等一行 21 人受中共旅欧支部执委会的委派前往苏联学习,先在莫斯科东方劳动者共产主义大学，不久转入莫斯科中山大学学习。被录取的学生年龄和文化程度相差较大，从十四五岁到四五十岁，文盲、大学毕业生、留学生应有尽有，真可谓"三代同堂""长幼同课"。总的来说，约有 1600 名中国人在中山劳动大学完成了一门课程，至少有 500 人在东方劳动者共产主义大学学习。除此以外，М. В. 伏龙芝军政学院、Н. 托尔马切夫军事政治学院、高等火炮学校、飞行军事理论学校、国际列宁主义学校、中央共青团学校都招收中国革命者。

在 20 世纪 20、30 年代，除中共党组织向苏联派出留学生外，一些地方政府也向苏联派出留学生。如新疆的盛世才在 30 年代就向莫斯科和塔什干派遣大批留学生，仅在 1934 年至 1935 年底被派到苏联塔什干中亚大学的留学生就有三批，约 300 名。其中有王公贵族的子女，也有贫雇农、普通牧民家庭的子弟。1932 年，经地方党组织与苏联驻黑龙江省黑河领事馆联系，郭廷福、申吉庆、王文波、李季、汤文勇、韩哲一、王玉等 8 名进步青年学生先后分四批秘密前往苏联列宁学院阿穆尔伯拉格分院学习，寻找正确的抗日救亡道路。

在 20 世纪 20、30 年代，当时国共合作正处于黄金时期，各地工农运动发展迅速，共产党员人数较少，干部更不敷任用，中共党员留学生回国后投入艰苦卓绝的新民主主义革命之中，弥补了干部人员的不足。1925 年中共四大，留苏回国的彭述之当选为中央委员和中央局委员，留苏学生开始进入中共中央核心领导层，在党内占据重要地位。1931 年中共六届四中全会之际，政治局委员中留苏学生占比增至 29.4%。到 1936 年红军会师陕北时，12 名政治局委员中有张闻天、秦邦宪、朱德、任弼时、刘少奇、王稼祥、何克全、林育英 8 名留苏学生，所占比例高达 2/3。

20 世纪 30 年代，苏联红军总参谋部情报部面对日军图谋大举进攻西伯利亚地区的形势，借助共产国际的力量，选调大批中共优秀党员和进步青年分批送到苏联莫斯科军事情报学校或者伯力进行特种培训，并陆续派回国内，建立遍布东北、华北地区的国际情报网，负责收集日本关东军和伪满军队的军事情报。国际情报组织的红色特工大多在苏联受过特种训练，这些中华民族的优秀儿女，具有良好的素质和顽强拼搏的战斗精神，他们默默承担着艰苦的工作，意志坚定，不怕流血牺牲，在隐蔽战线上凭借智慧与力量同日本侵略者进行周旋和殊死的战斗，创造了光辉的业绩，为祖国的自由和解放做出了不可磨灭的贡献，他们用鲜血和生命谱写了可歌可泣的历史篇章。

20世纪20、30年代的留苏活动支援了中国革命，提高了中共党员留学生的理论水平，培养了一批优秀军事指挥员，密切了苏联、共产国际和中国共产党之间的关系，为新中国成立之后中苏关系的发展和20世纪50年代留苏教育的勃兴奠定了基础。

中苏友好时期的留苏学生

新中国成立后，中苏关系有了非常大的改变。由于意识形态相同，两国在20世纪50年代初期经历了中苏联盟的蜜月期。两国签订《中苏友好同盟互助条约》，苏联给予中国大量的援助，交还了在东北的特权。

新中国成立之初，百废待兴。要发展工业特别是重工业，除资金、设备方面存在困难外，最为奇缺的就是各类专业技术人员，尤其是高级技术人员。第一个五年计划中，全国经济各部门就迫切需要补充专门人才100万人、熟练工人100万人，其中仅工业和交通运输业就需要增加技术人员39.5万人。而当时我国科研、教育、工程技术、工业、文艺等方面的高级人才不到7万人，甚至中国科学院所属机构到1952年时也只有研究人员1200多人。这一时期，国家亟须发展高等教育，国内又无法培养出大批社会主义建设所需要的人才。在当时的国际环境下，要迅速大量培养出中国自己的专业技术人才，只能依靠苏联，通过派遣留学生获得。

为了打破帝国主义的封锁，加快社会主义建设的步伐，中共中央提出要学习苏联和东欧其他社会主义国家的先进经验，在经济建设方面，特别是在重工业方面仿照苏联，于是国内掀起学习苏联经验，建设社会主义国家的热潮。在这种历史背景下，留苏人员以留学生为主体，还有部分援苏建设的华工。

1951年夏，中央人民政府教育部经过严格的选拔和考核，从全国的高等学校、科研机关和应届高中毕业生中录取了375名，8月13日和19日，派往苏联的首批留学生分2批启程到莫斯科学习，其中有239人进入苏联各地高等学校读本科，另136人进入苏联的研究机构读副博士研究生，他们学习和研究的专业非常广泛，既有理科、工科、农科，也有文科。

1955年8月，经过严格审查，共有1932人赴苏联留学，其中大学生1660人，研究生239人，进修教师33人。按专业划分，工科1386人，占全部留苏学生的71.7%，主要集中在特工、采矿、动力、冶金、机械制造、电机、化工、运输和建筑类。除此以外，理科学生127人，农科145人，财经58人，政法45人，医科66人，文科63人，师范14人，艺术23人，体育5人。

1951～1953年，平均每年派出300多人；1954～1956年，平均每年派遣1000多人；1957～1959年，平均每年派遣400多人。截至1956年，在苏联政府帮助下，我国派遣赴苏联留学生人数有6000多名，其中学习理、工科专业的占75%左右。到1959年末，我国一共派出8000多名留学生，占我国派出留学生总数的91%，其中2/3学习理工专业。

这一阶段也是我国留苏教育的收获阶段，截至1956年已有354名留学毕业生回国（包括研究生127人、大学生227人），其中有2人获得苏联博士学位、111人获得苏联副博士学位。到1959年6月，我国已经有1300名留苏学生完成学业，其中300多人已回到国内工作。他们在苏联学习了先进的科学技术，获得了经验，学成归国之后，很快填补了中国科学技术和教育等领域的一些空白，承担了学科建设、人才培养、技术研发和科学研究等重要任务，并取得了卓越的成就，成为国家的栋梁之材，对我国社会主义建设事业和高等教育事业的发展起到了积极促进作用。

第二章 苏联时代的旅俄华侨

20世纪60年代初，中苏两党意识形态的分歧对两国关系的影响越来越严重，日益公开化，留苏学生的派遣工作受到了波及。

针对当时的中苏关系状况，1960年下半年召开的第二次全国留学生工作会议对今后的留学工作重新进行了部署，会议要求减少数量，提高质量，主要派遣有工作经验的研究生、进修教师和实习生，高中生原则上不派。

从20世纪60年代中期开始中苏经济、文化交流几乎中断，导致在苏华侨数量呈现明显下降趋势。

1966年，教育部、外交部发出了《关于国外留学生回国参加文化大革命的通知》，停止了留苏学生的选拔派遣工作。通知规定除个别特殊情况外，所有留学生都要回国参加"文化大革命"。对于尚在国外留学的学生，采取休学和提前毕业的办法，务必于1967年2月之前返回祖国。据苏方统计，1951~1965年在苏联学习的中国人员中有18000名技术工人、11000名各类留学生、900多名中国科学院各研究所的科学家，以及按科技合作合同在苏联了解技术成就和生产经验的1500名工程师。

20世纪50、60年代的留苏学生分布在莫斯科、列宁格勒、喀山、基辅、哈尔科夫、高尔基城等几十个城市的220多所大学和科研机构里学习。其中尤其以莫斯科和列宁格勒两个城市最多，在这两个城市里学习的留苏学生约占留苏学生总数的70%。

这一时期留苏人员坚守"听党的话""服从组织分派"的准则，与苏联同学同吃、同住，深入了解苏联人民生活，与苏联人民结下深厚的友谊。留学生勤劳节俭、刻苦钻研、谦虚质朴，给苏联人民留下很深的印象。留苏学生回国后在各自岗位上勤勤恳恳、耕耘不辍，把自己的一切奉献给祖国，为中苏的文化教育交流和加强中苏人民之间的友谊做出了积极的贡献。与以往留学活动不同的是，这一时期从留学生选派、培训、政治审查、学生留学期间的政治业务学习及留学费用和回国分配均由中国政府承担；留苏活动具有局限性，选拔标准过于突出政治标准，操作过程趋于政治化、简单化，使一些成绩和品质优秀的学生因"家庭出身不好"失去学习深造的机会；由于缺少经验，选拔过程仓促，出国前培训不足，使个别学生无法过语言关，不能正常开展学习而中途辍学；选派工作得到党和政府的高度重视，为留学生精心置备行李衣物、欢送晚宴、车站送行等，体现了党和政府的人文关怀；学习专业主要集中在卫生、水利、工业、教育、交通运输等行业，在国家经济建设急需的工科领域占有较大比重。

第三章 面向 21 世纪的旅俄华侨

赴俄的原因

伴随着 1989 年中苏关系正常化，两国的经贸关系随之展开，尤其苏联解体之后，中俄两国的经贸关系同政治与外交一样获得了突飞猛进的发展。这一时期前往俄远东地区务工的中国劳务人员开始增加，在旅游和边贸的推动下，大量的中国人涌入俄罗斯。

在俄罗斯整体转型中，其远东地区获得的内资或外资均不足，导致经济发展缓慢，轻工业产品匮乏，农业发展滞后，社会购买力下降。而同一时期与俄罗斯远东地区一江之隔的黑龙江中俄边境城市，获得了相对较高的中国改革开放政策的"红利"，于是大批东北地区人民投入对俄贸易和产业开发的浪潮之中。他们带去质优价廉、种类繁多的商品，满足了俄罗斯居民对日常生活用品的渴求，双方成为相互依赖的消费共同体和利益共同体。

新时期旅俄华侨大规模涌入俄罗斯的原因是多方面的：一是政治因素。中俄两国政府恢复正常关系以来，进一步加强睦邻友好与双边合作。两国政府不断出台促进彼此开放的政策、措施，赴俄罗斯各地经商、旅游、求学的中国人数量不断上升，形成了历史上又一次华侨赴俄高峰期。二是人口因素。俄罗斯远东地区地域辽阔，物产丰富，人口稀少。1991 年，平均每平方公里仅有 1.3 人。近年来俄罗斯人口自然增长率下降，人口外流加剧，现有劳动力无法满足远东地区大开发的需要。而与俄罗斯远东地区相邻的中国东北地区人口稠密,劳动力过剩,为填补俄罗斯劳动力短缺提供了便利条件。三是经济因素。苏联解体引发社会的激烈动荡和经济危机,2014年,俄罗斯遭受西方国家的经济制裁,创下卢布汇率15年来的最大跌幅,卢布对美元的汇率暴跌了85%。改革开放后的中国经济实现长期、快速、持续发展,商品种类丰富,市场经济繁荣。巨大的反差推动了边境贸易、赴俄经商及旅游业的兴起。俄罗斯快速发展经济的目标,为旅俄华侨提供了广阔的发展空间。四是地缘因素。中国东北地区与俄罗斯远东地区比邻而居,有4300多公里的边境线,黑河、绥芬河、满洲里、东宁是赴俄重要通道,交通便利快捷。

赴俄的人数及行业分布

华侨大多分布在莫斯科、圣彼得堡、哈巴罗夫斯克、符拉迪沃斯托克、伊尔库茨克、赤塔、阿穆尔州等地,一些较小的城市和村镇也有他们的身影。在远东地区无论是大城市还是小村镇都有华商的足迹。

20世纪90年代以后中国人在俄罗斯的人数一直没有定论,由于华侨人口流动性大,中俄双方都缺少公认的准确统计数字,加上双方的统计方法存在差异,众说纷纭。1989年远东的中国常住人口为1742人。1991年苏联解体之前,苏联有华侨900余名,华人及后裔68万名。1993年12月16日,俄罗斯颁布了主席团《关于俄罗斯联邦吸收和使用外国劳工的命令》,规定了联邦移民局从其他国家吸收劳工的定额。1993年12月29日,签署了俄罗斯与中国两国政府间关于公民旅行签证的协议。受这些政策的影响,赴俄人数逐年增加。2000年,远东总人口为720万人,常住的中国人口约为25万人,约占远东总人口的3.5%。2001年,远东地区的中国常住人口为23.7万人。2002年,远东地区的中国人有25万~30万人。2006年,据俄罗斯的官方统计数字,曾使用中国合法劳务人员201835人,其中20%在移民局合法登记,2007年下降到15.3%,有78%的中国人住在城市或小城镇。中国工人在俄远东地区人数变化见表3-1。

第三章 面向 21 世纪的旅俄华侨

表 3-1 中国工人在俄远东地区人数变化

单位：人

年 份	1993	1995	1997	1999	2001	2005	2006
滨海边疆区	7329	8349	6964	6374	9639	15578	10386
阿穆尔州	693	699	663	973	312	3646	4529
哈巴罗夫斯克边疆区	2795	3251	819	973	1254	3612	2483
EAO			327	542	550	684	770

为了吸引外国劳动力，俄罗斯对外来劳务人员实施保险制度。涉及外国人保险制度的法规，如1998年12月11日俄联邦№1488《关于暂时来俄的外国公民及离境之俄罗斯公民医疗保险法》，2005年9月1日№546俄联邦政府法案《俄罗斯境内外国人医疗帮助法确认》。2009年初，俄杜马开始讨论将外来劳务人员保险由过去的要求用人单位在保险公司办理，改为强制险。

华侨远离家乡赴俄淘金，那里的商业竞争远不如国内激烈，赚钱较快。在俄远东地区从事商品批发零售、建筑、种植等工作，获利颇丰，年收入十几万到几十万元人民币。20世纪90年代初期对俄贸易异常火爆，卖化妆品、服装鞋帽日利润几百元人民币，相当于国内一名普通教师的月工资。2003年前后人民币和卢布的兑换比率为1比3.5，经营水果日营业额为2万卢布，出售一个冰柜净挣1000元人民币。在高额利润的吸引下，出境人数不断攀升，致使远东地区布拉戈维申斯克的露天中国大市场一铺难求。布拉戈维申斯克市少先队大街51号2栋三层小楼房，居住近百名从事商品批发业务的中国业户；曙光宾馆住有200余名中国业户；体育场公寓有100多名中国业户，另外在布拉戈维申斯克的大金龙、小金龙以及劳动大街47号住满做生意的中国商户。

华侨中大多是个体商务和劳务人员，他们大多从事建筑、餐饮、服装鞋帽和蔬菜水果批发与零售、农业种植等行业，围绕着以上行业又形成了许多配套的服务产业，如租赁土地种粮食、蔬菜，做粉条、豆腐、豆芽，种植蘑菇等。华商还经营超市、房地产、中介公司、运输公司、旅游公司等。在符拉迪沃斯托克到乌苏里斯克沿线有许多华商经营的大巴，从事运输工作。华商还涉足旅游服务业，如圣彼得堡华侨国际旅行社等。近年来，华商经营的种类也发生变化，由原来单一的服装鞋帽、蔬菜水果等扩大为农产品、日常生活用品、小家电、厨卫用品等。新世纪以来，许多从事中俄贸易的华商一改创业之初的羸弱，开始走大企业、大商场、超市的发展路线，向着大规模、集约化发展模式迈进。

每年春节过后，中俄边境地区绥芬河、黑河、满洲里、东宁的口岸聚集大量中国劳工。他们像候鸟一样春去秋回，秋季过后，他们带着血汗钱返回家乡与亲人团聚。由于俄罗斯经济危机，卢布贬值，2000年中国劳务人员在俄罗斯外国劳务总数中所占比例下降为12.3%，表明旅俄华侨职业结构发生很大变化，不再仅仅是作为劳务人员出现。中国人在远东从事行业的结构见表3－2。

表3－2　中国人在远东从事行业的结构

单位：%

行　业	2002年	2005年
经　商	70	64
餐　饮	16.6	4
建　筑	4.8	8
工　业	1.2	4

资料来源：拉林：《俄罗斯人眼中的中国移民》，2008。

2012年4月以来经黑龙江省各口岸前往俄罗斯的中国劳务人员数量持续增加。据口岸工作人员介绍，结合往年情况分析，赴俄劳务人员出境潮将持续到5月初结束，往年劳务人员主要以建筑和种植业为主，而2012年赴俄劳务人员扩大了务工渠道，部分劳务人员向餐饮等服务性行业拓展。近年来，出境从事劳务人员数量同比大幅减少，2014年，从绥芬河、黑河、满洲里口岸出境的劳务人员每天仅有几百人，不到往年的一半。这是因为俄罗斯卢布贬值，务工人员拿到手里的工资（卢布）不断缩水；俄罗斯经济萧条，购买力下降，加上俄罗斯逐年减少对外国劳务签证配额，对外国劳务人员的要求逐年升高，办理劳务签证费用逐年上升。

1. 农业

赴俄罗斯从事农业的华侨主要分布在俄远东地区。苏联解体至今，农产品玉米、大豆产量下降，农产品市场供应不足，劳动力资源短缺，难以满足经济与市场的开发需要，这为华农赴俄提供了发展空间。黑龙江利用地缘和资源优势，推动对俄农业开发合作。对俄合作劳务输出人员从事开垦荒地、农业蔬菜种植、畜牧养殖、农产品加工等。来自农业大国的中国人是种植业的行家里手，他们手脚勤快，采用耕种栽培法，提高农产品的产量，受到俄罗斯人的青睐。2011年，有2000多名中国人在克拉斯诺亚尔斯克边疆区从事农业，他们总共租用大约1650公顷土地。第一批中国农民在"曙光"农场一炮打响，俄罗斯报纸为此发表了主标题为《怎样才能使蔬菜的产量提高三倍？》副标题为《用中国农民取代俄罗斯农民》的长篇文章。高额的利润，良好的创业环境，吸引更多的中国人到俄罗斯淘金，如今中国人种植的蔬菜几乎覆盖了整个俄罗斯市场。来自黑龙江省齐齐哈尔的W女士与丈夫在比罗比詹租种400垧黄豆，每垧土地租金1000、800、500元人民币不等，效益好的时候年收益50万元人民币；来自黑龙江省逊克县45岁的H先生在俄罗斯生活25年，是阿州远近闻名的农业大户，在阿穆尔州的"十月区""远东村""布列亚区""罗姆区"租种土地10000垧，他摒弃凯斯210拖拉机、东方红-300拖拉机等落后生产工具，购买、使用先进的欧美大型机器设备凯斯翰迪尔，日工作8小时开垦80垧地，开垦速度快，收益高。

近几年中国农场在俄罗斯不断扩大，就连离边境数千公里的莫斯科和圣彼得堡郊外，都有中国的农场。仅黑龙江省黑河市北丰农业科技服务有限责任公司、黑河市远耕农业经贸有限责任公司等14家对俄合作企业在俄开发土地面积就达到115万亩，其中种植大豆103.95万亩、玉米8.55万亩、小麦2.5万亩；建成生猪养殖场两处，猪存栏2700头，肉牛养殖场一处，牛存栏200头，家禽养殖场一处，禽存栏12万只，日产鲜蛋12万枚左右；带动境外劳务输出657人，年创劳务收入2401万元。富锦市在俄种植面积已达22万亩，居黑龙江省前列。东宁市全力打造全省和我国在俄农业开发第一县，建成超3万亩的大型综合农场13处，超千亩小型农场398个，种植的粮食和蔬菜产量分别占俄远东地区总产量的59%和88.6%。黑龙江的农垦北大荒集团正在俄罗斯滨海边疆区援建"新友谊农场"，规划200万亩。2014年，黑龙江省境外农业经营主体160家，境外农业已遍布俄罗斯远东滨海边疆区、阿穆尔州等8个州（区、共和国）。境外农业合作带动了大批赴俄劳务人员。

2. 建筑业

中国建筑工人赴俄始于1986年，双方签订协议，由中方派出8000名工人到西伯利亚承接建筑工程，随后，中国南方建筑商带领工人凭借能吃苦、技术高、质量优，在俄罗斯建筑业站稳脚跟。华侨涉足建筑业主要集中在远东地区，在俄罗斯从事建筑行业的华侨大多为福建人，他们头脑灵活、踏实肯干，在俄罗斯的建筑业中占领一席之地。他们大多数是在20世纪80年代末踏入俄罗斯进行建筑市场开发，由包工头带领几十人或者百余人承建市场、医院等内部的装修工程，他们克服语言不通、环境不熟、信誉度不足等实际困难，保质保量并提前完工。他们不畏艰险、吃苦耐劳，凭借中国人的诚信和优质的工程在俄罗斯扎下了根，建立当地知名的建筑企业。俄罗斯的写字楼、宾馆、商店、住宅、车站等工程项目都留下中国工人劳作的身影。华侨在远东地区的布拉戈维申斯克市投资建设了商业兼住宅楼、精品商贸城、四星级宾馆、写字楼等标志性建筑，成为阿穆尔州布拉戈维申斯克市建筑行业的第一品牌。2007年，福建福清人何文安投资3.5亿元人民币建起了俄罗斯远东地区最大酒店"亚洲大酒店"，成为俄阿穆尔州布拉戈维申斯克市标志性建筑，他成为俄罗斯布拉戈维申斯克市前五位纳税大户，被俄罗斯阿州和布市政府授予"荣誉市民"。2015年末，何文安的华富集团在布拉戈维申斯克经营4个商场、1家五星级宾馆，在俄开发总面积100多万平方米，境外资产总额已达17亿元人民币。2016

年何文安启动"威尼斯项目",仿照威尼斯商城1∶1设计,占地4公顷,计划5年完工,这是俄罗斯联邦第二大工程项目,是俄罗斯的重点项目。

2012年内蒙古呼伦贝尔天成国际建筑集团公司,在俄罗斯布里亚特共和国乌兰乌德市投资开发建设的天骄小区综合体开发项目主体竣工,布里亚特共和国把这一项目作为中国企业在俄投资的样板进行宣传推广。这也是中国建筑工人在俄罗斯取得的又一骄人业绩。

3. 商业

1993年,黑龙江省开放了21个边境口岸,方便了中俄两国商贸往来,拉动了边境地区的旅游贸易。据统计,在1988~1993年,边境口岸出入境人员高达400多万人次。在俄罗斯经商的中国人很多,尤以浙江、福建、广东和河北人为多。在俄远东地区布拉戈维申斯克的"扎巴""华府""劳动大街47号""友谊水果批发市场",在哈巴罗夫斯克的"维拔"市场,在纳霍德卡的轩辕商业街以及乌苏里斯克中国大市场,到处都可看见华商忙碌的身影和他们经营的中国产品。

俄罗斯首都莫斯科,是华商集中的地区。20世纪90年代初,10万名"中国倒爷"进入莫斯科,他们摆地摊、沿街叫卖出售商品或者租赁摊位,用旅游鞋、运动服、泡泡糖等俄罗斯人喜爱的商品换取国内短缺的毛皮、望远镜、呢制品。莫斯科市北的"唐人楼"、莫斯科集装箱批发大市场、莫斯科市区南部大环路旁边的"艾米拉"大市场都是华商集中的地方。

距离莫斯科较远的新西伯利亚地区也有华商的足迹,在新西伯利亚附近的阿尔泰边疆区巴尔瑙尔市宇航街59号大市场里,摆满了中国商人承租的摊位,服装鞋帽、电器、灯具品类齐全,鼎盛时期有六七百名中国商人在那里经商。一些华商全家迁往俄罗斯,子女在俄罗斯学校上学,已经在那里购买了房屋、汽车,还有许多商人租住房屋。他们大多数人都从摆地摊,出售服装、小百货、食品等小本生意开始,积累财富后投资扩大产业或转型其他产业。

在俄罗斯各大城市都有华商经营档次不同的中餐馆,如阿穆尔州布拉戈维申斯克市有"三亚""海南""五一""北京""泰山""东方"等中国饭店。那里不仅是中国人钟情的地方,也是俄罗斯人住宿、餐饮的好去处,丰富了俄罗斯人的饮食业,获得俄罗斯人的青睐。在俄罗斯比较著名的有哈巴罗夫斯克市十月革命60周年大街的北京饭店、符拉迪沃斯托克海边山坡上的渤海大酒店。在远东滨海边疆区符拉迪沃斯托克,大约有1.8万中国移民,其中近2/3从事餐饮、服务、房地产业等。在犹太自治州首府比罗比詹市,中国人开的饭店占40%以上。

由于雇佣同胞费用高,华商大多选择雇佣工资低的俄罗斯员工,减少投资成本,增加利润。华商少则雇佣1~2人,多则十几人、数十人,解决了当地俄罗斯人就业问题。

旅俄华侨的社区与社团

1. 华侨社团组织

随着华侨人数的增多和经济作用的增强,华侨的地位逐渐提升,逐步形成华侨社区。华侨按照在国内的习俗过年过节,参加各种文化活动。华侨社区文化的形成,促进华侨社团的发展。华侨按照业缘、血缘、地缘等组建大大小小几十个华侨社团组织,其中较有影响的有旅俄华侨中国和平统一促进会、莫斯科华侨联合会、莫斯科中华总商会、俄罗斯远东中俄工商联合总会、俄罗斯沿海边区华侨商会、华侨妇女联合会、华侨艺术家协会、中国博士生联谊会,在莫斯科、圣彼得堡、哈巴罗夫斯克等地还建有各种分会。20年来华侨社团在为华侨提供帮助,凝聚华侨力量,促进文化交流,提高华侨地位等方面发挥了很大作用。

2. 华侨媒体

在20世纪90年代中后期,莫斯科就有中文寻呼台、中文手机、中文电话卡、中文卫星电视等。1992年俄罗斯出现最早的老华侨创办的华侨中文报纸《中俄信息报》;1995年,留学生创办了俄罗斯第一家自负盈亏的华侨报纸《路迅》；1996年华侨创办《唐人街》。到2007年，全俄共有7家华侨报纸、2家华侨网站和2家华侨寻呼台。如今，俄罗斯华人报纸有许多，仅莫斯科就有十几种中文报纸，影响较大的有《世纪日报》《龙报》《莫斯科华侨报》《莫斯科华商报》等，《路讯参考》《莫斯科晚报》《俄华时报》《捷通时讯》和俄文华侨报纸《中华消息报》，罗宾网和大大发商务咨询网等中文媒体陆续出现。

华侨报纸已经形成了一个覆盖俄罗斯主要城市的发行网络，这些中文报纸在宣传中俄两国的政策方针、介绍国情、传递资讯等方面发挥着积极作用。华侨媒体是在俄华商了解我国国内及俄罗斯当地的时政新闻、互相传递商务信息、增进民族认同的重要渠道之一。

中俄通婚

从沙俄时期至今，绝大多数的旅俄华侨属短期居留，取得俄罗斯国籍及长期居留证的华侨甚少。由于华侨加入俄籍的主观愿望不强烈，赚钱回家几乎是那里绝大多数中国人的共同愿望，对俄罗斯社会缺乏安全感，加上俄方并未采取积极有效措施接纳华侨入籍，从1992年到2003年莫斯科市获得俄罗斯国籍的华人只有36人，原因是中俄通婚。

统计数据显示，从1992年到2006年的15年间共有1.7万名中国公民移居到俄罗斯永久居住。永久居住既包括加入俄籍者也包括获得长期居留权的人，平均每年仅千余人。在滨海边疆区，1995年年初取得长期居留证的华侨只有26人，还有5人属于"无国籍人员"，到1999年底，这两者的人数增加到46人。在阿穆尔州，1991~1996年，有99名中国人取得长期居留证，15人取得俄罗斯国籍，还有28人与俄罗斯公民通婚。这期间，在哈巴罗夫斯克边疆区，有170名中国人取得长期居留证。1992~1997年，在哈巴罗夫斯克边疆区缔结了27桩跨国婚姻，在此基础上，有25位中国公民提出长期居留申请。在犹太自治州，1998年只有4位中国公民与俄罗斯姑娘缔结婚姻，并获得长期居留证。20世纪90年代末，俄罗斯学者关于华侨与俄罗斯人缔结婚姻状况的调查报告显示，因与俄罗斯人缔结婚姻关系而加入俄籍的华侨，在莫斯科有2.8%，在哈巴罗夫斯克有4.4%，在符拉迪沃斯托克有3%。

中俄通婚中大多是中国男性娶俄罗斯女子为妻，由于中国男人辛勤工作、吃苦耐劳、不酗酒、家庭责任感强，常常获得俄罗斯姑娘的青睐。受传统文化影响，中国女子嫁给俄罗斯男人的情况较少。阿穆尔州婚姻登记情况显示：1997~1999年华人婚姻登记总数为17对；2000年华人婚姻登记总数为11对；2001年华人婚姻登记总数为7对；2002年华人婚姻登记总数为7对；2003年华人婚姻登记总数为9对；2004年华人婚姻登记总数为12对；2005年华人婚姻登记总数为5对；2006年华人婚姻登记总数为8对；2007年华人婚姻登记总数为5对；2008年华人婚姻登记总数为5对；2009年华人婚姻登记总数为8对；2010年华人婚姻登记总数为7对；2011年华人婚姻登记总数为7对，中俄通婚人数不到俄罗斯婚姻登记总数的千分之一。[①] 最新的《俄罗斯联邦国籍法》草案对获得俄罗斯国籍的基本条件做了重大修改：与俄罗斯公民结婚时间超过3年及在科学、技术、文化等领域对俄罗斯做出巨大贡献的人，在俄罗斯境内只要住满1年，就有权申请俄罗斯国籍。新国籍法进一步限制外国人申请入籍和长期居留。

这些中国人的俄罗斯妻子大多具有高学历，不仅年轻漂亮，还是他们事业上的帮手，利用熟悉俄罗斯的法律和国情的有利条件，与政府及其他部门沟通协调，解决丈夫在俄罗斯工作和生活中的难题。大多数中国人在俄罗斯打拼一段时间，积累一定钱财，拓宽生意渠道后，便寻求机遇带着妻子、孩子回到国内发展。

旅俄华侨的经济贡献

华侨吃苦耐劳，在俄罗斯远东开发中付出辛勤的汗水，做出了重要的贡献。一是缓解俄罗斯劳动力不足的问题。据专家估计，由于开发需要，

---

① 户籍登记局2011年人口普查结果。《2000~2010年阿穆尔州婚姻登记及离婚情况》，阿穆尔州政府官方网站，http://www.amurobl.ru/wps/portal/Main。

每年俄罗斯需要 70 万~80 万外国劳动力。而中国每年大量前去俄罗斯的季节性华工正好填补俄罗斯劳动力市场的空缺，补充俄罗斯市场的劳动力。二是缓解了俄罗斯商品短缺的问题。苏联解体后，俄罗斯的经济出现严重困难，由于俄罗斯重工业发达，轻工业纺织用品、蔬菜等民用产品严重短缺，加上卢布贬值，居民生活困难，消费水平下降。华商通过中俄贸易为俄罗斯居民提供货优价廉的生活必需品，缓解了俄罗斯人日常生活面临的困难。现在大部分俄罗斯人都认为，华侨为他们度过艰难岁月做出了很大的贡献。俄外交部驻赤塔州的代表曾说："如果把这里的中国人都赶走，那么 70% 的老百姓都将穿不上裤子。"2003 年，由于中国"非典"疫情，6 月 4 日，俄方临时关闭 11 个中俄边境口岸，封锁边境，货物无法出境，俄罗斯自产的生活用品供应紧张，引发远东地区物价飞涨，俄罗斯居民日常生活受到影响，老百姓怨声载道举行示威游行，要求政府允许中国货物进入俄海关。"非典"让俄罗斯人明白中国人在远东经济发展中的作用。三是促进了俄罗斯经济，特别是俄远东地区经济的发展。对于俄远东地方政府来说，"中国大市场"每年上缴的各种费用，成为补充当地财政收入的重要来源。乌苏里斯克市政府仅从一个中国市场收取的摊位费每年就高达 150 万美元。该市副市长曾经说过，该市之所以能够保证公务员开支，主要就是依靠从"中国大市场"得到的收入。华商的经济活动满足了俄罗斯居民的日常生活需要，填补了远东劳务市场的空白，为俄罗斯的市场繁荣、经济振兴注入了巨大的活力。

新时期，在中俄合作框架下，旅俄华侨人数不断上升，社会地位不断提高，他们心系祖国，情牵故土，不仅对旅居国做出突出贡献，还为祖国的经济发展做出贡献，在中俄文化交流上发挥桥梁纽带作用。

第二编

第一章 二十世纪初劫后余生的旅俄华侨

被命运眷顾的满族家庭

——访满族文化的"活化石"何世环老人

  1900年7月8日,沙俄阿穆尔总督向黑龙江将军寿山要求借道瑷珲,派俄军到哈尔滨"保护铁路",实则想长期占领,为入侵东北三省搭建跳板。这一无理要求遭到寿山将军的严词拒绝。沙俄由此恼羞成怒,在动用重兵入侵东北三省时,侵占了黑河、瑷珲,并制造了海兰泡、① 江东六十四屯②惨案,即20世纪震惊世界的"庚子俄难"。沙俄残忍焚烧了瑷珲古城,残酷屠杀了约10000名中国居民,强行侵吞了这片中国人民世代繁衍生息的土地。黑龙江沿岸的数万同胞被迫离开家园,四处逃难。这一惨案永远铭刻在中华民族的耻辱碑上,黑河人民永远不会忘记这一血腥的历史事件。

---

① 海兰泡,地名,现为俄罗斯阿穆尔州布拉戈维申斯克。
② 江东六十四屯地区位于黑龙江省黑河市的黑龙江对面,结雅河(精奇里江)口南侧,与俄罗斯布拉戈维申斯克市(海兰泡)隔江相望,在清代曾是中国人聚居的鱼米之乡,有中国人聚居的村屯六十四个,江东六十四屯由此得名,也称瑷珲江东六十四屯,面积约4000平方千米,1900年惨案发生前,长年在此居住的中国人有2万多人。

我们先后探访了爱辉区张地营子乡霍尔沁村、上马场乡，孙吴县沿江乡哈达彦村、四季屯等地，采访了多位"庚子俄难"幸存者的后代，听他们讲述先辈的故事。

"爷爷偷偷地跑回江北的时候，我太奶和太爷的身上都已经腐烂生蛆了，……爷爷临终前一直念叨，咱家连祖坟都没有。" 88 岁的何世环老人佝偻着坐在土炕上，仅有的一只眼睛里，模糊地映着某些昔日的记忆。

何世环，女，满族，1927 年出生，黑河市下马场乡[①]人，现居于黑龙江省孙吴县沿江乡四季屯。何世环老人会说流利的满语，会写满文，熟识满族文化，谙习满族风俗，是中国少有的能够讲述"满族说部"[②] 的传承

孙吴县四季屯

[①] 黑河市上马场乡一带，原为鄂伦春族放马场，人们习惯称"马场"。后在南 80 公里处又形成一个马场。民国初年，将马场改称"上马场"，后形成的马场称"下马场"。上马场一带，明末清初属于我国少数民族索伦部活动地区，很早即归附于努尔哈赤的后金政权。索伦部是清初对黑龙江上中游的索伦（鄂温克）、达斡尔和鄂伦春族的总称，清初被编为八旗。

[②] 满族说部，是指由满族民间艺人创作并传讲的、旨在反映历史上满族人民征战生活与情感世界的一种长篇散文体叙事文学。因其式与汉族民间艺人的说书比较接近，每部书可独立讲述，故称"说部"。2006 年 5 月 20 日，"满族说部"经国务院批准列入第一批国家级非物质文化遗产名录。

第一章 二十世纪初劫后余生的旅俄华侨

人之一,被称为满族文化的"活化石"。看到老人的第一眼,感觉她根本不像是 88 岁的高龄,似乎年轻许多,红底黑花的毛衣虽然看起来有些陈旧,却很整洁,花白的头发一丝不乱地盘成"疙瘩鬏"梳在后脑勺的下侧。她说这是满族人典型的发髻。看到我们到访,老人笑得很开心,交谈时老人谈吐清晰,显得开朗而乐观。

在得知我们来意后,何老告诉我们,她的爷爷就是当年海兰泡惨案的幸存者之一。何老回忆道:"'跑反'① 前,我太爷和太奶领着两个儿子一个女儿在江东六十四屯靠务农种地为生。江东②那边土地宽广,土壤肥沃,六十四屯的居民家家都是种地户,每户都有许多牛马,打了粮食到江西③来卖,日子过得平淡但算得上富庶。"

据何老介绍,她的爷爷在家排行老二,有一个哥哥一个妹妹。"跑反"开始时,人们都舍不得离开家,后来情况越来越吃紧,屯子里逃难的人也越来越多,她的大爷爷才决定带着爷爷、姑奶奶(爷爷的妹妹)三家人摆

何世环老人(中)

---

① 指俄国人"反了",中国人为躲避兵乱而逃往别处。
② 指黑龙江左岸,现布拉戈维申斯克市。
③ 指黑龙江右岸。

渡到西岸。住房、土地、车马、家居等都扔下了，只用挑子挑了点食物在河道狭窄的地方游了过来。但是，太爷和太奶还是不愿意走，非要留下来看着老房子，没想到这一别，竟成了爷爷与太爷、太奶的永别。

家人到了瑷珲城后，本打算在那里暂时安家，可是到了1900年农历七月初十，白俄兵就坐船过了黑龙江攻打瑷珲城。眼看着瑷珲城已守不住了，家人又挑起挑子，随同逃难的人群，朝着卜奎①的方向逃。徒步奔走了10多天后，他们依然放心不下黑龙江对岸的太爷和太奶，决定回去寻找两位老人，于是爷爷跟着大爷爷和姑爷爷一起在夜里偷偷地过江跑回家。何老说："小的时候，时常听爷爷回忆当年偷偷跑回去的情景，印象太深刻了，爷爷一直无法忘记。"何老的爷爷渡江回家后，被呈现在眼前的景象震惊了，记忆犹新的村庄已变成一堆堆瓦砾，朝夕相伴的家园已是一片片废墟；而太爷和太奶早已被杀死在自家的田地里，尸体也已腐烂生蛆。由于时间紧迫，又害怕被俄军发现，爷爷他们连炕席都没找到，就把两位老人埋到了地下。因此，何家到现在连祖坟都没有。

何世环老人家典型的满族炕琴

爷爷和家人历尽艰辛终于到达了卜奎，在那里生活了两年。爷爷曾说

---

① 现齐齐哈尔。

第一章　二十世纪初劫后余生的旅俄华侨

过:"能够活着到卜奎,也算是九死一生了。""庚子俄难"发生后,数万名逃难者在战火、死亡、疾病、饥饿和混乱中长途跋涉,病菌逐渐滋生开来,暴发了一场大范围的瘟疫。在这场瘟疫中,死亡者难以计数。瘟疫高峰期,坐在大街上的人,坐着坐着就倒在了地上,再也没爬起来。多数逃难家庭没钱买棺材,只能买廉价的苇席卷着尸体埋掉。后来连苇席都卖光了,只能用炕席或者破衣裹尸,在野地挖个土坑埋掉。

何老的爷爷一家虽幸免于难,但在卜奎居住的这两年,一无所有,艰难度日。由于没有生活来源,白天男人们出去砍柴拿到街上卖,卖来的钱换回一点米吃,勉强能够维持全家人的口粮。后来爷爷精打细算过日子的习惯,也是在卜奎逃难生活中养成的。

1902年,清政府派官员赴瑷珲上任,与沙俄当局交涉收复江东事宜,由于沙俄军队不肯让出瑷珲城,官府衙门只好设在附近村屯。听说有了官府衙门在附近村屯,老百姓的心才得以安慰。全家人经过商量,决定返回原籍,找个距离官府衙门较近的沿江村屯安家落户,因为只有沿江的地方才能够遥望江东六十四屯的故土,守望曾经的家园。于是,何老的爷爷与家人找了一片肥沃的土地,便在那里重建家园,也就是现在黑河市下马场乡。村屯原来的土地已撂荒,陆续到来的屯民们只好互相帮衬着,慢慢地将耕畜、农具、籽种都置备齐全,用自己的勤劳和汗水将这片土地再次变废为宝。生活就这样在艰难中一步一步地好转起来……

何老说:"下马场算是我们何家的第二故土了。奶奶到了下马场之后,便生下了我的父亲。我17岁出嫁之前,也一直生活在那里。我的父亲姊妹10个,父亲排行老二。过去的大家族都是不分家的,即便结了婚,也都是一家人一起过。通过全家人的勤劳致富,我们家成为当时所谓的大户人家,也就是后来所说的富农出身。就这样,我的父辈和我们这一辈人都很幸福、不愁生计。由于是大户人家,家里有雇工,所以在我的记忆中,从小到大没怎么干过农活。虽然不用干活,但是我的童年依然是枯燥乏味的。我们满族有个习俗,家族里面的女孩自打懂事以后,便不能随意到外面去玩,放学之后只能待在家中,守着爷爷奶奶。我们满族人是要一年四季都穿满服的,所以爷爷常教导我要站有站相、坐有坐相。"

"记忆中的爷爷,是个十分传统、讲究规矩的人。满族有很多族内的老规矩,在满族的家族中,尤其是男人,在家里都是说一不二的。我的爷爷就是大男子主义思想的人。爷爷在家里的派头可大了,吃饭时必须自己单独在一个屋里。吃饭前,媳妇或者儿媳妇把饭菜盛好,摆在饭桌上,爷爷才肯坐下吃饭。清晨起来,儿媳妇不能先去做饭,要到公婆的屋里给公婆装袋烟,才能去梳洗、做饭。烟装完了,还不允许立刻掉头就走,要后退三步,才能转身离开。"

何老的父亲曾经在伪满洲国时期任小学校长,满语说得非常好。何老的满语和满文都是她父亲亲自教授。提到父亲的去世,何老哽咽了,恢复了平静后,她说:"我父亲有一块怀表,教学总用它看时间。可是后来被老毛子①相中了,他们不但抢走了父亲的怀表,还用枪打死了父亲。要是没有战争,父亲就不会死。"话音未落,何老的眼角泛出了泪花。我们能够感受到她与父亲的深厚感情,也体会到何老对战争的憎恶。

"我跟着父亲一直学习到六年级,没有读到国高,就出嫁了。我的丈夫也是纯满族人,他是当家长的,相当于现在的村主任。他们家是满族的正旗,我们家是镶旗,因此有些祭祀的习俗不太一样。"据何老介绍,旧社会的祭祀,是从每年秋收之后开始的。正旗人在祭祀的时候要喊幺令要打鼓,而镶旗是没有这些的。大户人家每年会杀两头猪,农历十月初一开始,在房子的西屋杀太平猪。在西屋杀是因为满族以西屋为大,东屋为小,恰好跟汉族相反。正旗人的祭祀都是在晚上,屋子里不许开灯,把猪杀完煮熟后,放在西炕祖宗龛上,放置一个小时后才允许开灯。当我问起何老祭祀时黑灯杀猪的原因,何老高兴地说:"这都是我们满族老辈传下来的规矩。"于是,何老给我们绘声绘色地讲了一个小传说。据说祭祀的这个猪是给萨布素将军的二夫人杀的。有个老罕王以前是将军的一个下属,在给将军洗腿的时候,将军说:"你看我这腿上有三个红痦子。"老罕

---

① 指体毛很浓的俄国人。

王说："这有啥啊，我脚上有七个。"于是将军便起了疑心，心想："我有三个就当上了将军，你有七个那还得了。"便跟二夫人商量，决定把这个消息禀告给皇上，处死老罕王。二夫人是个善良的人，趁着将军离开的时候，偷偷地放走了老罕王。将军晚上回来后，发现老罕王逃走了，怒气不可遏，闯进二夫人房间，将已经脱衣就寝的二夫人杀死。所以满族人关灯杀猪祭祀的习俗，就是为了祭奠救了老罕王的二夫人。

在交谈的近两个小时中，何老始终盘腿坐着，她说这是满族人的习惯。我们看到老人不时地拿出掖在兜里的白色手帕，擦拭那只已经失明了15年的眼睛。

由于何老记忆清楚、思维敏捷，与人交流时看不出她88岁高龄，一年四季总有来自长春、北京等地的学者到访，邀请老人说满族故事、教授满语。面对邀请，老人也都欣然接受，她拿出相册，一幅幅图片记录她近年来与全国各地学者交流、培训的情形。

这个手上、脸上、身上都铭刻着岁月沧桑烙印的老人，用回忆向我们揭开了那段"国殇"。历史的车轮不能倒退，只能滚滚向前，侵略和战争给国家和人民带来的痛苦和灾难是深刻的。我们只有正视历史，不忘历史，才能以史为鉴，以史为镜，珍爱和平，开创未来。

离开时，老人说了一些我们听不懂的满语。听她儿媳说，老人好像在说还有很多有意思的满族风俗没跟我们说完。看着老人孤单一个人坐在炕上的背影，我们能感受到她那种满腔对国家、民族的热爱，还有老人身上没有随着沧桑的岁月而流失的力量。

采访时间：2015年4月25日

采访地点：孙吴县沿江乡四季屯

口述人：何世环，女，88岁，孙吴县沿江乡四季屯农民

黄山屯五兄弟的多舛命运

1858年,沙俄以武力逼迫清政府与其签订了不平等的《中俄瑷珲条约》,将黑龙江以北、外兴安岭以南的60多万平方千米的中国领土划归沙皇俄国。按照条约规定,江东六十四屯地区仍属中国管辖。但贪得无厌的沙俄政府在签订条约后不久,便不断地向我六十四屯地区非法移民,抢占我国土地。1900年7月16日(农历庚子年六月的一天),沙俄当局蓄谋已久,驱赶中国居民到黑龙江右岸,血腥屠杀的惨案不幸发生,史称"庚子俄难"。从此,江东六十四屯的村民经历了长达数年背井离乡、江省[①]逃难、家破人亡、漂泊返乡的苦难岁月。

关银双

---

① 旧指黑龙江省。

第一章　二十世纪初劫后余生的旅俄华侨

在纪念世界反法西斯战争胜利 70 周年之际，我来到黑河市张地营子乡霍尔沁村，采访了一位 76 岁的老人——关银双。他是"庚子俄难"幸存者关来群的后代，他对关家悲惨遭遇的口述，再现了当年瑷珲屈辱的历史。

走进关银双老人的家中，首先映入我们眼帘的是屋内两面墙壁上贴着的许多年画：一张大幅的毛主席画像正对着屋门，靠门的墙上是一张习近平和夫人出访时的海报。屋内的门边，立着一个直径足有一米的地球仪。老人告诉我们，这个地球仪是他自己制作的，特意使用不同的颜色将《瑷珲条约》和《北京条约》割让的中国领土一一注明。话语间，老人一边用那双布满老茧、粗糙皱裂的手在地球仪上比画着，一边用略带颤抖的声音说："这里就是我们老关家，曾经居住过的瑷珲江东六十四屯。"老人让我们围坐在炕边的木桌周围，他自己则斜坐在炕上，一只脚悠闲地晃动着，布满皱纹的脸上洋溢着慈祥的笑容，他说："你们开始问吧，你们问什么我说什么，省得说废话。"老人听说我们想了解一些关于他爷爷"庚子俄难"前后的经历时，微皱眉头，慢慢闭起眼睛，讲述起家族那段悲惨的历史。

俄难之前，算是大户人家

关老的高祖原籍海参崴，[①] 原来是海督，在"崴子"负责管船，后来被调到黑龙江入海口岸的庙街。[②] 祖上全家都居住在庙街附近东南山下的何家山屯，屯南侧有一个大水泡子，水泡子有三四里地长，泡子里自然生长小"胖头鱼"，是屯里小孩钓鱼的好地方。水泡子的东、西、北三面是住户，南面是一片白桦树林，关老家的祖坟就在那里。关老的家乡土地辽

[①] 清朝时为中国领土，划为吉林将军隶下，1860 年 11 月 14 日《中俄北京条约》将包括海参崴在内的乌苏里江以东地域割让给俄罗斯，俄罗斯将其命名为符拉迪沃斯托克，意为"东方统治者"或"镇东府"。

[②] 庙街是清代东北旧城名。亦作庙屯、庙儿、庙尔。在黑龙江口北岸，东距江口约 80 公里。

阔而肥沃，有大面积的森林、丰富的海产品。1850年沙俄武装占领庙街，高祖便带着孩子们逆黑龙江水而上，来到江东六十四屯中最大的屯子——黄山屯。直到"庚子俄难"爆发，关家世代在黄山屯种地务农。关老的爷爷关来群1873年出生，到1939年去世时正好66岁。爷爷是"庚子俄难"的直接受害者，也是当年为数不多的幸存者之一。而关家的悲惨遭遇，正是瑷珲城以及江东六十四屯村民，逃难前后生活发生巨大变化的真实写照。

关老爷爷家兄弟五人，都是种地的庄稼人。黄山屯面积大、土地好，关老家老老小小将近20口人，粮食打得多，牛马成群，"跑反"之前也算是大户人家。"跑反"时牛马牲畜、家禽物品都不得不放弃，兄弟五人便在宅院的马槽子里埋了一缸金子，准备日后归来时再把它挖出来。可是没想到，这一离开，便是一辈子。关老的爷爷兄弟五人带着妻儿打算跑回江西（现黑河市），可是就在1900年的7月17日，两百多名沙俄骑兵冲进了这个村落，肆意屠杀屯子里的居民。爷爷五兄弟的妻儿无一幸免，被俄军用刀砍去了头颅。五兄弟和屯里其他居民也被强行圈撵进了石头山的木板围子，门口有白俄哨兵看守，准备第二天将这些人驱赶进黑龙江里淹死。被圈赶的人们已经到了崩溃的边缘，意识到自己即将死去。当晚，五兄弟中有人提议，妻儿都已死了，家产也被占了，既然已经一无所有，就把辫子系在一起，溺毙在黑龙江中算了。关老的爷爷，作为家中的长子，听到这话非常气愤，他说："不行！绝对不能让我们瓜尔佳拉氏断子绝孙。"深夜，爷爷带着兄弟四人，趁哨兵不注意，一人踩着另一个人的肩膀翻越木板围子，再用腰带当拉绳把另一个人拉出来，就这样兄弟五人接连逃了出来。他们跑到黑龙江边，在树林中每人捡了根木头，放在腋下从小馒头山的三道壑洛①处凫水过江。当他们游到黑龙江中心时，一阵枪响把他们吓得惊慌失措。原来是白俄兵发现了他们逃走，向他们所在的方向开枪。五兄弟后来回忆说，当时怎么游过来的已经全然不知。毫无疑问，在那场灾

---

① 黑河市区内。

难中，关老的爷爷他们是幸运的，因为他们不但侥幸躲过了白俄士兵的枪林弹雨，还平安凫水过了江。

劫后重生，落户法别拉

江东有家不能回，幸存的人们只好在黑龙江右岸沿江各村屯寻觅住处，重建家园。逃难人两手空空，一贫如洗，说是重新安家落户，实际只能随便找一个能够遮风挡雨的容身之处将就住下。往昔的一家十几口人其乐融融，如今家破人亡、孤苦伶仃。兄弟五人跟随其他的幸存者开始向齐齐哈尔一带逃亡。祸不单行，一场突如其来的瘟疫从天而降。五兄弟为了躲避瘟疫，只好继续奔波千余里路，辗转往回走，落户到石锦河以北①的小三家子村。这里的土地已经撂荒，耕畜、农具、籽种都需要重新置备。在爷爷带领下，五兄弟从零开始，开垦近 30 垧（公顷）土地，生活就这样在艰难中逐渐起步。三年后，爷爷认为这里的土地上都是白桦树林，不适合耕种，秋后收成也不理想。兄弟五人打算骑着马返回黑龙江左岸的黄山屯，便将土地给了姓杨的村民。未曾想，沙俄军队仍驻在瑷珲城，江东有家不能回，他们只能遥望六十四屯的故土，虽近在咫尺，却一江难越。

绝望中，关老的爷爷决定独自一人寻找新的更适合居住的地方，其余四兄弟则再一次回到了小三家子村。爷爷骑马走了很长时间，来到一个从未到过的地方。他看到满山遍野的榛子林，硕果压枝，地势平坦，土地肥沃，上风上水，特别适合耕种，这里就是法别拉。② 眼前的景象，再一次燃起了他对生活的希望。于是，他快马加鞭赶回小三家子村，叫上四个弟弟，兄弟们连夜来到了法别拉村。在法别拉村，兄弟连心，齐力务农，每天日出而作，日落而归，生活越来越好。后来，五兄弟都娶到了媳妇，各

---

① 石锦河以北的东西四嘉子、小三家子隶属黑河府；河南的大小乌斯力、卡伦山、五道沟隶属瑷珲直隶厅。
② 在瑷珲上马场乡，以法别拉河为名，是黑龙江上游右岸支流，位于黑河市北部，发源于小兴安岭北段东麓，在上马场乡法别拉村附近注入黑龙江。

自成了家。

爷爷木工活做得非常好,家里的板仓就是爷爷亲手做的。他勤奋上进,再加上瓜尔佳拉氏属正黄旗,纯正的满族血统,经人介绍,娶了因伤去世的袁永山将军的远房侄女。关老小时候听父亲回忆,爷爷当年将奶奶娶进门后曾经说过:"以为娶了袁将军的侄女,能得个 300 两银子。结果清朝完蛋了,袁将军也去世了,她娘家什么也没得着。"但是爷爷对奶奶还是特别好。作为家里的主心骨,爷爷带着一家老小辛勤劳作,共同致富。就这样,老关家在法别拉村一待就是 37 年。

家道中落,族人各奔东西

爷爷有两个儿子:关玉增、关玉吉。关老的父亲关玉吉 35 岁那年,爷爷去世了。第二年,关老出生了。原以为关氏家族可以在法别拉村这片土地上,世世代代繁衍生息,永久居住。没想到就在关老出生的那一年,家族遭遇了变故。1940 年春耕的时候,关老的大娘不知什么原因跳井了。大娘的娘家人开始跟关家打官司,官司最后的定论始终不得而知,但是大娘的尸体在关家停了 21 天。大娘下葬后,错过了春耕的重要时节,家里的大部分土地都已荒废。一时间,整个家族人心涣散,准备分家。关老听父亲说,爷爷的离世,已经让家族失去了主心骨,再加上大娘去世的事情,家族成员纷纷表示要带着家产各奔东西。于是,父亲带着奶奶、妈妈和我来到了张地营子乡霍尔沁村。

关银双
二〇〇五年五月

关银双老人撰写打印的书

当年分道扬镳的家族成员,也逐渐失去了联系。只有四爷爷的事情,长大以后关老听母亲说起过。分家后,四爷爷领着患有眼疾的四奶奶,带着孩子们来到了逊克县姚地营子村。在村子中的库尔滨河畔盖了一个房子,在那里依靠务农为生。抗日期间,东北抗联的两名战士,在姚地营子村隐蔽时曾经躲在四爷爷家。不料此事被日伪汉奸黄少甫发现,他立刻将这一情况报告给驻扎在姚地营子的日军的一个中队长。中队长派汉奸孟敬涛到四爷爷家暗自调查情况,他趁四爷爷下地干活的时候,溜进屋内,发现墙上悬挂的印有俄文的背带水壶,就带着水壶匆忙赶回了姚地营子。一天后,日军派人用黑布将四爷爷的头蒙住,强行带走了。日本人占领黑河后,在如今的黑河市王肃公园内安放了一台绞人机,绞碎的尸骨顺着地下通道便会直接流入黑龙江中。日本人将四爷爷带到了绞人机前,一把将他推下,绞死了四爷爷。现在,四爷爷的后人都居住在逊克县二道河子村,而当时四爷爷与东北抗联中队究竟发生了什么故事,家里印有俄文的背壶从何而来,后人不得而知。

后记:采访结束后,关银双老人与我们聊起了亚投行的形势。这让我们为之震惊,这样一个饱经沧桑、世代务农的老人竟然每天都坚持收看新闻,关心国家大事。临走时,他向我们展示了他多年编写的一本书,书中大致介绍黑龙江的历史和人文地理。这本简易的书用 A4 纸打印,封面的纸已经泛黄,页脚也已经卷起来了。我随手翻了几页,看到第三部分是老人在 2005 年 4 月 20 日写的一篇文章《渴望回到我的故乡——何家山屯》,文笔虽朴实无华,却感人至深,透过文字我们能够感受到一个普通的老人对祖国痛失国土的惋惜,感受到作为"庚子俄难"幸存者的后裔故土难离和叶落归根的复杂心情。

采访时间:2015 年 4 月 17 日

采访地点:黑河市张地营子乡霍尔沁村

口述人:关银双,男,1940 年出生,黑河市张地营子乡霍尔沁村民

宁氏家族的变迁

"庚子俄难"虽然已经过去100多年,但是那段屈辱悲惨的历史,留给黑龙江边境地区的人们许多辛酸、凄楚的回忆,令人难以忘却。今天,中俄确定战略合作伙伴关系,我书写宁氏家族的历史,是为了让更多的人了解那段历史、正视历史,铭记祖国母亲的历史创伤,让我们的后代更加珍惜今天的幸福生活。

我家是满族正黄旗,高祖在清朝康熙年间,奉命到黑龙江旧瑷珲城驻守边疆。小时候,我曾经听老辈讲,祖辈一直做高官,高祖耿直不阿、骁勇善战,战功显著,多次得到清朝廷奖赏。据《黑龙江志稿》《瑷珲县志》记载,高祖中巴依尔胡兰,曾任满洲布特哈总管花翎副都统衔;富色布,曾任满洲佐领三品衔花翎漠河委营总;西林,曾任满洲副管副都统衔花翎;庆山,曾任满洲云骑尉;穆胜额,曾任满洲领催六品顶戴;春升阿,曾任满洲前锋五品花翎。家族世袭轻车都尉、骑都尉、云骑尉、五、六品云升,八品监生等职。宁氏家族曾是海兰泡大户,人口众多。据居住在瑷珲镇外三道沟村现年83岁的宁石成回忆:"我年轻时参加续家谱的活动,家谱为满文,书写在毛头纸上,里面有许多人名,共有20多篇。"遗憾的是,早期的满文宁氏家谱,在"文革"时被销毁。

到了我太爷宁刚和那一代,他的兄弟姐妹众多,仅哥兄弟就11人(直系的2人),我太爷排行是老五,在黑龙江左岸海兰泡居住,在官府任职。他公道做事,正派做人,四方乡邻都很敬重他。太爷身高八尺,身材魁梧，举止威严，热爱习武。太爷家中拥有诸多房产和土地，生活富庶，这个幸福的大家族世代在黑龙江左岸过着安宁、幸福、和谐的生活。

天有不测风云，1900年的夏天，沙俄的枪炮声打破了海兰泡往日的宁静，他们烧杀抢掠，武力占领了海兰泡和江东六十四屯，制造了20世纪震惊世界的黑龙江惨案（史称"庚子俄难"），侵吞了这块中国人世代繁衍生息的土地。

1994年我的大爷宁满财过生日时与我父亲、叔叔、姑姑及晚辈在一起

太爷一家也无例外，与千千万万边境地区的难民一样，家破人亡，四处逃难。当时沙俄军队闯入海兰泡，武力驱逐中国人，太爷宁刚和为保护同胞免遭杀害，与沙俄士兵据理力争，穷凶极恶的沙俄士兵一刀便将我太爷的头颅砍下，随后，便开始对家族的男女老少展开杀戮。危急中，叔太爷（太爷的弟弟宁福刚，字世布）趁乱急忙带着已经怀有身孕的嫂子（我的太奶）逃出村子，划着"小艒呼"（木制小舢板）逃到黑龙江右岸。沙俄军队并没有就此罢休，仍对逃难的中国人穷追不舍。"跑反"的路途中，大小车辆滚滚向前，人流拥挤，坐马车的，挂着拐杖步行的，成人一头挑着行李，一头挑着孩子，通往江省蜿蜒的土道上挤满了慌乱的逃难人群。叔太爷带着太奶与同族的亲属们也随着人流，一路奔波，颠沛流离。待他们千辛万苦赶到卜奎城，时值那里闹瘟疫，大批难民得了瘟疫客死异乡。据说，当年被瘟死的人太多，棺材都卖光了，死了人就用炕席往外卷。到后来，连炕席都没有了。叔太爷看到如此悲惨的场面，和太奶即刻也没有停留，继续赶路，折返回到嫩江，又经托里木①再辗转到瑷珲外三道沟村落脚。一些同族亲属也逃到外三道沟村，宁家遂在瑷珲外三道沟安家落户。据《黑水丛书》记载："宁氏家族时年在黑河共计20户。"

2010 年宁氏家族春节聚会

在那个动乱的年代里，太奶奶在逃难途中生下了我的爷爷宁学锁。爷爷从出生的那一刻起，就注定了命运的坎坷、多舛。几年后，叔太爷宁福刚选择到黑龙江右岸土地肥沃的张地营子村生活，太奶奶迫于生活而改嫁。太奶奶改嫁时，舍不得自己年幼的儿子，她双膝跪地，眼泪如泉涌一

---

① 黑河市爱辉区西岗子镇托里木村。

第一章　二十世纪初劫后余生的旅俄华侨

般，不停地向我叔太爷磕头，求他允许带走我的爷爷。叔太爷为了延续宁氏家族的香火，坚决不同意太奶带走我太爷留下的唯一血脉。他扶起太奶奶，一句话都没有说，带着我爷爷转身离开。后来，等爷爷长大后，叔太爷告诉他，当年自己带着他离开时，真的是迫不得已才将他们母子分离。多少年过去了，叔太爷一直把我爷爷留在身边，抚养成人，对我爷爷堪比他亲生儿子。

叔太爷带着我爷爷来到了张地营子村。几年后，叔太爷在那里娶了叔太奶并有了自己的孩子。叔太爷身材魁梧，脸色黝黑，喜欢穿长袍，人称"黑大汉"。他性情豪爽，为人仗义，头脑非常灵活，村民们一直很敬畏他，因此选他为屯长。叔太爷家中有一把从江北逃难时带回的大刀，全家人将其视若珍宝，本想世代传承，如今却早已不见踪影。据叔太爷宁福刚的亲孙女，我的三姑宁彩珍回忆："我爷爷家里有一米多长带着刀鞘的大刀，挂在棚子的墙壁上，小时候我们非常好奇经常动手去摸。"

从小就失去双亲的爷爷，和其叔叔家的兄弟宁学长、宁学顺一起长大，先后娶妻生子。爷爷奶奶生育五个孩子，我父亲排行老三，上面有一哥、一姐，下面有一个弟、一个妹。由于家中贫穷，孩子又多，最小的姑姑出生不久，就送给奶奶的弟弟家抚养。爷爷奶奶希望孩子们的一生福禄双全，财源滚滚，分别用财、福、禄三个字给三个儿子取名。20 世纪 30 年代，日本人侵占黑河，百姓陷入水深火热之中。爷爷为了养家糊口，在黑河市张地营子乡泡子沿村姓徐的地主家扛活做苦工，奶奶在家操持家务，带着年幼的孩子艰难度日。由于地主的盘剥和压榨，爷爷尽管每天起早贪黑地辛勤劳作，依旧改变不了食不果腹、贫穷不堪的生活。一家人经常吃不饱、穿不暖，直到爷爷去世，都没有过上一天好日子。1944 年，爷爷突患伤寒病，高烧不退，口吐鲜血，抬回家没几天便离开了人世。那一年，我的大爷（伯）19 岁、我父亲 7 岁，叔叔年仅 5 岁。

爷爷离世，家里仿佛天塌了一样。虽然受到了如此大的打击，但刚强的奶奶并没有一蹶不振，一人挑起了家中的重担，播种收割、洗衣做饭，辛辛苦苦操持这个家。她心灵手巧，擅长针线活，针脚细密、工整，做出的针线活得到同乡人的夸奖。就这样，她每天洗洗涮涮、缝缝补补，含辛茹苦地带着年幼的孩子艰难度日。尽管家中很穷，善良的奶奶还是经常帮助身边的穷苦人。谁家有大事小情，她总是跑前跑后，遇上逃荒要饭的，奶奶自己舍不得吃也要接济他人。除了要解决一家人的口粮，她还总是抽空做些针线活，拿些吃的送给叔公家从小失去母亲的二姑和三姑，以回报叔太爷对我爷爷的养育之恩。

穷人家的孩子早当家。我的大爷从小就用瘦弱的身躯挑起养家糊口的重任，他是一个纯朴敦厚、安分守己的农民。他自幼善良、仁义，比我的父亲大12岁。他像父亲一样守护着两个年幼的弟弟和一个妹妹，终日在田间劳作，省吃俭用供我父亲和叔叔读书。他常说，只有读书，才能改变命运。虽然家境贫穷，但是兄弟三人让枣推梨、互敬互爱、感情深厚，一直和奶奶相依为命，到了各自结婚时才分家单过。说是分家，但房屋相距不远，前后院居住，谁家做点好吃的，都会拿出来，三家人一起分享，一大家人幸福、快乐地生活着。

我父亲这一辈不再像我爷爷一样做苦工，他们兄弟三人都参加了新中国的建设。大姑因病早逝，老姑在外地生活。忠厚老实的大爷当过村主任，一辈子在农村的黑土地上辛勤耕耘。他勤劳、善良、奉献，赢得了村民们的信任和尊重。我父亲性情耿直、为人仗义，毕业于北安农校，早年曾是张地营子乡的拖拉机手，后到罕达汽镇金水农场，又到黑河师范学校工作，是一名勤劳质朴的工人。我的四叔聪慧好学，精明能干，先后任张地营子村会计、乡农经师、农经站站长。他对待工作一丝不苟，为群众办实事、解难事，用实际行动获得全乡农民群众的拥护和爱戴。宁氏家族在张地营子乡逐渐枝繁叶茂。

我的父亲不甘于固守和平庸，放弃农村安逸的生活和熟悉的环境，带领我们走出黑土地，走出一条新路。1971年，我不满1岁时，父亲把我们兄妹4人从农村带到城市。20世纪80年代初，大伯家的3个姐姐和1个哥哥，叔叔家的1个姐姐和2个哥哥陆续到黑河安家落户、工作生活，张地营子乡只留下大伯家的哥哥种地务农。

第一章　二十世纪初劫后余生的旅俄华侨

80年代中期，改革的春风吹遍神州大地，各家的生活条件也开始好转。每逢过节，大爷、父亲、叔叔总是组织一大家人聚在一起，彼此问寒问暖，互相帮衬。三位老人每年的寿辰，都是由我们这些晚辈提前张罗筹办。我们这一辈兄弟姐妹共13人，哥兄弟6人、姐妹7人。90年代末，我大爷家的哥哥也搬到黑河居住，农村已经是我们寻亲访友、追忆往昔的地方。我们这一辈人有工人、教师、警察、公务员、管理者，大家分别在各自的岗位上辛勤工作。如今虽然我的父亲、大爷、叔叔已相继离世，但是我们这一代继承了老一辈互敬互爱、团结和睦的好传统，也遗传了父辈质朴、真诚、善良、不服输的优秀品格。我们无法忘记父辈们拓荒不息、无私奉献的精神，也不会忘记父辈们对我们的谆谆教诲：真诚待人、踏实做事。

宁氏家族家风严谨淳朴，婆媳和睦相处，兄弟姐妹团结友爱。虽然时间飞逝，环境在变，但宁氏家族血浓于水的亲情却从未改变。30多年来，我们兄弟姐妹手足情深，谁家有个大事小情我们都抢着帮忙，谁家有个高兴的事，大家也都一起分享。在我们的带领下，我们的晚辈也像我们一样孝敬老人、尊重父母。每到节假日，男男女女、老老少少就会聚到一起，看望在世的婶娘、老姑。每次聚会都要摆上四到五桌，说拉弹唱，各家都表演节目，老人们聚在一起谈笑风生，孩子们则尽情嬉戏打闹，我们陪着老人唠家常，听他们讲述过去的故事，一大家人欢聚在一起，四世同堂，其乐融融。

宁氏家族从江东逃难到如今已经延续到了第六代，人丁也不断壮大，成员达到50多人。晚辈们都是受过高等教育的大学生，他们不墨守家园，为了自己的理想在外奋斗、打拼。晚辈大多已经娶妻生子，而我们这一辈人也自然荣升为爷爷、奶奶、姥姥、姥爷，虽然平时大家很难见面，但是每逢年节我们一定相聚几天。网络的使用，让家族成员沟通联络变得更加方便快捷，我们全家人建立了微信群、QQ群，亲人们在群里晒着各自的幸福，分享着彼此的喜怒哀乐，畅想着各自的中国梦。

后记：小时候，父亲告诉我，我们宁家先祖生活在黑龙江左岸，祖上在清朝为官,是"跑反"那年逃过来的。长大后,我追根溯源,迫切想了解家族的历史,于是就查询家谱,探访在世长辈,翻阅历史资料,整理记录宁氏家族的历史。我家族的历史,也正是祖国发展历程的缩影,通过记述借以告慰逝去的父辈,同时告诫后人不要忘记今天幸福生活的来之不易,不要忘记先辈们的付出和奉献。

口述人:宁艳红,46岁,黑河学院研究员

采访人员名单:

宁林山,男,80岁,原黑河市农行行长,采访时间:2013年4月

宁殿阁,男,1943年出生,退休,采访时间:2013年4月

宁彩珍,女,80岁,黑河市爱辉区人事局退休干部,采访时间:2015年4月18日

宁彩琴,女,82岁,家务,采访时间:2015年4月18日

宁石成,男,1933年10月10日出生,黑河市爱辉区瑷珲镇外三道沟农民,采访时间:2015年4月25日

吕美琴,女,71岁,家务,采访时间:2014年10月

吴彩芬,女,70岁,家务,采访时间:2014年10月

吴文柱的沉浮人生

2015年4月，春风习习，我们一行3人驱车30多分钟，在黑呼公路上绕着盘山道行驶30多公里，来到黑河市张地营子乡霍尔沁村。霍尔沁村位于黑龙江冲积平原、小兴安岭东麓的黑龙江沿岸，东临黑龙江，黑呼公路从村西面擦身而过，距乡政府所在地11千米。我们走进73岁村民吴全增家，说明来意后，老人爽快地向我们诉说吴家那段艰辛难忘的历史。

吴氏祖籍小云南宝塔，吴家的后人带有宝塔人的特征，脚上的小拇指指甲是双层的。当年祖先为了生存，到过山东、吉林和黑龙江挖人参，老祖宗还保留一个规矩，年三十晚上星星不出来不能吃饭。

吴全增的太爷家居住在江东六十四屯的断山屯吴家窝棚。那时，江东

笔者采访吴全增

六十四屯有耕不完的土地。吴家在屯中也是大户人家，兄弟5人，家中土地成片，牛马成群，吃穿不愁，一家人幸福地生活着。

太爷在哥兄弟中排行老二，太爷的五弟生性好赌，只要手中有钱就上赌局玩上几局，每天痴迷不返。他的母亲是河北人，性格直爽泼辣、脾气急躁。有一天，五太爷又跑到赌局里昏天暗地进行赌博，任凭兄弟几个百般相劝就是不肯回家，谁也拽不回来。老太太知道后非常生气，急匆匆地跑到赌局里连打带骂把儿子拽了回来，五太爷在前面跑，他的老母亲在后面气喘吁吁地追，五太爷跑得快，一会就把他的老母亲远远落在后面。当时家中正在修理房舍，五太爷做错事心虚怕挨打，爬到房顶躲起来，气急的老母亲看见后使劲踹了一脚房柱，结果把房檩子踹了下来，不巧的是倒下的房檩子不偏不正砸在慌不择路、准备逃脱的五太爷头上。嗜赌成性的五太爷死了，全家忙于丧事，沉浸在失去亲人的悲伤中。

吴全增老人的爷爷名叫吴文柱，1876年出生。在他18岁时，太爷去世，那时尽管家道已经中落，失去了往日的繁华，还是能雇佣许多劳工，生活尚可维持。

1900年，爷爷24岁时，沙皇政府派官兵挨家挨户动员大家搬迁到黑龙江右岸居住，要求村民们不能转移财产，只准人离开，值钱的物件都不准带走。有的乡民知情后就拖家带口先行离开；有的人家故土难离，不愿过背井离乡的生活，舍不得离开世代居住的土地，没有搬迁；还有的人家让孩子们先行逃难，老人留下看守房屋和财产。

在沙俄官兵强行驱赶村民时，爷爷和他的弟弟赶着一匹老马拉着一辆破旧的花轱辘车，车上坐着太奶，只携带一点食物就随着逃难的人群一路奔走。当他们走到瑷珲杨树屯准备落脚时，后面俄军炮声阵阵，枪声不断。清兵正奋力阻击俄军的进攻，杨树屯已经失守，不能容身，无法久留。他们只好随着逃难的人群继续向前逃离。前面逃难的村民人山人海，后面沙俄士兵穷追不舍，瑷珲城距离江省齐齐哈尔路程遥远，人困马乏，得不到休息，连日的奔波使那匹老马变得瘦骨嶙峋，已经拉不动花轱辘车，哥俩决定一人拉一根绳子，拽着花轱辘车继续赶路。一家人随着逃难的人群一路艰难跋涉、颠沛流离、风餐露宿，逃到齐齐哈尔。由于逃难的人多，一路上饿死、病死、被俄军杀死的村民很多，时值夏季，尸体来不及处理就已经腐烂，形成瘟疫。当时江省（齐齐哈尔市）每天死的人太多，刚开始一天十几人，后来每天几十人，一家一家地死亡。有的人家仅存一两口人，有的人家十几口人无一幸存。连棺材都卖完了，后来有人死了直接拿炕席裹着埋了。

疲惫不堪的哥俩一看江省待不下去，又往回折返，由于担惊受怕加上数月的奔波劳累，太奶在回乡的路上就一病不起，滴水不进，她躺在车上用手艰难地指着回家的路，悲伤地闭上了双眼。老人死后，哥俩埋葬了母亲，擦干眼泪，继续逃难。后来他们到了杨树屯居住，那时家中一贫如洗，勤奋的哥俩白手起家，起早贪黑开垦荒田，砍木建屋。说是房屋，就是能遮风雨的窝棚。由于连续两三年庄稼收成不好，无法度日，哥俩又转到东岗子生活。后来，爷爷的弟弟被曹集屯一户人家招为上门女婿；爷爷则留在瑷珲东岗子开垦荒田，并娶车家姑娘为妻。

1906年，爷爷带着年仅4岁的父亲，一家人来到霍尔沁村安家落户，这里距离江东六十四屯很近，隔江就可以望见对岸的家乡。同行的还有一路逃难的江家和姚家。这几家在霍尔沁村开枝散叶，成为村中老户。父亲这一辈兄弟5人，大家分别娶妻生子，吴家逐渐成为霍尔沁屯子中的大户。据民国九年（1920）《瑷珲县志》记载，时年乌札拉氏即吴氏有43户。

1942年，吴全增老人的爷爷去世，终年66岁。

采访时间：2015年4月17日

采访地点：黑河市张地营子乡霍尔沁村

口述人：吴全增，男，73岁，原黑河市张地营子乡霍尔沁村村主任；吴全义，男，68岁，原黑河市张地营子乡霍尔沁村兽医

黑河通司付福生

20世纪初，在沙俄不断侵蚀我国东北领土之际，本文口述人付金山的爷爷家破人亡，背井离乡，躲避俄兵杀戮。然而在苦难的岁月中，他依靠自己的勤劳与智慧，在黑龙江畔的黑土地上书写了传奇的人生经历，这就是付金山的爷爷——黑河通司付福生。

付福生，1882年出生在江东六十四屯的一个富裕殷实的满族家庭。家族经营酒柜生意，向当地的俄国人出售白酒。家里牲畜满圈，鸡鸭成群，自家田里种植着五谷杂粮，如小麦、燕麦等，还种植烟叶等经济作物，生活安定富足，家人和睦。然而身处羸弱的近代中国，在列强环伺、落后挨打的大历史格局下，付福生一家更真切地体会到倾巢之下、焉有完卵的道

黑河市长发村

第一章 二十世纪初劫后余生的旅俄华侨

理。20世纪初的沙皇俄国为了满足其在远东扩张的野心,不断用武力侵占中国的领土。特别是1900年7月,俄国军队野蛮开进中国人世代繁衍生息的瑷珲江东六十屯,制造了骇人听闻的江东六十四屯惨案。俄国军人用刺刀、长枪驱赶中国人离开他们的家园,驱赶中大量中国人被残忍杀害,付金山的太爷就是其中的遇难者之一。发生惨案时,父子三人在兵荒马乱中已幸运地逃到黑龙江边,正要渡江时,付金山的太爷因惦记家中的马没有牵走,在转身回去找马时被俄军杀害。幸运的是付福生兄弟二人在江边找到一艘大风船,看到蜂拥而至的大批惶恐奔逃的难民,面对滔滔的江水束手无策、捶胸顿足、坐以待毙时,付福生兄弟二人凭借熟悉水性的优势,迅速跳到船上,一面划船一面连拉带拽救出百余名难民同胞强渡黑龙江,然而那些未来得及逃脱的人均被俄军打死,俄国人野蛮占领了江东六十四屯。

成功渡江后,付福生兄弟两人和其他幸存者向当时的"江省"即省城齐齐哈尔逃难,沿途经过三站、墨尔根(嫩江)等地,穿过小兴安岭的二龙山、北大岭等多段险峻的盘山道路,前面路途遥远,困难重重,后有沙俄军队疯狂追杀,枪炮声不绝于耳,逃亡路上难民的悲凄哭声更是伴随始终。历经艰难险阻奔波千余里之后,兄弟二人最终抵达省城齐齐哈尔。然而时运不济,祸不单行,1901年春的齐齐哈尔正值大旱,严重的瘟疫迅速蔓延整个城市。面对兵荒马乱的时局、瘟疫肆虐的现状,家破人亡、身无分文的窘境,付福生兄弟二人万般无奈之下,决定边走边乞讨,辗转返乡。当他们走到嫩江时,朴实厚道的付福生娶妻成家,后到黑河长发屯[①]落户,夫妻二人育有4男1女。付福生为人和善,头脑聪明,吃苦耐劳,不抽烟,不喝酒。

当中俄战火停息,黑河与俄国重开交通时,一些头脑灵活的人凭借长发屯临江,与对岸俄国距离较近,交通便利的优势,开展对俄贸易。付福生兄弟俩年轻闯劲足,踏实肯干,熟练掌握俄语,又有在江东六十四屯时

[①] 在爱辉区境内,临江。

向俄国人卖酒的丰富经验，便做起了对俄贩卖白酒的生意。由于他熟练掌握一口流利的俄语，为当时黑河与俄国通商的生意人担当翻译（也称为通司），是当时黑河有名的付通司。付福生家中买卖越做越大，日子越过越红火，在长发屯购置土地八亩，盖起了几间大平房，仅正房就有100多平方米，木刻的天花板、雕刻八仙图的窗户，厢房是长工居住的地方。付家建造的房屋在当时可谓豪华气派，产业也越来越大，鼎盛时有马匹160余匹、牛70余头、羊300余只、鸽子100余只，猪、鸡、鸭满圈。后来，付福生在原黑河一街老三粮店靠江边位置盖起13间半土房，开办福兴木场和面粉厂，内有2盘马拉大磨；在黑河王肃街有2间青砖房，开设旅店；在鸥浦县①建有木场，大爷付得有为"把头"，②雇佣几十人常年采伐木头运往黑河；在瑷珲建立付地营子，在那里开发100多垧土地，由付金山老叔负责雇佣长工耕种；另外在四嘉子还有10余垧土地。付家在当时是远近闻名的富裕大户。

作为爷爷最疼爱的长孙，付金山记得："我家在上世纪40年代初，家中和面粉厂均安有电话，出行时有马拉的车。小时候，爷爷经常领着我出入当时黑河的知名商户如黑河振边酒厂徐相九（徐鹏远）家和哈尔滨秋林公司经理的父亲家，我们几家交往深厚，在生意上相互照应。"

据其长孙媳妇关金凤回忆："1962年我嫁到付家时，原先付家的家产、老房子仍在，房屋非常精美气派。爷爷喜欢和我们一起住，奶奶得了脑梗去世后，我一直伺候他。"

付福生生活俭朴，衣着朴素、干净，为人随和，和蔼可亲，慷慨大方，乐善好施。家里养奶牛时，遇上屯子里的小孩吃不上奶就主动送牛奶，从不要钱。乡里乡亲遇上难题他都愿意帮助。多年来付福生依然保持年少时的饮食习惯，生活富裕时，仍喜欢吃牛肉炖土豆，喝牛奶，吃大列巴，老年贫困时喜欢吃土豆。他平时喜欢上邻居家串门，与邻里相处和

---

① 位于黑龙江省呼玛县北部，黑龙江上游右岸。民国年间设治，隶属黑龙江省管辖。

② 旧时称把持一方或某一行业的行帮头目。

第一章　二十世纪初劫后余生的旅俄华侨

付福生的长孙付金山和妻子关金凤

睦，村民们都愿意和他接触，左邻右舍杀猪时都会主动上门送杀猪菜、血肠等热情招待他。付福生曾经说过："我这一辈子做得最大的善事就是庚子俄难时，在黑龙江上用船救起百余名逃难的同胞。"

抗战时期，付福生积极支持抗联，捐出10匹带鞍子的马匹和50余袋粮食。土改时付家全部财产充公，家中的住宅变成村里的油坊。财产充公后，政府每个月给付福生22元钱，一直持续到20世纪60年代。60年代社教（四清）运动开始，付福生感到生活无望，怕连累子女，于1964年自杀身亡，付家的后人也分别在土改和社教运动中受到影响。如今付家后代大都生活在黑河市区，重孙在长发屯经营赫赫有名的乡村饭店。

采访时间：2013年6月、2015年5月1日
采访地点：黑河市幸福乡长发屯
口述人：付金山，男，1934年11月生，付福生长孙，黑河市爱辉区幸福乡长发屯农民；关金凤，女，1944年7月生，付金山之妻，黑河市爱辉区幸福乡长发屯农民

辫子老人的"最大"幸运

采访关采琴,其实是我们计划之外的收获,因原本采访的对象到黑河市里参加婚宴,采访未能成行。但当向爱辉区上马厂乡的老乡们道明我们的来意后,她们十分肯定地告诉我:"去上马厂乡的新村,找老徐婆子。"也就是我们的采访对象——关采琴。我们按照老乡们提供的线索找到了姓徐的这户人家,开门迎接我们的是她的儿子和儿媳。这家人既

黑呼公路旁的上马厂乡

第一章　二十世纪初劫后余生的旅俄华侨

质朴又好客,甚至都没问我们的来历,就热情地招呼我们"屋里坐"。通过与关采琴的儿子徐文杰简短的交谈,我们得知这一家是抗战老兵的后代,徐文杰的父亲徐荣安曾做过黑河人民自治军王肃司令员的通讯员,而徐文杰的太爷的确是当年"跑反"过来的,但是详细情况只有他母亲了解。"我估计母亲得明天才能回来,要不你们去黑河市里找她吧!"就这样,我们跟这对夫妻匆匆告别后,来到黑河市区找到了关采琴老人。

笔者采访关采琴

虽然关采琴老人已经82岁了,但是除了岁月在她脸上刻下的皱纹之外,耳不聋、眼不花,行动自如,思维敏捷。我们对她的第一印象是这个老人是一个非常注重细节的人,黑底红花的圆领毛衣整齐干净,深灰色的布料裤子上有两条笔直的裤线,藏蓝色的毡子鞋一尘不染。老人让我们坐得离她近一些,说她对自己的爷爷印象非常深刻,一定要仔细地讲给我们听。她娓娓道来……

关采琴老人的老家在江东六十四屯,"跑反"时,她爷爷40岁。江东六十四屯是个好地方,土地肥,荒原多,不怕旱涝,种啥得啥,产粮能比江西[①]这

[①] 指黑龙江右岸。

边的土地多三分之一。江东六十四屯的住户大多是富裕人家，粮多好卖，口粮有余，过日子不愁吃不缺穿。在江东六十四屯中有一个屯叫断山屯，屯名由来是一条小河将一座土山断开，土山前围绕着小河有4个村屯，这4个村屯统称前断山屯。在屯北4公里的土山后面还有一个疙瘩豁洛屯，后来改名为后断山屯，有百十来户人家。关家就住在后断山屯，是个大户人家，有几百垧的土地，雇佣许多的"劳金"①，有牛、马百十来头，还有十几辆车。

关采琴的爷爷名叫关连生，1860年出生，卒于1950年。爷爷长寿，关采琴父亲去世时爷爷还活着。"跑反"那年爷爷40岁，全家是在"庚子俄难"前期跑回来的。"跑反"的时候是瑷珲衙门派人送的信，说清军要和白俄打仗了，江东的住户都搬到江西瑷珲城。村里人得到通知后，都陷入慌张和忙乱，套车的套车，赶马的赶马。这时还有一些人迟迟不肯离开，舍不得家业，仍存有幻想，认为官府这一消息是假的。爷爷当时非常果断，趁"毛子"还没来，领着奶奶和孩子们，用木头邦克（水桶）和大玻璃瓶子装着满满的散金子，套上马车，带了点食粮和衣服，连行李都顾不上带，就慌忙地上了路。等到爷爷逃出屯子，路上陆续就能遇见跟关家一样逃亡的村民，大家像没命一样奔向西南方向的旧瑷珲城，因为那里有过江到西岸的摆渡房。关采琴后来听老人们讲，当时江边上到处都是车辆和成群的牛马，江里有大帆船在两岸间来回摆渡，先运人，后运东西，马匹链在船后面流过去，牛群却不得不舍弃在江东。与"庚子俄难"中的其他难民相比，关家无疑是幸运的，到了后期，俄军已经不再允许村民过江。共有几千人，都被圈赶到黑龙江边，被沙俄士兵凶残地推进了大江；这些人有的被打死，有的被淹死。

过了江以后，当地的一些村民会主动迎接这样的难民。那段时间村民们只要看到花轱辘车车轴断了，就知道肯定是有财主来了，因为车轴一定是被车上沉甸甸的金子压断的。在村民的引领下，爷爷带着一家老

---

① 指雇工。

小来到了上马厂乡留居。除了抗战时期，在日本人的逼迫下，关家被迫迁到小乌斯力村居住了10年外，直到今天，祖祖辈辈从未离开过上马厂乡。

到上马厂乡后，关家依然算得上富裕户，这与爷爷带过来的金子有很大的关系。有这些金子做支撑，加上关家儿女众多，人丁兴旺，全家人重新开始开荒种地，养牛喂马。日子虽然没有在江东过得红火，但也从未缺吃少穿。来到上马厂乡的第二年，爷爷家里最小的儿子——关采琴的父亲关双贵出生了。在那个年代，父亲并没有因为是家里的"老疙瘩"而备受疼爱，由于氏族观念，长子长孙在家里具有特殊的地位，受到特殊的待遇。关家全家的劳动所得，都由爷爷一人进行支配，他分给每家多少，就是多少，当然他会非常偏向他的大儿子和大孙子，剩余的劳动所得都由爷爷掌管，和旧时的大家庭一样。

关采琴的奶奶是一个十分传统的人，骨子里镌刻着男尊女卑的思想。关采琴的印象中，她总是穿着一件枣红色的夹袄，齐耳的花白短发，其中掺杂几根黑发。她对爷爷可以算得上是完全顺从，每天低眉顺眼，好像不敢大声说话一样，这也促成了爷爷在家里的一言堂地位。爷爷性格古怪，脾气暴躁，认死理，倔得很，他认为对就对，错也是对。爷爷总说自己是"前清家臣"，"跑反"前后，他都是一样的"传统"打扮——脑后留着的辫子，到死都没剪过。他对自己的辫子很爱惜，曾有人劝他剪掉辫子，爷爷非常生气地说："我的辫子等于我的脑袋，脑袋掉了辫子才能掉！"留辫子的意义，就是要显示"对大清的忠诚"。爷爷每天都要梳理辫子，关家的人都给爷爷梳过辫子，要是谁梳得不好，爷爷就会怒火冲天，甚至还会动手打人。家里的大事小情，完全由爷爷拍板决定，就像当年爷爷毅然决然地选择抛弃家业，"跑反"回来一样。事实证明，爷爷的独断决定有时候是正确的。

后来，关采琴老人听人说有的难民曾经回到江东六十四屯，但是那里早已不再是当年的景象，原来的住房都已不存在，只留下一堆堆废土丘。过去的江东六十四个屯落都没有了，其间建起了比原来中国屯子大且多的俄国人的屯子。很多老人做梦都想回到原来的江东六十四屯，但是，关采琴直到爷爷去世，也从未听他说过想回江东的话。关采琴老人猜想，他肯定是被当时血染黑龙江的场面吓怕了。

采访时间：2015 年 4 月 17 日

采访地点：黑河市西郊

口述人：关采琴，女，82 岁，家务

第二章　早期开交通时期的旅俄华侨

葛锁旅俄归来支援抗联

在世界反法西斯战争胜利70周年之际，我们追忆无数革命志士为抗日战争的胜利抛头颅、洒热血的英雄事迹时，不应该忘记当年还有许多无名的英雄在默默地支持抗战。这些无名英雄的名字或许已经随着历史的车轮渐被淡忘，然而他们的英勇事迹却被后人和历史铭记，葛锁就是千千万万个无名英雄中，具有爱国精神积极支持抗联的一位普通劳动者。

葛锁，1889年出生，家住瑷珲兰旗屯。① 小时候，家中贫穷，经常吃不饱饭。为了谋生，1906年，葛锁年仅17岁，和千千万万名闯关东者一样，来到黑河对岸布拉戈维申斯克市的齐林姆霍瓦村的一个沙俄地主家做劳工。地主家中生活富裕，雇佣很多劳工。葛锁勤劳善良、务实肯干、不善言语，逐渐获得地主家二小姐的芳心。两个年轻人在日常接触中互生情愫，地主老爷也非常欣赏这个朴实、厚道的中国年轻人，默许两人的婚事，招纳葛锁为上门女婿。

婚后，葛锁起早贪黑带领长工们犁地、播种、施肥、收割，里里外外承担起家庭的重任，家中的资产不断增多，有10多匹马、70多头牛，40

---

① 在黑河市爱辉区坤河乡内。

多垧土地，还置办先进的农业用具"三巴辽子"（大洋犁）和"割地马神"（马拉收割机）。勤劳、善良、节俭的俄罗斯妻子撸牛奶，操持家务。他们生育了一男一女，长子瓦西格，中文名为葛福成，次女捷什科。一家人过着平静、安宁、幸福的生活。

十月革命时期，俄国国内形势紧张，地主家中全部财产被没收，葛锁与俄罗斯妻子商量全家返回中国生活，善良的俄罗斯妻子认为回到中国会拖累葛锁，劝他独自回国避难。葛锁忍痛割爱离开妻子，带着儿子瓦西格回到家乡兰旗屯务农，俄罗斯妻子带着女儿留在俄国。可是从小在俄国长大的瓦西格不适应中国的生活，因思念母亲又辗转返回俄国。

十月革命胜利后，葛锁在苏联的家人杳无音讯，一家人团聚的希望十分渺茫。在邻里的一再劝说下，他续娶卡伦山何家女儿何定云为妻，婚后生育3个儿子。葛锁为人厚道、行事仗义，看到日本人侵占瑷珲烧杀抢掠的罪行，心生愤恨。他家在瑷珲兰旗屯最东头，房屋离黑龙江边较近，门前是过江赴苏联的必经之路。夫妇二人对于来往讨水要饭的路人总是热情相助。老实本分的葛锁暗中默默地支援抗日活动，曾经划船送抗联战士过江；天冷了，为衣着单薄的抗联战士送去衣物。他的家也是抗联战士过江歇脚的地方，遇到有陌生人来，他总是默默地拿出饭菜，借在院子里干活之机观察村中动静，站岗放哨。年幼的葛双有也曾到村边小树林、江边等地给抗联的战士送饭。

1938年，农历端午节前一天的清晨，葛锁起床后到村边自家地里干农活，看见一名受伤的抗联战士昏倒在地上。他把受伤的战士背回家，为其包扎伤口。那个人显得非常疲惫，又渴又饿，葛锁递给他一瓢水，又把家中仅有的两个窝窝头拿给他吃。抗联战士接过来狼吞虎咽地吃完饭，告诉他着急过江送一份重要情报，还说东北马上就要解放了，贫苦人就要过上好日子。葛锁怀着激动的心情悄悄地划船将其送到对岸。

不幸的是，抗联战士到葛家的事被同村时任村保长的关金堂发现，他立即将此事报告给日本人安插在村中的特务头目梁自目（土改前被黑河公安大队处决)。梁自目随后将此事汇报给驻扎在黄旗营子①的日本警察小队队长小林,这件事情很快被瑷珲日本警察中队的田中队长知道,他命人将葛锁夫妇五花大绑,拿枪逼着年仅14岁的葛双有套上马车把父母送到城里警察中队进行审讯。日本鬼子严刑逼供,逼迫葛锁说出抗联战士的下落,供出同伙,葛锁受尽酷刑,咬紧牙关,未吐出一个字,日本鬼子一无所获。残酷的日本鬼子见葛锁不开口,就惨无人道地给他上刑,坐老虎凳、往手指里钉竹签,往眼睛、鼻子和嘴里灌辣椒水,用皮鞭把他打得遍体鳞伤,他多次昏死过去。日本鬼子见从葛锁嘴里问不出结果,就改变了策略,在其妻子身上打主意,先是哄骗利诱,见没有成效,急不可耐的日本鬼子对葛双有也严刑拷打,并当着葛双有的面对其母亲大打出手,施以酷刑,年幼的葛双有面对日本人实施的酷刑,幼小的心灵里埋下仇恨的种子。

气急败坏的日本鬼子见从葛锁身上得不出结果,就从蓝旗村抓来邻居莫代民、莫铁恒和他的妹妹莫小雄及村民侯士珍、付俊明、付永长等挨个进行拷打询问,还把在外务工的葛双有的大哥抓去审讯,拷打。这样反反复复折腾了好几个月,一无所获,直到农历八月节后才把血肉模糊、奄奄一息的葛锁夫妇放出来。葛锁遍体鳞伤已经卧床不起,吃不下饭,连喝水的力气都没有,没过几天就含恨离开人世,他的妻子被日本鬼子连打带吓病得很重,一个月后也离开人世。失去了父母,三个年幼的孩子无依无靠,四处流浪,后来被好心村民收留才存活下来。

中华人民共和国成立前夕,蓝旗村公安委员莫长友就此事曾向上级反映,时任地委书记岳林、专员徐烈、公安处长王玉等人得知情况,先后派人调查葛锁夫妇被日本鬼子严刑拷打折磨致死,及葛双有和父母一起被抓进大牢遭受拷打一事,蓝旗村的老人都知情,纷纷出面证明。据在世老人回忆,当年的抗联战士姓陈,他也曾出面作证,政府决定为葛锁的孩子安排工作,但善良纯朴的农家子弟不想给政府增添负担,婉言拒绝了。遗憾

---

① 现为黑河市坤河达斡尔族满族乡黄旗营子村。

的是 1969 年备战时，所有证明材料被转送到爱辉县金水农场后遗失。提起当年的往事，葛锁老人92岁的儿子葛双友至今仍记忆犹新："日本鬼子把我家害惨了，打死了我的父母，弄得我们家破人亡……"

葛锁的二儿子葛双有

曾经的惨剧已过去七十余个春秋，我们披露葛锁一家苦难的历程，目的是揭露日本侵略者的罪行，并告慰我们死难的同胞，那段屈辱的历史中国人没有忘记。

采访时间：2015 年 4 月 11 日
采访地点：黑河市张地营子乡
口述人：葛双有，男，92 岁，黑河市张地营子乡农民
采访人员名单：葛伟，男，1960 年 2 月出生，黑河市爱辉区老干部局干部

黑龙江畔岛屿上酒柜的经营者张福盛

在中俄全面进入战略协作伙伴关系的今天，中俄两国民间贸易往来日益繁荣。观察黑龙江畔黑河市海关联检大厅里进进出出的中国人群，发现他们赴俄罗斯布拉戈维申斯克市或求学，或办理事务，或务工，更多的则是在中俄贸易的大环境下谋取生计的小商小贩。一百多年来，通往埠口的路上留下几代华侨匆匆的步履，他们在中苏（俄）历史变迁中经历风云变幻，抒写一代又一代人的辉煌与落寞，他们有着相同的辛酸血泪，却有着不同的奋斗历程，这里寻觅中俄"开交通"时期华商的奋斗足迹，与大家一起分享他们人生的喜怒哀乐。

漫步在黑龙江畔黑河岸边，进入眼帘的是一衣带水的两岸城市，望着滚滚东流的黑龙江水，不由想起一百多年前在黑龙江各岛屿上早期旅俄华商开设酒柜的繁荣景象。虽然他们的身影早已随滚滚不息的黑龙江水远去，但是他们对早期黑河边境贸易的繁荣所做出的贡献至今依然被世人提起。

从黑龙江上游呼玛县到中游孙吴县之间分布着大大小小几十个岛屿，这些岛屿地处中俄两国交界处，特殊的地理位置使得赴俄交通极其便利，冬季黑龙江封冻，两国陆路相连，步行可达两岸，夏季两国边民划船往来，那里成为中俄早期通商的重要区域，一些富有开拓、奋斗精神的华侨便选择在岛屿上开设酒柜。在黑龙江畔黑河辖区的岛屿上都有中国居民开设大大小小、货品齐全的酒柜，仅张地营子乡就有"上酒柜""中酒柜"

"下酒柜"共计20余家。① 所谓酒柜，就是以经营酒类为主的杂货店。这些酒柜与黑河对岸俄国村屯距离较近，方便了中俄两国居民及沿江务工人员购买商品。俄国人喜欢饮酒，俄国村民夏季划着小船，冬季独自或三五成群赶着爬犁或者步行过江购买。酒柜的生意兴隆，酒类供不应求，张福盛就是在上酒柜的众多经营者之一。

张福盛（1882~1969），祖籍山东德州。家中兄弟三人，他排行老大，生活的艰辛让他从小就很懂事，帮助家里挑起养家糊口的重担。19世纪末20世纪初，由于山东连年发生水灾、旱灾、虫灾，饿殍遍地，为了生存，张福盛独自一人闯关东，来到黑河对岸海兰泡谋生。他做过长、短期工，从事许多脏活、累活。每年还从微薄的收入中拿出大部分汇往山东老家帮衬家用，生活十分拮据，勉强维持生计。由于张福盛精明能干，聪明好学，在与俄国人交往中练就一口流利的俄语，眼界也逐渐开阔，不再满足于雇工生活。他在中俄"开交通"时期看准商机，开始和山东同乡徐鹏远②等人一起贩卖私酒。无论严冬还是酷暑，他经常往返于中俄两国之间，背着酒桶沿街叫卖。他经商讲信誉、重情义，从不缺斤少两，结交了许多中俄朋友，因与朋友结拜排行老九，时人常称之为"张老九""张九爷"。张福盛勤劳、善良，又善于经营，三年来积累了一定钱财，在俄国闯荡中逐渐引起一位俄国富农女儿的注意，两人在接触中互生情愫，结为连理。

1911年，张福盛带着俄国妻子来到东夹信子岛，开始经营玉盛和酒柜。该岛位于张地营子上游约1千米处，距离我方岸边约15米。岛长350米，宽200米，面积0.04平方千米，岛上柳树茂盛，绿草茵茵。由于地理位置便利，俄国人常常过江购买白酒及日用品，当年岛上酒柜数量逐渐增多，达七八家。俄国妻子是婴幼儿营养学专业的大学毕业生，身体健壮，心灵手巧，是里里外外的持家能手，两人夫唱妇随，起早贪黑，苦心经营。张福盛为人坦诚、性格豪爽，南来北往的务工人员及俄国村民们都喜

---

① 关万发：《酒柜屯小考》，《黑河日报》1997年9月26日。

② 黑河振边酒厂创始人。

第二章　早期开交通时期的旅俄华侨

1945 年华商张福盛与家人合影

欢到他的酒柜驻足，喝上几杯。

几年后，他扩大经营规模，还在下酒柜的地方经营一家旅店，为往来于黑龙江上游的务工人员提供方便。由于价格合理，经营有方，视宾客如亲朋，旅店人来人往，一家人的日子过得红红火火。随着俄国人对白酒的需求不断扩大，他从振边酒厂[①]批发白酒，再转手卖给俄国人，获利颇丰。张福盛与苏联妻子感情甚好，遗憾的是没有子女。1928 年，苏联妻子回苏联看望她病重的母亲，由于中东路事件，中苏交恶，黑龙江沿岸一度闭关，她再也没有回来，和张福盛失去了联系。

后来，张福盛续娶，妻子是瑷珲后三家子村孟家人，张洪斌是他们唯一的儿子，和张福盛年龄相差 50 岁。张福盛具有山东人的倔强耿直、为人仗义的好品格，深得同村人的敬重。他对子女的教育也很严格，要求子女踏实做事、诚实做人，注重礼节，尊重有学问的人。

1928 年，黑龙江发生百年不遇的洪水，东夹信子岛被淹，家中财物损失巨大。20 世纪 30 年代初，日本关东军侵占黑河附近村屯，把守过江通道，严禁中国人与苏联人通商。张福盛不得不关闭了他苦心经营的酒柜，

[①] 位于黑河上游 4000 米处的五道塈洛，1923 年张福盛的同乡徐鹏远兴建振边酒厂。

购买了两垧半地及马匹开始务农生活。

1945 年,苏联出兵黑河攻打日本关东军时,他的苏联朋友没有忘记他,还委托苏联士兵打听他的生活情况,并向他问好。新中国成立后,张福盛一家人留在当地务农,并将自家土地和马匹入社。

"文化大革命"期间,因中苏通婚涉嫌通苏,张福盛被确认为"反革命分子",遭批斗。1969 年张福盛去世,享年 87 岁。

如今,他 84 岁的儿子张洪斌,仍然独自居住在黑龙江畔,默默守望着父辈曾经留下艰辛足迹的东夹信子岛。

采访时间:2015 年 4 月 11 日
采访地点:黑河市张地营子乡
口述人:张洪斌,男,84 岁,原黑河市张地营子乡会计

二道卡岛沧桑历史的见证者曲兰田

曲兰田（1885~1951），又名曲玉亭，山东莱州人。在家中排行老三。早年家中人口多，土地少，父母辛勤劳作仍食不果腹。为了谋生曲兰田年轻时闯关东来到黑龙江漠河县淘金，每天起早贪黑地干活，所挣得钱财被以各种名目扣除，到月底仍入不敷出，受尽把头①的压榨和剥削。

为了养家糊口，曲兰田辗转来到哈尔滨的一家杂货店做伙计。他能吃苦、不怕累，以铺为家，干活不惜力气，很快赢得店铺老板的信任和赏识，让他负责采买工作。曲兰田没有辜负老板的信任，不辞辛苦，任劳任怨，进货时总是货比三家，购进的货物品类齐

曲兰田和妻子达士科

全，价格低廉，店铺的生意越来越红火。曲兰田聪明好学，在进货的过程中逐渐对商品的进货渠道、价格了如指掌，自己也积累了经商的丰富经验。

1909年，曲兰田带着所有积蓄来到中俄边境黑河创业。随后，在二道

---

① 工头。

曲兰田从俄国带回的餐具

卡岛①对岸的俄国契利杰夫屯落脚并开设一家杂货店,当年那里有300多户俄国人,是个大村屯。在经营中为节约资金,曲兰田既是店铺老板,又是务工伙计,自己进货、送货,找货源和销路,方便快捷的经销方式、价格低廉的日常生活用品深得俄国人的喜爱,杂货店的规模不断扩大。他聪明好学,与俄国人频繁接触,会讲一口流利的俄语,勤劳、善良、务实、节俭的好品质,获得放羊姑娘达士科的青睐,并得到女方父亲的认可。二人结婚后,曲兰田一心一意经营店铺,过着幸福的生活。

1917年,俄国革命时期,俄疆不靖,战争打破了他们平静的生活,曲兰田带着妻子离开辛勤经营8年的杂货铺,来到黑河二道卡岛避难。二道卡岛,位于黑河张地营子乡白石砬子村上游2千米的黑龙江主航道左侧,长3500米,宽750米,面积2.45平方千米。② 这个岛屿在旱季或者冬季与陆地相连,地势平坦,适于农作物生长。1908年二道卡岛设卡,又名扎克达墼洛卡伦。1911年,瑷珲派孙治忠在岛上建邮站(邮电局)任邮站站长,他率先开设酒柜,随后刘传印、大老胡相继在岛上开设酒柜。曲兰田看见二道卡岛酒柜生意好,便开设"玉记号"酒柜;还建起宽50米、长100米的四合院住宅,有伙计房、仓库、马羊圈和农具房。第二年,他从对岸俄屯购买马匹和农机具,在岛上开垦50垧土地,种植小麦和燕麦,当年就获得了大丰收。由于在漠河及俄国阿穆尔州一带淘金的华工众多,俄国商品匮乏,日常生活用品大多依赖中国提供,因此他的酒柜生意非常兴

---

① 位于黑河市张地营子乡。
② 盖玉玲主编《瑷辉馆藏自然地理卷》,黑河市爱辉区档案局,2010,第70页。

隆，积累了大量钱财。

达士科勤劳、节俭、善良、贤惠，为人和气，干净利落，把家安排得井井有条。她富有同情心，经常接济穷苦人，把家里的衣服拿给贫苦孩子穿。平日生活中与邻里关系融洽，多年来一直保持俄国人的生活习惯。曲兰田喜欢结交朋友，待人热情，过路的经商者、务工人员及附近中俄村民都喜欢在他经营的酒柜里逗留一会，岛上曾是中俄年轻人聚会的地方。他重情义，守信誉，早年在山东老家娶妻生子，多年在外谋生无法承担家庭重任，深感愧对老家父母和妻子儿女，将做生意积攒的15公斤黄金全部带回山东老家，为老家亲人建起4套独立的房屋院落，让家人过上富裕生活。

张地营子乡上酒柜遗址

二道卡岛地理位置优越，对岸的俄人和华人众多，酒柜的商品满足了中俄村民的日常所需。村民们看到商机，在二道卡岛的下游，也陆续开设"志成下酒柜"等多家店铺。截至1926年，二道卡岛已有十五六处酒柜，还有铁匠铺、木匠铺、成衣铺、磨面房、豆腐坊，成为经营齐全的商业区，人口达到200多人，岛上呈现一片繁荣景象。

1930年春节前后，苏军袭击了二道卡岛，抢劫酒柜中贵重物品，曲兰田家财产损失严重，遂和村民们逃到白石砬子避难，待形势好转后，又重新开始进货贸易，只是岛上往日繁荣景象已逝。1934年，日本关东军侵占黑河，对黑河边境实行严格的军事管制。日伪警察部队驻守该岛，不允许村民与苏联人往来经商，违者就地问斩，二道卡岛与对岸苏联的交通就此中断。二道卡的酒柜全部关闭，岛上的商户和村民们大多逃往黑河各地，只有曲家及几户人家继续留守耕种。1935年，日伪政府把白石砬子屯改为兴隆屯，成立二甲，曲兰田任副甲长。他组织村民交粮、收税，解决民事纠纷，做好治安工作。后来，日本人陆续占领二道卡岛，抢占曲家和大老胡家开设酒柜的房屋作为营房，并改造修建二道卡警察小队部，岛上村民都四处逃难。

由于民国十八年（1929）的中东路事件，苏联士兵过江抢劫，曲家财产大多被抢劫一空，加上战乱时期一些土匪趁机打劫，钱财所剩无几，只能靠种地为生。之后连续三年大水，庄家颗粒无收，家中已经一贫如洗，只好以种菜和打捞漂流木为生。一次，曲兰田在打捞漂流木时遇险，被苏联人营救。1937年，特务告密他涉嫌通苏，日本人把他抓起来，关进大牢，严刑拷打，灌辣椒水、坐老虎凳，采取逼供、利诱等野蛮手段。他受尽皮肉之苦，在全屯人出面力保下，三个月后他带着满身伤痕走出监狱。可是，原来健壮的身体受到严重的损害，健康状况大不如从前。1941年春夏之际，日本关东军在白石砬子村西山后面兴建兵营，强行霸占曲家原先酒柜旁边的那栋木头垛伙房，在房屋顶建立瞭望哨，昼夜观察监视对岸苏联契利杰夫的军事情况，一驻就是三年。岛上的酒柜、各类店铺及住户都迁往黑河及附近各村屯，由于故土难离，只有曲兰田带着家人坚守着破落的大院。

1944年，国内形势紧张，伪警察队长强迫命令曲家搬走，在曲家大院周围挖战壕，开始备战。曲兰田夫妇带着曲云山和曲云和哭着离开生活了27年的岛屿，搬到兴隆屯（白石砬子）。1945年苏军出兵东北时，二道卡岛上的院落被战火烧光，达士科在忧伤中离开了人世。

曲兰田具有山东人耿直、豪爽的性格，有爱心，乐于助人。村中谁家有大事小情，他都伸出援助之手，经常帮助村民解决困难。贫苦的庄稼人春天种地没有种子，他不仅出钱帮助购买，还出力帮助体弱多病的住户耕种，经常借钱、借物给贫苦的农民，在村中享有较高威望。1951年去世时全村男女老少都来送行。

如今他的小儿子曲云和已经90岁高龄，思维清晰，父辈们艰辛的拓荒史深深镌刻在他的脑海中，仍能向笔者完整地述说二道卡岛的变迁。作为二道卡岛的第二代见证人，曲云和曾经目睹二道卡岛的沧桑巨变。在他75岁高龄时，曾亲自口述，主动帮助村里编写村史，希望用文字记载早期拓荒者奋斗的足迹，为研究白石砬子村的历史和发展留下了宝贵的文字资料。

曲兰田的儿子曲云和

后记：采访结束后，曲兰田老人的儿子90岁的曲云和拉着我的手说："宁同志，下次再来，写完发表后要给我看一看，一定要讲信用呀……"看着老人期待的目光，我暗下决心，挑灯夜战，尽快整理，记录。回家的路上，春风拂面，我感到一丝惬意，又完成一个村屯的采访任务，我长长地舒了一口气，同时又感到肩上担子的沉重，早期旅俄华侨都已经谢世，黑龙江畔能述说清楚那段艰辛而心酸历史的老人已经不多了……

采访时间：2015年4月11日

采访地点：黑河市张地营子乡白石砬子村

口述人：曲云和，男，90岁

采访人员名单：曲兆花，曲云和侄媳妇，61岁，家务；曲俊生，曲云和侄子，男，66岁，黑河市张地营子乡白石砬子村医生

三卡百年沧桑的见证者刘俊卿

在中俄两国进一步加强战略合作，深化双边贸易合作时期，我们不由想起早期黑龙江边境与俄国人做生意"跑崴子"的刘通司刘俊卿。

刘俊卿，1882年1月1日生于山东省招远县（今招远市）界河乡马莲沟村一个贫困的农户人家。他幼年读了三年私塾后，开始务农种地。由于灾荒，为了活命，17岁时他跟着一个本家叔叔开始"闯关东""跑崴子"去了俄国。他在俄国闯荡生活近20年，饱受俄国资本家的剥削和凌辱，过着饥寒交迫的生活。刘俊卿先后在海参崴伐木修筑铁路做苦力，在伯力[①]一户农家吃劳金[②]，在海兰泡客轮的餐厅里做服务员。由于在俄国生活多年，他能够说出一口流利的俄语，为后来和俄国人通商做生意担任翻译（时称通司、通事）创造了条件。

十月革命胜利后，沙皇政权被推翻，建立了苏维埃政权。正值中苏友好时期，黑龙江中苏边境地区"开交通"，两岸人民友好相处，自由贸易。不仅中俄双方边民可以自由进入对方境内居住和逗留，轮船也可以在江上自由航行，任意在两岸停泊。在这样的背景下，1918年刘俊卿从海兰泡返回黑河，遇见山东老乡刘穗臣和王子才，三人商议合伙做生意。两个老乡入资金股，刘俊卿无钱只好入人股，做通司承担翻译任务。后经人指点，

---

① 哈巴罗夫斯克。

② 做雇工。

他们乘船上行来到三卡村,① 在前街临江的地方开办了"福丰厚"商店,主要与苏俄人做生意。用白酒、布匹等日用品,换取国内紧缺的皮张、山货,也带着货物去老卡②对岸的彼得洛巴布罗夫卡和三间房③对岸的布谢进行交易。除了与苏俄人做生意外,对内也为宽河、腰卡等金矿矿工提供商品,因是急需的货物,生意非常兴隆,经过一段时间的经营后,刘俊卿也拥有了一些积蓄,他把获得的利润入了资金股。

刘俊卿和家人合影

1934年初,日本帝国主义入侵黑龙江沿岸后,不准中国边境村民同苏联人做生意,中苏两岸"开交通"的时代结束了,兴隆一时的生意日渐衰落,更为严重的是日本特殊队和伪警察队相互勾结,狼狈为奸,大肆敲诈勒索。"福丰厚"商店难以继续维持下去,不得不于1942年闭店停业。

为了谋生,刘俊卿又在前街沟西建造房屋开了饭店,但没有想到的事情发生了:日寇为了巩固其统治,实行并村并屯,坚壁清野,下令村子沟

---

① 今属呼玛县。
② 今属呼玛县。
③ 今属呼玛县。

西居住的20多户人家一律在限期内搬迁到街里，违者以"国事犯"论处。无奈之下他只好摘幌关闭营业不到一年的饭店，拆掉房子，将全家搬到街内重新建房。刘俊卿对做亡国奴更加痛心疾首。

1945年8月9日拂晓，苏联红军从黑龙江上乘舰艇登岸向三卡村南的日本特殊队和伪警察队发起进攻，双方激战一个多小时，以苏军胜利而告终，三卡村光复了，受奴役的村民解放了。苏军在三卡村驻守到11月份，黑龙江封冻后才撤回苏联。这期间刘俊卿一直为村里担任翻译，为村里和苏军双方传递消息和通报各项情况，确保三卡村从日寇手中顺利解放出来，苏军驻守一段时期内的安宁。苏军撤走后，张伯钧匪帮一直盘踞在三卡村，欺压百姓，抢掠民财，为非作歹，广大群众深受其害，恨之入骨。1946年1月初，共产党领导下的黑河人民自治军派人到三卡村招兵扩军，刘俊卿积极响应，送长子刘奎元（1924~1946）参军，为王肃司令员兼政治委员做文书工作。刘奎元为黑河地区的解放事业做出了很大贡献，在6月17日反击土匪进攻黑河的保卫战中光荣牺牲，他的名字被永远镌刻在王肃公园烈士纪念碑上。

中苏关系紧张时期，三卡村张坤山、张书业两个年轻人到村南黑龙江主航道我方一侧的南大通江岛上砍柴作业，被苏边防军抓走，当时三卡村还处于无政府状态，刘俊卿挺身而出，凭借他娴熟的俄语会话能力，亲自登岛和苏边防军交涉，阐明该岛隶属中国，我居民世代登岛生产作业，苏方无权干涉。苏方态度强硬，不肯放人，后经中方多次登岛交涉，张坤山、张书业两人在苏扣留长达一月之久才被放回。1963年，刘俊卿曾被请到呼玛县里，为中苏两国边界谈判提供有关资料，做笔录，以一个历史见证人的身份，证实三卡村上、下江岛历来属中国管辖，是世代三卡村民生产作业之地，以雄辩的事实，为对苏边界谈判提供有力的证据。

由于在俄国生活过，"开交通"时期和俄国人做过生意，后来又为村里当过翻译，新中国成立后为解救村民因登江岛被苏方扣留等，在"文革"中，刘俊卿竟被打成苏修特务。1967年7月，这位85岁的老人被关到乡里私设的牢房里，接受审查长达三个月之久。党的十一届三中全会之后他才得以平反。

刘俊卿在村里人缘好,威望高,为人正直大度,忠厚诚实,对贫苦乡亲常常慷慨解囊倾力相助,深受乡亲们的爱戴,博得乡亲们的赞誉。

1980年2月2日,刘俊卿因病医治无效,与世长辞,享年98岁。按照他的遗愿,安葬在黑水之畔、兴安之巅的三卡村南山上,静静地守望这块他曾经热爱并生活的黑土地。

采访时间:2013年5月

采访地点:大兴安岭地区呼玛县、齐齐哈尔市龙沙区合意路锦江阁小区

口述人:刘奎恒,刘俊卿的儿子,男,1939年6月11日出生,齐齐哈尔市副处级退休干部

回族爱国志士韩子和

他幼年丧父，家境贫寒，年少时背井离乡，在中俄边境地区艰苦创业；他性情豁达、乐善好施，在同乡中具有较高威望；他热心革命事业，资助爱国青年，不惧危险，营救爱国志士，对我党我军在黑河地区的发展壮大做出突出贡献，他就是回族爱国志士——韩子和。

韩子和（1890~1947），原名韩云祥，回族，生于山东省禹城县（今禹城市）韩寨。幼年丧父，跟随母亲住在二姐家中，依靠母亲做些零活维持生计。18岁时他跟随闯关东的人潮到达哈尔滨，在一家私人皮铺学习制作马具。1911年韩子和来到黑河后，先在江北海兰泡的秋林皮工厂打更，没有报酬，学习熟皮手艺。后来他与同乡金双田合伙做生意，在黑河大兴街①租一间房，晚上做皮活，白天挑担走街串巷叫卖。1916年韩子和与金双田及本家兄弟韩瑞芝三人共集股2000元，在黑河小兴隆

韩子和

---

① 即现黑河市王肃街。

街开办"双发祥皮铺",韩子和任大掌柜,负责皮货的销售。1926 年因生意兴隆又在南大街另设门市部,雇佣三四名伙计。1936 年金双田退股,1942 年韩瑞芝也退股另立门户,从此"双发祥皮铺"由韩子和一人经营。

韩子和待人热情、豁达豪爽,经常慷慨解囊资助贫困的回族同乡,他常说"天下回民是一家,闯关东的都是被逼出来的,有了难处自家人不管谁管"。由于他经常接济穷苦人,虽然生意很兴隆,但实际上常常亏空。他的善举赢得广大回民的敬重,被誉为黑河回民的乡老,成为黑河回民会会长。在巴英额、马占山担任黑河镇守使期间,韩子和与他们交往密切,特别是马占山在黑河誓师抗日时,韩子和积极响应,并给予马占山部队物资上的支持。

九一八事变后,由于东北三省迅速沦亡和蒋介石的不抵抗政策,爆发了全民族的抗日救亡运动。边境黑河爱国青年学生胡宇翔和申吉庆发起的抗日救亡运动,在青年学生中产生广泛影响。因韩子和与胡宇翔的父亲是至交,韩胡两家来往密切,他的长子韩双有和堂侄韩哲一深受胡宇翔等爱国学生的影响,逐渐成长为爱国青年,积极参与到抗日宣传中。韩子和的家成为爱国青年经常聚集的场所,韩子和也利用自己在社会上的影响力给爱国青年的抗日活动以积极的支持,深得爱国青年的信赖。

在民族危亡之时,黑河爱国青年自发组织抗日活动。当马占山从黑河奔赴抗日战场时,他们就组织"抗敌后援会"为抗战进行宣传,集资筹款。马占山抗战失败后,胡宇翔、韩哲一、韩双有等爱国青年为寻求抗战救亡之路,寻找共产党的组织,经胡宇翔与苏联领事馆联系,韩哲一、韩双有等 8 名爱国青年分期分批越过黑龙江前往苏联。对于爱国青年的抗日活动,韩子和不仅给予极大的鼓励,更是从物质上支持,特别是当爱国青年渡江前往苏联之际,他给予每人 50 元大洋的资助。

1933 年 1 月,日本帝国主义势力入侵黑河,韩子和的皮铺生意日渐衰落。日本宪兵分队队长木村德芳刚一到任,就大肆敲诈勒索,广泛笼络各商界和社会上层人物,以充耳目。韩子和与广大回民群众对那些甘当亡国奴的商人及其卖国行径痛心疾首,不愿屈膝于日本人的威逼之下。木村德芳对他的不合作行为十分恼怒，欲加以报复。适逢"三合皮工厂"掌柜金伯川的小儿子金连星由哈尔滨来到黑河，因没有证明书被黑河宪兵队逮捕，木村德芳指使日本宪兵队将金连星扔到黑河郊外五道壑洛附近的冰窟窿中。事件发生后，韩子和及广大爱国商人悲愤万分，抗日救国的愿望更加强烈。

1934 年，受苏联共产党的委派，韩哲一同志从苏联回国来到黑河地区收集日本占领区的军事情报。他在卡伦山入境暂住"三合皮工厂"，从事地下工作。由于从苏联归来叛变投敌的王德山的出卖，韩哲一不幸被捕。在韩哲一由卡伦山押往黑河的途中，恰遇韩子和的老友赵学武，赵学武立即将韩哲一被捕的消息告诉韩子和，为营救工作赢得了时间。韩子和是坚定的抗日斗士，为营救爱国志士积极奔走，不屈服于日本帝国主义的淫威，他立即赶到东大营花钱买通了一名副官，取走了韩哲一随身携带的照相机和照片，因日本人找不到确凿证据，又有韩子和、金伯川出面带领黑河回族群众出钱保释，韩哲一才得以减轻罪责，入狱三年后释放。出狱后韩哲一南下继续参加党领导的抗日斗争。

韩子和的孙子韩陆军

1945 年 8 月东北解放，11 月遵照中共建立巩固的东北根据地的指示，王肃、岳林等晋察冀、延安的共产党干部先后来到黑河。当时黑河斗争形势十分复杂，社会动荡，土匪横行，敌伪势力猖獗。对于共产党的到来，各方态度不一。国民党操纵的土匪、挺进军、光复军、保安旅游窜乡间，

第二章　早期开交通时期的旅俄华侨

企图用武力把革命力量扼杀在摇篮之中；维持会、伪政府对共产党也持排斥态度；驻守黑河的苏联红军卫戍司令部碍于同国民党政府的外交关系，对王肃为代表的共产党建政人员态度也摇摆不定；人民群众中的一部分人对共产党缺乏认识，甚至盼望国民党来接收政权。因此，革命政权的创建环境极为艰险和困难。

在这种复杂严峻的形势下，韩子和本着对共产党人的信赖，不顾个人安危，挺身而出迎接共产党员干部，秘密把王肃、岳林等四名干部从东大庙（今黑龙观）接到自己家中，不仅解决了他们的食宿问题，还负责夜晚的打更放哨、警戒安全。王肃和胡宇翔、韩子和住在北屋，王文斌、刘挺进、何学东住在南屋。① 王肃等人前后一共在韩家住了十天，直到共产党取得驻守苏军卫戍司令部的认可，才从韩家迁出。韩子和为我党扎根黑河地区发挥了重要作用。

在韩子和的影响下，黑河广大回族群众纷纷支持共产党。后来韩子和利用自己在回民中的影响，带领回民群众为人民自治军缝制皮带、靰鞡、马具。皮铺制成的成品，一部分无偿捐给了自治军，一部分只收取成本费，满足了自治军骑兵的军需，有力地支援了自治军的缴匪战斗，为人民军队的组建做出了贡献。

1946 年春，韩子和同志因突患脑溢血病倒，黑河地方政府专派医生对其进行治疗和看护，时任领导亲自指示要尽最大努力进行医治，他的病情一度好转。1947 年 2 月 4 日韩子和旧病复发，经抢救无效逝世，享年 58 岁，地县领导干部前往吊唁。韩子和作为黑河回族的杰出

口述人韩来兴

---

① 政协爱辉区委员会文史资料研究委员会编印《爱辉文史资料》第二辑，2016，第 70 页。

代表和爱国志士是我党亲密的战友，为我党我军在黑河地区扎根和成长做出了突出贡献。

韩子和逝世10周年时，回族穆斯林举行伊斯兰教仪式悼念。地、县、镇领导到会，专员丁逢水在会上讲话。20世纪60年代"文革"期间，因被"造反派"诬以种种罪名，韩子和墓碑被砸碎，后代受株连。粉碎"四人帮"之后，爱辉县委为其在政治上恢复名誉，修复了墓碑。《黑龙江日报》于1980年9月11日，以《为韩子和先生恢复名誉》为题，并加以"今古人物"栏花，做了报道。

采访时间：2013年5月22日

采访地点：黑河市

口述人：韩来兴，男，1948年2月14日出生，黑河市社科联退休

采访人员名单：韩陆军，韩子和孙子，男，1956年8月出生，黑河市交通局办公室主任

名振边陲的回民商人白锡贵

1901年,白锡贵出生在山东禹城县。家有兄弟姐妹4人,上有一个哥哥、两个姐姐,他排行最小。父亲白文生虽然没有文化,但是头脑灵活,注重对孩子的教育,他为人仗义、乐善好施,在当地小有名气,曾经为村里起了个响亮的名字"十里旺",期盼贫困的村屯及村民们都兴旺发达,家家户户过上好日子。

20世纪初,山东省十年九涝,颗粒无收,老百姓贫困不堪。为了生存,白文生只身闯关东辗转来到黑河,走村串户收购皮张,他起早贪黑干活,勉强维持生计。一年后,年仅10余岁的白锡贵和哥哥一路乞讨来到黑河寻找谋业未归的父亲。

白锡贵的女儿白继兰、白继莲及女婿和外孙

白文生和白锡贵老实忠厚、勤劳务实，在商业经营中从不缺斤少两。在收购皮张的时候，白文生寻求到商机：黑河沿边乡村田多地广，赶车的农民急需鞭子哨。于是白文生带着白锡贵开始加工制作鞭子哨的生意。为了解需求和寻求销售门路，无论是严寒还是酷暑，父子俩上门服务，送货到家，走遍黑河附近的村屯，乡村的小路上留下他们艰辛的足迹。

　　在走街串巷与村民接触攀谈中，他们了解到东北地区冬季天寒地冷、普通的棉鞋无法抵御风寒。靰鞡保暖性好，适合东北气候，且农村道路泥泞，遇上雨天，没有靰鞡，农民无法到田间干活。当年黑河没有生产靰鞡的皮铺，外地的货物质廉价昂。而农村废弃的牛皮、羊皮正是做靰鞡的最好原材料。1926年5月，父子俩着手成立黑河第一家手工皮革加工厂，取名"长发德"，寓意为买卖要长久发迹须以德为先。

　　不懂技术，他们就边干边学，不断探索研究。白锡贵在父亲的带领下，很快就掌握了制作靰鞡的技术，肩负起厂里生产技术的大梁。父亲放手让他干，自己则颐养天年。白锡贵不辞辛苦走家串户收购皮张，忙制作、跑销售，承担全部业务。他头脑灵活，并不墨守成规，不断扩大营业范围，产品种类不断创新。不仅有防寒、防潮的高腰、低腰的靰鞡，还生产各种皮具。由于选料好，做工精美细致，不透水，质优价廉，信誉度高，产品非常受欢迎，购买商品的人越来越多，一些苏联人也纷纷过江购买商品。"长发德"的生意越来越兴隆，在黑河一带远近闻名。

　　当时正值中苏开交通时期，白锡贵把销售的眼光落在黑河对岸苏联布拉戈维申斯克市，逐渐打开了外向型销售的门路。"长发德"皮革加工厂的产品不仅在黑河附近销售得好，还远销苏联远东地区。他隔三岔五就赶着两挂马车满载货物到对岸苏联布拉戈维申斯克市销售，并在布拉戈维申斯克市设立代销点。每次送货的时候，他早早起床，亲自押车送货销售，中午时分才返回黑河，吃完饭顾不上休息就到厂子里忙于各项工作。

　　当年"长发德"皮革加工厂的牌匾很大，非常醒目。销售点（西柜）位于现在黑天鹅家电，与独一处服装店毗邻。由于销路广，需求量大，家庭式的手工作坊无法满足当地客户需求，他开始招募工人和学徒工，雇工中有回民、汉民,还主动收留贫困的山东籍回民,把他们留在工厂里,传授技术,确保他们生活无忧。

鞣皮子,是制革的一道非常关键的工序,也是最脏、最繁重的劳动。白锡贵首先把毛皮按花色分开:棕红色和黑色的放在一起,浅颜色的白色单独放,每一堆毛都需要重新分拣和清洗。鞣制是一门学问,用石灰把毛弄蓬松,把干燥无虫蛀、无腐败的皮张再次水化回软,完全浸没皮张。要掌握好浸泡时间及水温,时间不宜过长,以防止发生脱毛和烂皮;要定时对皮张进行翻动搅拌,使溶液充分、均匀而有效地渗透到皮张的各个部位;为了增加皮张的柔软和弹性,还用砂纸、砂板等打磨修整皮张的边缘,使用木屑或干燥米粉向毛皮深处揉搓,再用棍条敲打弹拂。通过水化回软、洗涤清理、浸泡腌制、鞣皮、涂油等工序,皮张光润、柔顺、色泽鲜艳、有弹性而不收缩变形。白锡贵事必躬亲,鞣皮子,裁剪皮张,常常带领工人一起干。为了保证皮货质量,他严把每一道工序,起早贪黑地干活,"长发德"皮革厂的生意越来越好,带给他丰厚的利润。

在生意鼎盛时期,白家雇佣10多名工人专门负责制作靰鞡,建立独立的厂房、住宅、销售点。厂房的面积很大,从现在的江边世纪广场一直到第六小学;白锡贵还在小乌斯力村建立地营子,开垦400垧地,仅雇工就达40多人;家中有10余辆2轮的挂车,专门负责送货;为方便雇工就餐,他建起了食堂,雇佣2个大师傅在食堂做饭;他还开设磨坊,生产的粮食直接磨成面粉,"长发德"皮革加工厂的生意如日中天。在他的帮助下,许多山东籍回民也陆续开设皮铺,"长发德"皮革加工厂在东三省的皮货业享有盛名。

1946年,黑河实行公私合营后,"长发德"皮革厂收归国有。白锡贵带着徒弟们加入黑河皮革厂,由于他技术水平高,人品好,大家公推他为首任厂长。白锡贵拥有的股份最多,是黑河皮革厂最大的股东。他有12间房产,为响应号召,他陆续把几间房屋上交国家,解决贫困居民住房紧张的问题,仅留两间房屋用于自家居住。房屋后面是一片自留地,种植苞米等作物,当年黑河市地革委建办公用房时,他主动把自家的自留地上交用于公家建房。

他的住房隔壁是裁剪室，裁剪室内地面上铺有两行砖，其余全部是木质地板，在两行砖的地下埋有22坛黄金，2瓶首饰，平时只有两个徒弟在裁剪室居住，屋内房门紧锁，家中人不能随便出入。土改后，他把所藏黄金全部上交国家。新中国成立后，为了地方发展建设，国家号召市民购买公债，白锡贵积极响应，一次性购买2800万元公债，后来全部上交国家。白锡贵培养了两名得力弟子刘真延和孟清真，在他的教育引导下，二人都在地方政府任职并在本职岗位上做出突出业绩。

"文革"时，白家被划为资本家。白锡贵脖子上挂着牌子，被红卫兵拉到清真寺大殿批斗；女儿白继兰（口述人）带着年幼的弟弟到江边修江堤，当时正值黑河市邮局招工，白继兰应聘到黑河市邮局话务室，政审后因家庭成分受牵连被取消录取资格；白继兰的妹妹白继莲处对象时，因家中成分不好，单位领导找男方谈话，要求二人分手。白继兰的兄弟姐妹入团都曾受到影响。因怕受牵连，白继兰母亲再三叮嘱子女，今后不许提起"长发德"皮革厂的任何事情。自此，随着时间的久远，"长发德"皮革厂淡出了人们的视线，从黑河人熟知的记忆中消失。

白锡贵为人正直、老实、勤劳、任劳任怨，干活从不惜力气。在黑河市皮革厂工作期间，有的年轻人不掌握技术，他手把手教授，60多岁时他还从事鞣皮子的技术活。有人劝他，休息一下吧，把这个又脏又累的活交给年轻人干，可是他不放心，每天和工人铆着劲儿干。在他的带领下，黑河市皮革厂生产的产品叫得响，远近闻名，他任皮革厂厂长10余年，直到退休。

白锡贵有菩萨心肠，认为天下回族是一家，对待工人和蔼可亲，遇到谁家有困难总是竭力相助。他经常提起当年从山东一路讨饭来到东北，遇到好心人相助的事情，对曾经帮助自己的人总是铭记在心，常怀感恩之心去帮助接济穷苦的回民，解决他们生活上的困难。遇到在店里买货的穷苦人，他从不收费，还免费送货；遇上讨饭的人宁可自己不吃，也要接济。每逢回民的大、小开斋节，他总是率先出钱出力。黑河清真寺维修时，他率先捐钱修建大殿,是当地出名的大善人,在回民中有较高的威望。

白继兰的母亲杨立琴也是山东田家口的农民,与白锡贵年龄相差 16 岁,他们养育 7 个子女。白锡贵要求子女遵纪守法,不许擅自拿别人家东西,不许做违法的事。他深知没有文化,无法立足社会,白继兰到了上学年龄,白锡贵积极送她去读书。白继兰小学毕业后,因家中贫穷无法继续完成学业。

1977 年,77 岁的白锡贵病逝在黑河。

采访时间:2016 年 6 月 30 日
采访地点:黑河市雪松街
口述人:白继兰,74 岁,孙吴县林业局退休

旅俄华侨刘松山

刘国利的爷爷刘松山，字万寿，1896年出生，原籍山东省招远县（今招远市）。家中有20多口人，因家乡连年闹饥荒，贫穷不堪，9岁时刘松山跟随堂叔一路打工乞讨绕过渤海湾，经奉天、[①] 卜奎、墨尔根[②]等地闯关东来到边境地区黑河。

刘松山和妻子秋达国娃

当年黑河又称大黑河屯，人口稀少，连小铺和饭馆算在内仅有七八十户；而黑河屯对岸的海兰泡则是繁华的小城镇，镇内有东西四道街、南北十几道街。海兰泡比黑河屯大，街道也比黑河屯宽，许多中国人在海兰泡

---

① 今沈阳。

② 今嫩江。

做买卖。刘松山也和大多数中国人一样当雇工,曾经种菜、刷墙,在腾达①俄国人开设的麒麟金矿"沙金",受尽资本家的欺诈和凌辱。

后来,刘松山在阿穆尔州白山市的一户农家做雇工,雇主是曾经参加第一次世界大战双腿残疾的退伍军人,受俄国开发远东政策的吸引来到白山市。为了开发远东地区,俄国政府出台给予安家费、无偿获取土地并免交土地税、免除兵役等优惠政策。当时雇主家中缺少男劳动力,两个大女儿早已远嫁他乡,家中只有年轻的小女儿秋达国娃。刘国利的奶奶秋达国娃具有小学四年级文化,常在家放牛、割草。朴实厚道的刘松山干活勤快,会种葱、蒜,会割玻璃,人称"玻璃刘",逐渐得到雇主的赞赏。由于他勤劳善良,节俭,不酗酒,很快赢得了秋达国娃的青睐,两人相爱遭到秋达国姪父亲的强烈反对,他曾粗暴打骂秋达国娃,想方设法让两个年轻人分开。

当时俄国十月革命刚刚取得胜利,海兰泡时局还不稳定。虽然秋达国娃年轻,却很有思想,坚决拥护布尔什维克党,闲暇时经常帮着发传单、听演讲,成为集会的召集人,被发展为工会会员。1928年,两个相爱的年轻人偷偷地生活在一起,刘松山到俄国腾达麒麟金矿"沙金",积攒了一点钱财。1931年,刘国利的爷爷奶奶带着长子刘全福(刘国利的父亲)坐着马爬犁过江来到黑河定居。

刘松山家老房子

到了黑河后,刘国利的爷爷奶奶在当时的东大庙附近,城乡接合部盖起砖房。勤劳的爷爷种果树和蔬菜、打短工、出售自产的蔬菜和水果;奶

---

① 腾达市在阿穆尔州的西北部,是该州的直辖市。

奶秋达国娃则打面包、挤牛奶、操持家务，一家人其乐融融。

1945年11月初，由晋察冀进入黑龙江开展工作的王肃等同志来到黑河时，敌伪势力非常猖獗，到黑河开辟工作的几位同志，只好暂时在黑河东郊的东大庙栖身。此时，刘国利爷爷家在东门里清真寺道北，奶奶又是苏侨，比较安全，他们利用特殊身份对王肃等同志进行掩护。就是在这些日子里，王肃等同志把刘国利爷爷家的住处作为秘密活动据点，住在那里，经常在屋顶的阁楼上开会，刘国利的父亲刘全福负责在院子里放哨。刘国利的奶奶秋达国娃热情地用自己炊制的俄式黑列巴、自产蔬菜招待王肃等人。由于刘国利的奶奶在苏联时接触了苏联共产党，体验了社会主义生活，坚定相信王肃等人是中国的"红军"，是"非常好的人"，她把《阿穆尔真理报》中的相关报道读给刘松山，由刘松山翻译传达给王肃。后来，王肃等人在黑河组建黑河人民自治军司令部。

正当我人民武装力量蓬勃发展时，苏军司令部限期我自治军司令部撤出黑河城里。当时黑河城外土匪猖獗，随时有被敌人吃掉的危险。我军与苏军多方交涉无果，为顾全大局，1945年12月末，司令部迁至距离黑河5千米的上二公屯。为了继续在城里工作，经与苏军协商，肖敬若、胡宇翔、李冷斋、薛志侠等同志以合法身份留在城里，并以维持社会治安的名义留下一个警卫班，城里办公室就设在东门里刘松山家。据老战士王加聪

刘松山的孙子刘国利

回忆:"……不久我们又回到黑河东门里一个姓刘的人家住,他家的院子大,有一个班的战士住在牛棚里。"① 刘松山一家对王肃等人始终怀着敬仰之情,并结下深厚的情感,他们为王肃等共产党人在黑河开辟革命根据地做出了突出的贡献,至今刘国利家还保留着当年王肃办公时用过的桌椅、台灯、墨水瓶。

在王肃等人的影响下,刘国利的父亲刘全福很早就参加了革命,1945年,他由岳林同志介绍入党,先后在瑷珲县警卫班当战士、翻译。1947年参加四嘉子保卫战,被任命为瑷珲县四嘉子区公安分局局长,1950年调到省公安厅工作,是一级侦查员。1964年,刘国利的爷爷因病去世。如今刘家子孙大多生活在黑河,工作在教育战线。

采访时间:2013年5月、2015年7月19日

采访地点:黑河市

口述人:刘国利,俄文名字国利亚,刘松山的孙子,1953年5月29日出生,黑河市旅俄华侨纪念馆退休

---

① 《瑷辉文史资料第二辑:解放初期瑷珲政权建设史料专辑》,2016,第3页。

从麒麟金沟走出的"玉乐园"饭店经营者张玉双

张玉双

"闯关东""跑崴子"的历史,记录了19世纪末20世纪初,中国人去俄国远东地区淘金的艰辛历程。那时,河北、河南、山东等地成千上万的人闯关东来到东北,通过中俄边境地区黑河赴俄国远东地区谋生;他们克服重重困难,历尽千辛万苦来到金沟淘金;他们勤劳、善良、胼手胝足、谋取生计,在远东开发和建设中挥洒汗水;许多怀揣淘金梦想的人在艰难的采金路途中丧失性命,有的人不适应俄国恶劣的生存环境,病死他乡;还有的人在返乡途中,被"红胡子"劫财丧失性命;只有少数幸运的人,冒着生命危险走出金沟,回到了祖国。本文口述人张宝魁的爷爷张玉双就是"闯关东"到俄国麒麟金沟淘金,并携带黄金走出金沟的幸运淘金者之一。

艰苦的学徒生活

张宝魁的爷爷张玉双,出生于1894年,祖籍河北省阜城具丁集乡小张庄。为了生存,12岁时他就在北京城的一家小饭馆做童工,每天起早贪黑地干活,还经常遭到雇主的训斥和苛刻的对待;没有薪金,只能解决吃饭问题。4年学徒生活，他伴着泪水长大，聪明好学的张玉双偷偷学会做面食的一些技术。后来，张玉双到一家规模较大的饭店打工，既做煎、烙、蒸、炸面食品的师傅，又承担前堂服务员的工作，这一干就是5年。1915年秋，张玉双和一起做工的马义春等几位同乡离开务工多年的北京，乘火车来到东北地区谋生。

千辛万苦的淘金岁月

他们几经中转来到哈尔滨，再往前走不通车，就跟随着许许多多的闯关东人往北走，辗转来到中俄边境地区黑河。到了黑河稍作休息，张玉双在街上遇上招募工人的，说是去俄国采金，薪酬给的丰厚，管吃管住，几个年轻人一商量便急匆匆报了名。几天后，张玉双与老乡背上行囊，来到黑河江边登上木船，去俄国布拉戈维申斯克。后乘火车走了很远的路程，到黑龙江上游的二站"尼约勒"，下了火车又坐四轮马车到秋鲁门河，大家伐木编木排渡过勒拿河支流，后来没有了公路，开始徒步走进原始森林，蹚过沼泽，翻山越岭，先到"多罗木"，再走50千米到"阿拉泉"山，最后走七八里路，整整走了50天，才来到俄国的麒麟金沟。

麒麟金沟位于俄国西伯利亚北部，在雅库特自治共和国境内。麒麟金沟的黄金储量非常丰富，在金沟矿区内，只要揭开厚厚的草皮，就能见到金沙。有的河床边缘地方的沙子里，只要用"拨子"在水里摇，便可以摇出黄金来。

麒麟金沟在密林山谷中，金沟长20公里。许多采金的中国工人露天作业，他们住的是地窨子，吃黑面包、喝土豆汤，蓬头垢面，像"叫花子"一样。夏天要忍受原始森林的蚊虻叮咬，在漫长的8个月冬季里，最寒冷气温在零下60多摄氏度，许多人的手脚被冻伤。

在麒麟金沟采金者自愿组成采金班，每个采金班10人左右，各有分工，有刨镐、上锹、推车、看水流、压泵、摇金和做饭的。每个班的头目叫"领流"，负责管理金班里里外外的事。采到黄金除上交矿主外，由"领流"掌管分配，金班里的规矩是不管做什么工种，都平均分配。"领流"管理得好，采到的金子多，大家可提议另外多给"领流"一份酬金。一个班，多者一天能采 50 个金左右（一个金 4.25 克重，合 96 个"多啰"）。大多数采金班一天都能采到二三十个金。采金工人每天采到的黄金，由"领流"用小铁桶拎回去，当天就分配。如果采的数量少就两天一分配。采金者把分得的黄金用纸包好，外边再用布包紧，有的装在罐头瓶里，藏在最严密的地方。积攒够一定数量，采金人就择机带出金沟回国返乡。一般当年出沟的人很少，大多数采金人是二三年后才走出金沟。

走出金沟并非易事，须"闯三关"。第一关，在金沟里躲过劫难。那时各金沟里经常出现抢劫黄金的"红胡子"，他们三五结伙，手持凶器夜间闯入采金人的住处。抢劫黄金叫"砸孤丁"，采金人如拿不出黄金就惨被杀害。第二关，出金沟穿越森林时常遇上强盗，他们隐藏在森林里，等待携带黄金者出沟，人们称他们为"棒子手"。第三关，渡过一条大河和一片片沼泽地，这一段路不仅有"红胡子"出没，而且渡河时稍有不慎，就会被河水冲走，在穿越沼泽地时，大家相互搀扶不能掉队，如果掉队就会被沼泽地吞噬。因此，许多淘金人从进了金沟就相互戒备着，淘金者有一个心照不宣的默契，谁也不问谁有多少"实项"（指金子），就是最知心的朋友，也不能互讲实情。有时某人突然上厕所没回来，淘金人之间也不议论——此人不是携金子出沟，就是"失踪"了。待出沟前淘金人便悄悄地做好一切准备，与几个老乡一个眼神、一个手势便是约定出沟的信号。那是 1917 年春节后的一个夜晚，张玉双与老乡准备一些食粮，背上"背夹子"，带着 2 年来积攒的黄金，冒险离开金沟，历经 40 多个日日夜夜，千辛万苦才回到黑河。

勤奋务实的创业之旅

20 世纪初，黑河正值和苏联开交通时期，黑河是赴苏重要通道，人流兴旺，百业待兴。张玉双因为曾经有饭店工作的经历，积累一些经验，便和同乡们商量，他们四个人只有一瓶金子，这些金子回老家买不起房子和地，无颜见父老乡亲，不如把这些金子做本钱，在黑河落脚合伙入股开个特色的饭馆。

多年在外一起打拼的同乡，脾气相投，意见一致，说干就干。张玉双与同乡马义春、戴宝香、刘福魁共入了6股，其中张玉双入了3股，为最大股东，担任经理，其余3人各入一股。首先是饭馆的选址，大家看中了太平胡同（现在"大同药房"）里边的一处房子，约90平方米，能设6个单间。这处房子与当时的太平大戏院对门，又毗邻商埠，人员客流量大。确定店址后，大家开始张罗着购置厨房用具和餐具，并将饭馆取名为"玉乐园"，取自张玉双名字中的"玉"字。几个人齐心努力，分工协作，招募跑堂的、打杂的工人，扎上一对幌子，选定良辰吉日，1917年，"玉乐园"饭馆在大家的期盼下，在鞭炮声中开业了，张玉双露出欣慰的笑容。

张玉双精心制定饭馆的经营品种，聘请了当地有名的厨师。饭馆的菜肴品种丰富，主要经营本地满族菜肴。同时，张玉双又把自己在北京饭店务工时学来的几道北京特色名菜的做法传授给厨师，如南煎丸子、浇汁鱼、葱烧海参、四喜丸子等，主食的品种有三鲜馅饺子、天津包子、山东包子等。

张玉双懂管理、善经营，敢于创新，"玉乐园"与其他饭馆有所不同：厨灶设在前厅，后屋是单间，这样顾客一进门，透过橱窗就能看见厨师的刀工和烹饪手艺，方便明档点菜，这在当时绝无仅有。洁净的店铺、出色的刀工、美味的菜肴、周到的服务，吸引了许多顾客，特别是晚上，橱窗里外灯火通明，常吸引大人孩子驻足观看。为了扩大生意，张玉双还准备了两个保温提盒做外卖，给周围订餐的客商、唱戏的名角和单位职员送饭菜，受到食客的好评，饭馆的生意日渐红火，20世纪二三十年代在黑河享有盛名，曾被黑河1936年商会报告书记载。

张玉双注重诚信经营，饭菜讲究经济实惠，盘大菜多，应时熘炒，童叟无欺。几位同乡股东们相互照应，大家齐心协力，生意越来越兴旺。张玉双终于实现了自己的多年梦想，大家先后把老家亲人接来，把黑河当作第二故乡。

张玉双为人朴实厚道，待人热情，关里家许多亲戚陆续投奔他，来到黑河谋生。1954年秋，原来入股的几位老乡岁数大了，退了股金回家养老。

此时，张玉双看到关里关外的年轻人手艺学成，能撑店面，便提议重新入股，将"玉乐园"饭馆改为"玉明园"饭店。不久"玉明园"饭店因公私合营停业，等待公家来清点物品。1956年1月，"玉明园"饭店一夜之间由私营转变为国有企业，更名为许多黑河人都耳熟能详的"北江春"饭店，张玉双则被分配到"龙江楼"国营第一食堂，在那里做面案。

张宝魁老人确认玉乐园饭店旧址

为了谋生，张玉双23岁到黑河经营"玉乐园"饭馆。40余载中，"玉乐园"迎来一批又一批的客人，依靠诚信经营成为黑河的老牌饭店。"玉乐园"的发展历程记载了张玉双一段谋生、创业的曲折人生足迹。张玉双是知足常乐的人，他总说自己是幸运的，是当年千千万万个淘金人中能衣锦还乡者之一，通过打拼实现了自己的梦想。

1955年，张宝魁来到黑河，在"玉明园"饭店跟着爷爷开始踏踏实实地学厨师。张宝魁是原"玉明园"饭店人员，被分配到"北江春"饭店国营第二食堂当学徒工，学切墩、配菜和上灶，从此饮食行业改变了他的命运，由原来一个农村的孩子变成了国营职工，成了城镇人。张玉双1957年末退休，回原籍后1959年9月去世。张宝魁1959年结婚，生育三个子女。他于1955年在饭店参加工作，后来担任饭店领导，1985年调入黑河地区商业局服务科,从事饮食行业服务指导和厨师等级培训工作。

采访时间:2016年7月26日

采访地点:黑河市

口述人:张宝魁,张玉双的孙子,男,1940年出生,黑河市退休工人

采访人员名单:张金生,张玉双的重孙,黑河市司法局干部

半个世纪的思念五十年后的重逢

1991年9月中旬，组织上通知我参加黑河地区友好访问团，在团长时任黑河地委组织部长李秉德同志的率领下，赴苏联阿穆尔州和新西伯利亚州参观访问。我兴奋不已，头脑里闪过一个念头，在新西伯利亚州，不知能否见到分别50年的老舅南国安。

我们一行6人在阿穆尔州活动五六天后，来到阿穆尔州布拉戈维申斯克的飞机场，等候一个多小时，随着拥挤的人群，登上了飞往新西伯利亚的飞机。飞机起飞不久，大家疲惫不堪，昏昏入睡。而我却睡不着，不由自主地回忆起母亲讲过老舅南国安的情况：母亲兄弟姐妹八人，她的年龄最大，有四个弟弟，三个妹妹，舅舅南国安年龄最小。他出生在大连市金州区大李乡小吴家屯，四岁时父母相继病故，只好跟着亲属生活。因为家庭贫困，念不起书，他从小在农村放牛牧马，有时被牲畜踩伤，经常哭着回家。由于父母早逝，缺少母爱，性格孤僻，脾气暴躁，长大后常和别人吵架。到了十几岁时也未读书，整天干农活，有些厌倦。由于我父母在黑河，我父亲开木匠铺，家人商量将他接到黑河，在木匠铺学徒，希望他学手艺自谋出路。学徒三年，老舅用心专研，两年后快到满徒的时候，不幸的事情发生了。

1941年正月初二，父亲和我二舅南国云（管账先生）以及木匠铺的师傅们在一起赌博推牌九、打色子，没想到父亲和我老舅因赌牌争吵起来。父亲脾气暴躁，武断专行，自认为是掌柜的有话语权就动手打我老舅。老舅被打后不服，认为自己快满徒也是师傅了，当众被打自尊心受挫。老舅气冲冲找我母亲告状，说我父亲不讲理，随便动手打人。母亲劝他说："你姐夫脾气不好，打了你几下，就忍着吧。"老舅生气地说："二哥南国云不主持公道，明明是姐夫不对，他护着姐夫，还责骂我不对。"风波过去，大家都以为风平浪静了，没想到老舅一气之下离家出走了。

天黑了，他没回木匠铺。第二天、第三天，接连几天，我父母、亲属以及木匠铺的师傅们在黑河大街小巷四处寻找，未见到他的身影。当年我十岁，正在读小学，看见母亲整天痛哭，不吃不喝，也曾和同

1991年，刘佩勋第一次见到阔别50年的舅舅。（前排左一刘佩勋、中间舅舅南国安、前排右一舅妈莲娜

学说舅舅失踪之事，希望他们帮忙寻找。全家没心思过春节，凡是听说公园里有上吊的、哪里有冻死的人，都要去看看，找了很久，活不见人，死不见尸，甚是悲哀。更为严重的是日伪警察特务多次审讯、刁难我们全家及木匠铺的师傅，怀疑老舅是"反满分子"、"通苏分子"过江北了。不仅无法注销户口，伪警察特务还经常借口"调查"进行敲诈勒索，不久，我父母全病倒了。

1945年日寇投降，听说伪满时期逃跑到苏联的人，大多回到了黑河。家人也曾幻想，如果老舅真跑到苏联或许能回来，几年过去了，杳无音信；中苏友好时期，依然没有消息，全家人彻底绝望了，母亲认为他不在人世了，逢年过节伤心地给他烧纸。

万万没想到，1961年春天，我突然接到家乡二舅的二儿子南朝武的来信，说老舅有消息了，并寄来老舅从苏联的信件。我母亲激动地热泪盈眶。可我知道，我要倒霉了，中苏关系破裂，家里突然"蹦"出个舅舅在苏联，情况不妙。当天，我拿着老舅的来信，到时任地委书记王树棠家如实汇报。我说："我不能在地委当秘书了，请求组织上调我到其他机关，或者到中学当老师。"王书记说："第一，组织上对你是信任的，你不要有思想包袱；第二，你要以你母亲的名义给你老舅写信。"我按照领导要求去做，询问他为什么不给家里来信？很快收到舅舅的回信。老舅说，当天晚上他从黑河过江，一上岸就被苏联边防军抓住，蹲了十年大狱，出狱后到北极严寒地区作木匠，后经人介绍到新西伯利亚，结婚生子后才敢写

139

信。他还说后悔当年的莽撞，如今思念亲人，很想回到祖国和家乡。母亲与他通信后，老舅寄来三次腊肉和面粉，母亲执意不让他再寄东西。

1965，母亲去世后家人不再与老舅联系。"文化大革命"期间，我主动交待与老舅通信的情况。20年来我们互相没有联系。

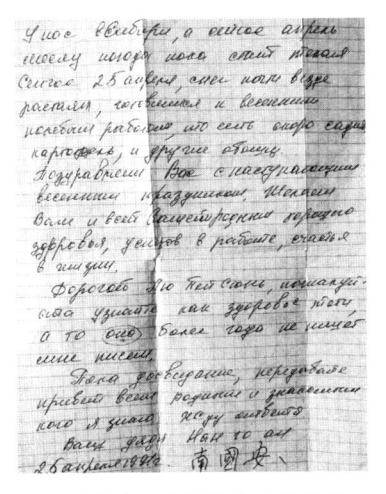

1985年，我二女儿单位同事的姑父从苏联回黑河探亲，我责成女儿求同事亲属帮忙写信，询问老舅是否健在？不久收到回信，告知我的老舅还健在。

我们乘飞机大约五个小时来到新西伯利亚，到宾馆后，我向团长汇报老舅在新西伯利亚，趁机想去探望他。团长为人非常好，表态说，咱们一起去你舅舅家看看。第二天，翻译尤利亚看了地名，说距离只有一百公里，需要拍电报联系。我俩一起到电报局发封电报，当天晚上我寝食难安，焦急等待。

舅舅南国安写给亲人的信件

没想到第二天早晨，我还没起床，老舅打来电话，边哭边说，要派车接我们到他家见面。未到中午，我就在宾馆门口焦急等候，老舅离开黑河时，我年龄小，记不清他的模样。正想着突然两辆伏尔加小轿车停在我面前，车上下来两个人，前面那个人长得像我母亲，老舅一下子紧紧抱住我，边哭边说："佩勋外甥，我们总算见面了，这不是做梦吧！"老舅兴奋地介绍和他一起同行的是他们村长（养鸡场场长），具有中国血统的苏联人，从小跟他父亲从中国广东到苏联，可是他不会讲中国话。吃过午饭，我们一行6人乘车两个小时来到老舅家。德国籍的舅母早已摆好一桌苏式饭菜，老舅倾诉50年的苦辣酸甜，但是，始终没忘祖国及家乡亲人，经常想念亲人暗自流泪。他说现在生活很好，在村中养鸡场作木匠，儿子萨沙很懂事，没想到活着还能和亲人相见，非常高兴。他诉说至今没忘记小时候在黑河学习的《四季歌》，说着说着就动情唱起来："春季到来绿满窗，大姑娘窗下绣鸳鸯……"边唱边流泪。他还回忆跟我母亲学过佛经，什么金刚经、大悲咒，照旧能背诵。夜深了，老舅依然拉着我的手，不停诉说离别的相思之情，他不会喝酒，由于激动勉强喝了点酒也吐了。第二天早晨团长来到老舅家说："佩勋，我们就先回新西伯利亚，你就在这与舅舅再独处一天。"

饭后，老舅领我在他们村子里参观，然后他女婿开车载着我们到镇上（保罗金纳）参观了市容、商店等。回到家里，他向我讲述50年前从黑河过江到苏联的详细情况：

当天，老舅生气离开木匠铺到另外一家木匠铺找到学徒的小伙伴，这个小伙伴是孤儿，经常遭受师傅打骂，忍气吞声过日子。老舅向他诉说受了委屈，俩人很气愤，决定离开黑河，他俩顺着黑龙江边往上游走，在冰雪路上走了很远，在没有人的地方，等待天黑才行动。没想到刚走到江心，就被日本鬼子发觉，立即开枪射击。他俩趴下不敢动弹。枪声停止了，日本鬼子误认为两人已经死亡。过了一会儿，我老舅拍拍身边的小朋友，发现他中弹死去。这时，我老舅就犹豫，心想回黑河肯定没命，就一个人咬牙过江。没想到一上岸，就被苏联边防军抓住审讯，舅舅如实说自己是一个学徒木匠，负气离家出走，还伸出干活磨出老茧的双手，苏联人把他押进监狱，一蹲就是十年。服刑期间正赶上苏德战争，缺乏粮食，吃不饱，由于他做木工需要体力才有饭吃，没有饿死幸运活下来了。

我在老舅家又住了一夜，第二天老舅亲自把我送回新西伯利亚宾馆。没想到，团长一行提前回到布市，我一个人乘火车经过5天5夜回到阿穆尔州，随团一起返回黑河。

1992年春天，舅母来信说老舅病故，并寄来吊唁时的照片，家人很难过。同年冬天，我来到新西伯利亚墓地拜谒和悼念长眠在异国他乡的老舅，他至死都没有回到思念的祖国和家乡，我是他离家后见到的唯一亲人，这是我们分别后第一次也是最后一次见面。

采访时间：2017年3月26日

采访地点：黑河市

口述人：刘佩勋，原黑河行署副秘书长，1931年出生。

一名苏联女人的中国情结

题记：黑龙江是我国三大河流之一，源远流长，水势壮阔、奔腾入海。黑龙江水养育了黑龙江畔的各族人民，他们用勤劳的双手开发和建设这块世代繁衍生息的土地。晚清时，这条江水由内河变为中俄两国的界河；滔滔江水阻隔多少个中俄家庭的团聚；这条江水曾经割断了两岸人民的友好往来，却割不断两岸人民盼重逢、思亲人的愁绪。马玉花的母亲离开苏联59年，她没有看到中苏通关后黑龙江畔两国边境贸易繁荣的景象，更没有看到江左岸的亲人。

菲利道娃·安娜·米哈洛为娜

马玉花的父亲名叫马福邦，是家中的独生子。20世纪初，为了谋生，年轻的马福邦与同乡闯关东来到东北，后到逊克县对岸苏联阿穆尔州米哈伊诺夫区波亚尔科沃镇生活。他与千千万万个闯关东人一样，胼手胝足，历经千辛万苦，积累一点钱财后开始经营杂货铺。那时白酒在苏联很畅销，精明强干的马福邦苦心经营，生意很兴隆。马玉花的母亲名字叫菲利道娃·安娜·米哈洛为娜，1908年12月15日出生于俄国。马玉花的母亲自幼丧母，姐妹4人，有2个姐姐和

1个妹妹。马玉花外公再娶后，继外婆对孩子们非常刻薄，马玉花的母亲年仅9岁就在波亚尔科沃镇给有钱人家当保姆维持生活。

苏联少女，获得旅俄华侨的青睐

当年，马玉花的父亲在山东老家已有家室。妻子去世后，他再娶妻生有一女。可是在兵荒马乱的年代，道路不通，音讯全无，无法与山东亲人联系。1926年，勤劳善良的父亲在异国他乡与母亲相识，老实憨厚的父亲得到母亲的认可，年轻漂亮、贤惠质朴的母亲获得父亲的青睐，两颗孤寂的心灵走到一起。他们自由成婚，那一年马玉花的母亲年仅18岁。虽然二人年龄相差20多岁，但是父亲很疼爱母亲，从不大声和她说话。二人相濡以沫，经常用俄语交流，过着温馨的生活，成为阿穆尔河畔令人羡慕的中俄通婚家庭。

婚后，父亲依旧经营杂货店，只是比以前更加忙碌，他起早贪黑忙着采购物品；母亲在店里帮忙打下手，夫妻店经营得有声有色。由于马玉花的大哥、二哥的降生，母亲便全身心地投入家庭，开始相夫教子的生活。

勤劳宽容，擎起家中一片蓝天

马玉花的母亲慈祥善良，善解人意，不善言语。她干净利落，从不酗酒。1930年，苏联政府开始排斥远东地区的中国人，实施一系列排华政策。马玉花的父亲因在边境贩酒被关押，入狱时他反复叮嘱马玉花的母亲，希望她回到中国逊克县寻找他的同乡。伤心无助的母亲独自带着马玉花的两个哥哥，渡江来到逊克县百合村生活。在父亲同乡的帮助下，母亲带着两个年幼的孩子艰难度日。环境不熟，语言不通，一切从头开始，她咬紧牙关坚强地挺过来。两年后，父亲出狱回到逊克县寻找马玉花的母亲和家人。父母商量搬到逊克县边疆乡居住，那里有许多中俄通婚家庭，俄国人比较多，母亲闲暇时候和他们能沟通交流，以减少思乡愁绪，马玉花的父母在那里开垦荒地以务农为生。

马玉花的母亲加入中国国籍证书

马玉花兄妹7人，大哥20多岁时去世。虽然父亲是农民，没有读过书，但是他头脑灵活，能吃苦，具有经商理念。每逢农闲时，他就赶着马爬犁，拉上成筐的冻梨、苹果、麻糖等货物到山沟里去卖，换回零钱给马玉花姐妹买吃的，贴补家用。那时马玉花姐妹最盼望的是父亲赶着车从外边回来。家中生活虽不是很富裕，但也从不为吃穿烦恼，一家人幸福地生活在一起。生活安定了，父亲便想起远在山东的妻女，便和母亲商量，二人决定把山东的大娘和姐姐接到东北一起生活，一家人互相有个照应。善良朴实的母亲很宽容、大度，支持父亲的想法，她对待大娘家的姐姐视同己出，家中孩子们的吃穿用度都是平均分配，从不偏颇。母亲对大娘也很尊重，遇事多为大娘着想，令父亲减少许多顾虑，一家人和睦地生活在一起。

1952年，勤劳的父亲去世后，由于姐夫的母亲在山东年事已高，姐夫决定回到山东老家照顾母亲，大娘便和姐姐、姐夫一家回到山东生活。后来大娘去世时，姐姐打电话询问母亲如何处理后事，善良大度的母亲决定让哥哥把父亲留下的山东房产卖掉，出钱埋葬大娘。

近在咫尺亲人无法相见

1930年马玉花的母亲离开苏联来到逊克以后，由于日军占据东北，在边境驻扎部队，不许中国人过江，便和苏联的亲人失去联系。1945年，苏联出兵解放东北时，母亲姨家的儿子西辽实克跟随苏联红军攻打四不漏子，[①] 苏军部队缺少翻译，作战中无法与当地群众沟通。由于马玉花的大

---

① 位于逊克县。

哥在苏联出生又精通俄语，在西辽实克的推荐下，苏军找到大哥担当翻译。苏军部队撤离时，哥哥急匆匆回家告诉母亲，曾经在苏联红军部队见到苏联亲属西辽实克，待母亲赶到苏军驻扎的地方，苏军部队已经全部撤离，母亲失去一次与亲人相见的机会。

1960年，逊克县一妇女宫外孕大流血，当年县医院条件简陋，医疗设备落后，无法实施大手术。危机时刻，中方只好求救对岸苏联医院的医生。他们过江把病人送到波亚尔科沃镇医院进行手术时，一位20多岁和马玉花年龄相仿的苏联女孩子，偷偷询问随行的中国翻译杨来香，是否认识逊克的马福邦。当翻译说认识这个人时，苏联女孩兴冲冲地说："我回家去找我的母亲！"在那个特殊的年代里，中国人不可以随便与苏联人交流。手术结束后，执行完任务的翻译便带病人过江返回逊克，未能等待苏联母女赶到医院，母亲又一次错过亲人相认的良机。

中苏关系恶化后，滔滔的黑龙江水把两岸的亲人分隔开，再也没有彼此的音讯。有的时候母亲会独自在江边守望，渐渐东去的江水，载走母亲许多乡愁。日复一日，年复一年，一转眼几十年过去了，两岸的贸易大门依然尘封着。

用生命坚守足下的黑土地

1952年，勤劳的父亲去世时，留下三间大瓦房和一些农业用具，那时马玉花的哥哥已经结婚成家，善良的母亲便带着马玉花和两个妹妹分家单过。母亲含辛茹苦供马玉花和妹妹读书。马玉花结婚后，母亲一直跟随她生活30多年。随着马玉花丈夫工作的频繁调动，一家人辗转在松树沟乡、干岔子乡、车陆乡、新兴乡生活。有时候，孩子们问起她，回苏联吧，那边还有亲人，母亲总是摇摇头说："不去了，你们兄妹都在这里，我哪也不去，我要和你们在一起。"为了爱情，母亲跟随父亲来到中国，生活59年。母亲深爱这片黑土地，这片黑土地留给她太多的回忆，乡间小路留下她和父亲辛勤劳作的身影，洒满二人的笑声和泪水。为了家庭，她毅然放弃苏联国籍，申请加入中国国籍。1965年5月24日，母亲得到了国公

从逊克县远望俄罗斯阿穆尔州波亚尔科沃镇

（人）第 01977 号入籍证明。

母亲到了晚年依然保留洁净的生活习惯。她总是闲不住，洗洗涮涮、买菜做饭，帮马玉花带孩子，照顾家，家中经常不见本色。尽管生活简朴，但她总是穿得干干净净。母亲是一位慈祥的长者，她对晚辈非常疼爱，悉心教导，从不打骂孩子们，在她的影响下，马玉花兄妹及晚辈都勤劳质朴。母亲的一生清贫节俭，直到暮年，穿衣依然保留俄罗斯的传统习惯：头戴纱巾，身着长裙。每逢过节，孩子们给她买几尺黑布，她总是欣喜地亲自缝制俄式长裙。

1989 年，操劳一辈子的母亲永远离开孩子们，按照她的遗愿，与马玉花的父亲合葬在黑龙江畔。她继续守望着——已经默默守望 59 年的黑龙江畔和她深深眷恋的黑土地。

采访时间：2016 年 9 月 22 日
采访地点：逊克县边疆乡
口述人：马玉花，女，1939 年出生，逊克县

黑河房地产家毕凤芝

走在黑河市王肃大街上，常常被街道旁边充满异域风格的现代建筑所吸引，驻足俄式旧建筑旅俄华侨纪念馆前，了解旅俄华侨百年来的沧桑历史，游人们在惊叹这个造型精巧、风格别致的二层砖木结构小洋楼的同时，更为华侨们身在异乡、心向祖国的真情所感动。黑河因侨而兴、因侨而旺。早期的旅俄华侨在国外打拼有了积蓄后，大多回到黑河定居，他们"拉街基"①、兴建工厂，为地方经济发展做贡献。但是鲜为人知的是，这个充满异域风格的百年建筑，是由早期黑河旅俄华商毕凤芝建造的，他的传奇一生就是千万个旅俄华侨拓荒不息、艰苦创业的历史缩影。

毕凤芝建造的房屋

---

① 大兴土木造房子。

毕凤芝，字鸣三，出生于1870年，山东掖县人。他不识几个字，只会写自己的名字，外号"瞎老毕"。年轻时他和本家兄弟一起闯关东到东北边境地区黑河谋生。当时正值黑河与布拉戈维申斯克开交通时期，两岸贸易频繁，他抢占先机，获取利润。1911年1月，他与姜德海投巨资羌洋（卢布）20万兴办和盛永商铺，经营绸缎布匹，由季麟三任执事。① 和盛永商铺生意兴隆，远近闻名，不仅在哈尔滨设分号，还在黑河中原街设立分号。1917年他去苏联经商，开始贩卖烧酒等紧缺商品，再从苏联换回黄金等。积累一定的资本后，毕凤芝在苏联的布拉戈维申斯克市独资开设和盛义商号，有门市五六百平方米，店员二十七八名，并在黑河设有分号，② 主要经营布匹、绸缎等物品，还从日本大阪购进大量的黄烟和萝卜丝等淘金工人急需的商品，在苏联境内的斯达列尼克也有买卖，生意日益兴隆。由于生意面向金沟工人，可以易物换货，因此大量黄金流入黑河的分号。据早年从事化金炉拉风匣的雇工孙某回忆，在收金旺季，每隔十天左右，可以从苏联送回沙金一铁盆之多，然后化成金条，再送往上海销售。

1921年，毕凤芝回国。他懂经营、善管理，生意鼎盛时期，既是恒曜股份有限公司（发电厂）的大股东，又担任该公司的董事长；在三友火锯、泰和油坊、和盛永等八家买卖均有股份。他具有超前的经营管理和保险意识，为了企业的发展和安全，降低灾害发生造成的损失，他与徐鹏远、梁官臣、于殿卿、孙省三、田丰年、刘耀庭、李辑五8个绅商集资入股成立了黑河济安水火保险有限公司，共计600股。由于生意兴隆、资金雄厚，他在黑河享有盛名，连东三省小有名气的振边酒厂，在经济拮据时还向毕家借贷或讨保。毕凤芝的孙子毕至民小时候听奶奶讲，毕凤芝过六十岁生日的时候，股东们送他一个金杯，毕至民父亲参加工

---

① 《黑河商会康德三年报告书》。
② 引自政协黑河市委员会文史资料研究委员会编《旅俄华侨史资料选》，《黑河文史资料》第八辑，1991，第89页。

作后，把此物上交国家。

与千千万万"闯关东"的旅俄华侨一样，毕凤芝时刻不忘家乡，把赚的钱都投入黑河早期的经济建设中。时值黑河道尹张寿曾规划黑河，俗称"拉街基"，旅俄华商邵宗礼、朝鲜人金秉恒等领得成片"街基"。毕凤芝在领得成片"街基"后，兴建了大片房屋：有砖木结构的二层楼房，也有铁瓦盖的平房。1917年，他在大兴街建房产。① 他是黑河屈指可数的房地产家之一，为黑河城镇建设投入大量的精力和资金。据其子毕承先回忆："从三道街黑河报社东大门洞子往北到二道街、往西这个方块的房子都是我父亲的房产；另有一片房屋从西兴路原地区工业局往西到地区交通局家属楼，三道街南面红砖房这个方块都是我父亲的房产，二道街以北就不是了。"②

毕凤芝先后迎娶三房太太：大奶奶不生育，毕凤芝在山东老家购置土地后，她与族人一起生活；二奶奶生育2个女儿，身体不好，患肺病，经常咳嗽，每天深夜无法入眠，只能半躺着倚靠在床上，一直在山东老家生活，晚年由毕至民的奶奶三太太及姑姑毕英芬照料她的生活起居；因家中没有男丁，毕凤芝中年时迎娶第三房太太。毕至民的奶奶、三太太赵素玉，1910年出生，因家境贫穷，16岁时被卖到毕家，与毕凤芝两人年龄相差40岁。

赵素玉过门后，先后为毕家生育2个儿子、3个女儿。长子毕承先，1928年出生，性格温和，敦厚老实，17岁在文工团工作，后到南岗车队工作，在黑河市运输管理处退休，2010年6月因病去世；毕凤芝60岁时喜得二儿子毕承业，小名"六十"，天资聪

赵素玉

---

① 《瑷珲档案》，1917。

② 《旅俄华侨史料选》，《黑河文史资料》第八辑，第90页。

慧,深得他的宠爱,不幸的是"六十"年仅七八岁就夭折了;毕至民的大姑大学毕业后在哈尔滨林科院工作,后到美国定居;毕至民的二姑毕英芬,在逊克县政府退休;毕至民三姑在黑河退休,已去世。据毕英芬回忆:"我于1937年出生,在四五岁时,因山东的二妈生病,无人照料,性情温顺、逆来顺受的母亲带着我和妹妹回山东老家照顾二妈的生活起居。我的母亲因家境贫穷,性格温顺,在家里没有地位,一直受气。有一次,母亲给二妈家的女儿梳头,因姐姐喊疼,二妈就开始动手打我母亲。二妈去世后,我17岁时才回到黑河。"

赵素玉被卖到毕家后,经常要忍受大奶奶、二奶奶的打骂,她沉默寡言、老实厚道,不善于讨得毕凤芝的欢心。据毕英芬回忆:"我母亲老实,从不反抗。有一次,母亲怀孕了,因无法忍受毕家的打骂,便萌生离家出走的想法。刚走出家门,便被家人劝了回来,我父亲知道后,用粗绳子沾水往我母亲身上使劲抽,母亲被打怕了。"

1942年,毕凤芝因病去世。他去世后,赵素玉尚年轻,一个人带着4个年幼的孩子,毕承先才14岁,由于她性格懦弱、老实本分,无力撑起家业,在众多压力之下无奈与毕家分家。毕至民的每个姑姑仅分得一间房产,早年赵素玉靠收房租维持生活,后来房产收归国有,她只好和儿女们一起生活,1997年去世。毕至民小时候毕家被划定为中农,1964年"社

赵素玉和长子毕承先及三个女儿在一起

教"时，因二奶奶家在山东有土地，被划定为地主。"文革"时，毕家受到牵连，毕凤芝的照片被烧毁。

采访时间：2013年9月29日，2016年12月18日

采访地点：黑河市逸夫中学，黑河市

口述人：毕至民，毕凤芝的孙子，1951年10月25日出生，黑河市逸夫中学退休教师

采访人员名单：毕英芬，毕凤芝的女儿，1937年出生，逊克县政府退休

见义勇为的旅俄华商邵宗礼

20世纪初，由于地缘优势，在边境地区黑河生活着许多归国的旅俄华商。他们大多在年轻时迫于生计"跑崴子"，远赴俄国经商，忍辱负重、苦心经营。在俄国积攒一定数量的钱财后，不忘祖国和家乡，回国经商投资房产，兴办实业，为地方经济发展做出突出贡献。当年黑河慈善会会长、旅俄华商邵宗礼见义勇为、乐善好施的事迹在黑河妇孺皆知，至今仍被世人传颂。

民国时期邵宗礼开设的广聚公商号

第二章 早期开交通时期的旅俄华侨

邵宗礼（1854～1929），字子泉，绰号邵半街，[①] 祖居辽宁省朝阳市云朦山麓大滨沟村。小时候家境贫寒，为了谋生，他18岁离开家乡，来到吉林省，在一家船厂做了两年苦力。薪酬微薄，自身的温饱问题都无法解决，更谈不上养家糊口。由于身强力壮，他跟随猎人们去横跨黑吉两省的张广才岭打猎、挖人参。从事狩猎生活异常艰辛，他们在大森林里离群索居，具有很大的危险性，常常遭到强盗的抢劫和野兽的侵扰。为了生存，他夜以继日地劳作，仅仅两三年的工夫，狩猎范围就由完达山脉越过乌苏里北到达黑龙江地区。他不仅狩猎，还学会收购山货，经常出入海参崴、伯力等地收购猞猁、貂皮、鹿皮等，逐渐成为远近闻名的山货商。后来，聪明伶俐的他选择在黑龙江入海口处的庙街定居，经营一家店铺，通过海运将水獭皮、貂皮以及人参等贵重毛皮、药材运到上海等地销售，再从中国内地采购布匹、丝绸、茶叶以及便宜的装饰品和日用品运到俄国，[②] 简单易行的易货贸易带给他丰厚的利润。由于进货渠道广泛，经营品种繁多，生意日渐兴隆。

1908年，他辗转来到布拉戈维申斯克经商。不久，俄国政府颁布了《发给旅居海滨省华民身票次序章程》，限制中国人过境、居住，假借各种名义收取不同明目的税费。1909年，俄国政府又严格限制华商在中俄边境地区居住、从事商业活动。他和大多数华商一样，忍痛放弃在俄国经营的产业，带领在俄国出生的儿子邵德馨、邵德芳兄弟，全家五口迁往与布拉戈维申斯克一江之隔的黑河寻求发展。时值黑河城区建设，他凭借雄厚的资金领取成片的"街基"，耗巨资建造房产，开办商号"广聚公"，还与人合伙开办金矿开采黄金，并投资兴建两处戏院。据久居黑河的老人孙某回忆，邵宗礼建有邵家花园，又名"东邻别墅"，当年位于马占山旧居对面，曾作为海关办公楼。邵宗礼头脑灵活，善于经营，在乱世中寻找商机，成为远近闻名的华商。他耗费巨额资金大兴

[①] 俗语半条街道的意思，寓房产多达半条街道。

[②] 《旅俄华侨史料选》，《黑河文史资料》第八辑，第93页。

产业，在龙兴街建造房屋 8 处、在大兴街建造房屋 1 处、在中原街建造房产 1 处①后，家中尚有大量流动资金。据他的孙子邵云程回忆："小时候，亲眼见过爷爷盖完房子，家中还剩余一面袋的'羌贴'。"②

邵宗礼性情豪爽、秉性慈祥、乐善好施、仁义慷慨，每遇到镇上居民有困难，总是慷慨解囊，伸出援助之手。由于他躬先倡率、不辞辛怨，为黑河人民所共仰。1915 年，经黑河地方人民推举为慈善会会长。他还兼任黑河镇劝学员，积极劝导地方兴办教育，③做好边境地区教育法令的解答及宣传事项，做好学校经费来源的调查、劝募事项，做好黑河学龄儿童的调查、劝导事项以及学生待遇、师资的考查及建议事项。他的妻子在他的带动下热心公益，积极倡导建立黑河女小学校，瑷珲档案记载："该镇女校系该员之妇提倡成立，嗣因该妇不幸夭折……"④妻子去世后，他将劝学员长之职交卸，致使黑河镇男女学校有所退步。为了加大黑河镇教育的力度，1915 年 2 月 16 日，瑷珲县公署下发公文委任邵宗礼为黑河镇名誉劝学员长："该员名望素孚，办事热心，且于学务尤称熟手，兹特仍委该员会同各校职教员，设法扩充，以谋进行。"⑤邵宗礼再次肩负提倡新学、筹集款项的重任，为黑河镇教育的改革发展做出突出的贡献。

1911 年，俄国布拉戈维申斯克市以防疫为名，驱逐华侨无数，难侨从各个哨卡逃离俄境，每日经过瑷珲境内西尔根奇与奇拉两卡的人数在四五十人到八九十人不等。这两个哨卡刚刚设立，人烟稀少，没有村屯，

---

① 《瑷珲档案》，1917 年。
② 《旅俄华侨史料选》，《黑河文史资料》第八辑，第 93 页。
③ 《为另委邵宗礼为名誉劝学员长并令黑河各校知照卷》，民国四年二月，《瑷珲县公署政治类》，案卷号：1667。
④ 《为另委邵宗礼为名誉劝学员长并令黑河各校知照卷》，民国四年二月，《瑷珲县公署政治类》，案卷号：1667。
⑤ 《为另委邵宗礼为名誉劝学员长并令黑河各校知照卷》，民国四年二月，《瑷珲县公署政治类》，案卷号：1667。

灾民嗷嗷乞食，贫穷不堪。当时的黑河府购买小米、白面进行救济，仅二月初十至五月初一就收留归国侨民1277人，发放面粉3831斤。据霍尔沁卡官报，仅6月份就发放救济小米22普特，① 花费羌钱② 34吊200文。③ 大批侨民聚集在黑河，无业可就，没有收入，穷困潦倒，饥寒交迫。为安置侨民生活，瑷珲兵备道奏请抚院下拨救济款，黑河广信公司及税局拨给黑河府俄洋1万卢布进行救济。黑河府为解决侨民生活，维持生计，安排侨民修筑库漠路、爱海路，避免他们无业可就、虚糜滋事。可是侨民日渐增多，瑷珲各哨卡纷纷告急，无力筹发救济灾民的资金和物品。面对

1921年，黑龙江孙省长签发奖励邵宗礼、于天基的公文

---

① 是沙皇时期俄国的主要计量单位之一，是重量单位，1普特=40俄磅≈16.38千克。
② 旧时我国东北地区对帝俄纸币的俗称。
③ 《瑷珲档案》，民国元年。

大量侨民聚集黑河，邵宗礼心急如焚、寝不能安，他想方设法帮助黑河府解决归国侨民安置问题，提倡乡绅、富甲捐款捐物，并举办唱演义务戏，多方筹措资金，购买米面，解决难侨吃住问题。

第一次世界大战期间，俄疆不靖，金矿等企业萧条，商业凋敝，失业人数剧增。资本雄厚的华商和身强体壮的华工尚可自谋生活，一些老幼贫民谋生无路，返乡又缺少川资，辗转流徙。由于黑河与俄境相连，是出入俄境的重要通道，难民再次聚集黑河，饿殍遍野、疮痍满目。黑河府知事与慈善会正、副会长邵宗礼、于天基商议解决办法，两人心存慈善，乐于奉献。邵宗礼率先捐款、捐物，苦心经管贫民院，带领乡民扩充、整理贫民院房舍，为灾民筹备食粮。邵宗礼采取对年轻力壮的难民给予回乡川资，对老幼病残的难民出资救济、收养的办法。鼎兴园经理兼慈善会副会长于天基还个人出资 2000 元租赁房屋，帮助公家解决灾民安置问题，为黑河府减轻难民安置的负担。数年来，邵宗礼不辞劳苦、乐施不倦，截至 1920 年，黑河已经增修贫民住所 6 大间，养病室 2 大间，惠及穷黎。① 由于每日所需费用较大，他不顾年高体弱，日夜奔波于黑河的大街小巷，筹集善款。每年春秋两季出资遣返赴哈尔滨回乡难民五六十到七八十人不等。1921 年 11 月，黑河道尹张寿增呈请黑龙江省省长，对躬行慈善、惠济穷黎的慈善会正、副会长邵宗礼、于天基给予奖励。文中称："近年以来，兢尚虚浮立会结社，要多权利之是，竟而其能不辞劳瘁，纯尽义务，且至捐资酾金，实惠及人，如该慈善会正副会长所为实属罕见，似宜优予奖励，以示激扬，而施劝导，实于救灾恤民，大有裨益……"② 同年 12 月，孙烈臣省长签署黑龙江省公署嘉奖令，对躬行慈善、惠济穷黎、乐善不倦的慈善会正、副会长给予奖励，奖邵宗礼"见义勇为"牌匾，奖于天

---

① 《瑷珲县呈镇民邵宗礼等躬行慈善转请褒奖事项》，《黑龙江省长公署卷》第一科第三类第九十二卷，民国十年一月。
② 《瑷珲县呈镇民邵宗礼等躬行慈善转请褒奖事项》，《黑龙江省长公署卷》第一科第三类第九十二卷，民国十年一月。

基"乐善好施"牌匾。

至今,他的后人仍留居黑河,有的已更改姓氏。

采访时间:2015年2月

采访地点:黑河市爱辉区档案馆

口述人:盖玉玲,女,1962年12月出生,黑河市瑷珲古城风景名胜管理区干部

闯崴子的成功民族资本家徐鹏远

徐鹏远的一生是传奇的一生，充满时代的色彩，时代的印记深深镌刻在他身上。早年闯崴子，千辛万苦谋生存，进行资本积累；中年创实业，殚精竭虑筹兴边，生意如日中天，其间斗外敌、御辱图强；晚年归隐市井，带着遗憾离开人世。徐鹏远是20世纪初中俄边境地区民族资本家的杰出代表，是千千万万闯崴子、成功创业的旅俄华侨的一个缩影。

背井离乡闯关东

徐鹏远（1877~1941），字翔久，山东掖县西由镇后猴吕村人。家中兄弟五人，他排行老四，大哥小时候过继给本家另一支。徐鹏远出生时，正值清末，官员腐败，灾害频发，土地减少。从1876年到1878年，山东连年发生旱灾，华北五省受灾的州县就有222个，山东各地灾民纷纷逃荒。徐鹏远小时候家中生活拮据，地少人多，其父是老实巴交的农民，尽管每天日出而作、日落而息，辛勤地劳作，一年的收成还不够维持一家人的生计，勤劳、有经商头脑的母亲靠卖烧饼贴补家用。

家中的孩子逐渐长大，生活依然贫苦不堪，连吃饭都成了问题，徐鹏远父母一筹莫展。穷人的孩子早当家，16岁那年，徐鹏远想与其在老家挨饿等死，不如出来闯一闯，帮助父母减轻生活重担。聪明懂事的徐鹏远带着五弟徐鹏志背井离乡，开始艰辛的闯关东生活，他的二哥、三哥留在老

第二章　早期开交通时期的旅俄华侨

徐鹏远（前排左五）

家帮助父母种田。① 没有川资，他和弟弟边乞讨边务工，这是一条异常艰难的谋生之路。兄弟俩相依为命，风餐露宿，什么样的脏活、累活都干过。一路上走走停停，积累一点盘缠就继续赶路，克服重重困难，利用两年时间辗转来到俄国远东地区，先后在海参崴和伯力做苦工。

胼手胝足谋生计

19世纪90年代，正值俄国远东地区大开发，修筑铁路、开采金矿等工程需要大批中国劳工。受俄国远东大开发各种丰厚条件的吸引，徐鹏远和山东老乡张福盛等人辗转来到俄国的麒麟金沟淘金。虽然淘金生活异常艰苦，许多华工由于疾病和资本家的剥削客死异乡，但是除了日常生活开销，还能积攒一点点钱以养家糊口。他忍辱负重，起早贪黑地干活，力图改变家人的生活和自己的命运。金厂附近常有土匪出没，淘金人大多很难活着把积攒的钱财带出金沟。徐鹏远是幸运的，命运眷顾了这个勤劳聪慧

---

① 笔者访谈记录，徐鹏远的亲孙女——大儿子徐日昇的女儿，从小和他生活在哈尔滨，现在北京离休，83岁的徐静娴，2016年4月4日。

的年轻人，经他积极筹划，与同伴一起带着积攒的黄金逃出了金沟。

徐鹏远头脑灵活，手中有了钱财，并不满足于现状，他想把手中资金周转到利润丰厚的产业上，在与俄国人交往中看准商机。他发现俄国远东地区缺少日常生活用品，许多矿上的劳工及俄国居民生活所需物品大多从中国输入；而俄国人尤其喜欢饮酒，需求量大，中国的白酒在俄国远东地区销路顺畅。他开始了行商生活，背酒、贩酒，每天穿梭在俄国远东地区的大街小巷，送货上门、周到服务。一年四季奔波在黑龙江沿岸与俄国远东地区，海参崴、伯力等地都曾留下他创业的艰辛足迹。

徐鹏远年轻时精明能干，聪明好学，善于经营，采取薄利多销的方式，获得人生第一桶金。他经营的酒在俄国销售很快，常常供不应求，在与俄国人频繁交往中练就一口流利的俄语。由于自幼生活在贫苦的农村，他十分了解穷苦人家的难处，为人正直仗义，乐于助人，喜欢结交朋友，各行各业都有拜把子兄弟，生意也越来越兴隆，在华侨圈中渐有名气。由于他勤劳、善良、踏实肯干，获得俄国富商女儿的青睐，① 这个白俄罗斯女人毅然决然地放弃国籍，与他来到黑龙江畔留居，并相守一生，直到他离开人世。据当年和徐鹏远拜把子的山东籍华商张福盛的84岁儿子张洪斌回忆，俄国富商非常疼爱女儿，对精明强干的徐鹏远赞不绝口，送给女儿丰厚的陪嫁，并在他回国创建"振边酒厂"时给予资金和智力支持，帮助选址、参与酒厂的设计。②

回国建厂抢占商机

20世纪初，俄国开始排华，驱逐华侨，制定一系列限制华侨在俄国务工的措施。俄国的排华活动对华商影响很大，动荡的生活，让旅俄华侨无

---

① 笔者访谈笔录，徐鹏远拜把子兄弟，黑河市张地营子乡东夹信子岛屿上酒柜的经营者张福盛的儿子，84岁的张洪斌，2015年4月10日。
② 笔者访谈笔录，徐鹏远拜把子兄弟，黑河市张地营子乡东夹信子岛屿上酒柜的经营者张福盛的儿子，84岁的张洪斌，2015年4月10日。

法安心留居俄国,他们纷纷从俄国撤资回国。徐鹏远带着俄罗斯妻子和积攒的钱财回到了哈尔滨。他开始马不停蹄地跑项目、选厂址、招伙计。1910年,他在哈尔滨开设万福广机器火磨、广记机器制酒厂,并在鸡西开设煤矿。由于哈尔滨距离中俄边境较远,产品只能采取内销的方式,虽然生意很好,一家人过着衣食无忧的生活,但是无法满足徐鹏远实业兴边的人生追求。

1914年,第一次世界大战时,徐鹏远了解到俄国远东地区各种生活用品急缺,于是瞄准了对俄贸易,从哈尔滨来到与俄国布拉戈维申斯克市一江之隔的黑河,创设徐家分号万福广烧锅,采取手工作坊制酒,利用地缘优势,产品销往对岸的俄国。因受欧洲战事的影响,俄国境内精奇里江沿岸的一些金厂基本停业,在俄国采金的华工纷纷从俄国的布拉戈维申斯克回到黑河。他们饥寒交迫,穷困潦倒,没有川资,回乡无望,困顿于此,无业可就。1915年1月,刚到黑河一年,有着丰富采金经验的徐鹏远看准了商机,抱着实业兴边的梦想,决定不惜财力,在瑷珲和黑河沿边上下游一带探采未经勘探产金的矿区。于是他和朋友采取集资的方式,自己出资羌洋8000元、季学绶出资12000元、姜德清出资8000元,刘应昌、沈希曾和韩广业分别出资4000元,共筹集4万羌洋,[①] 申请创办黑河商办裕源金矿,用以振兴实业,同时解决归国华工的生计问题。

他们首先实地踏探矿苗地点,绘具图说报送瑷珲县知事、黑河道署备查,将黑河迎恩路的和盛永商号选定为公司办公地点,并拟定了章程,紧接着就紧锣密鼓地进行注册。1915年2月23日,黑龙江巡按使公署批准了裕源金矿采苗公司。1916年4月23日,由黑河商会出保到黑龙江金矿领取执照,宋云桐带领把头矿工在黑龙江省黑河道呼玛县境内恰尔布特河内地方踏勘矿苗线。[②] 于是,徐鹏远等商人联手开办的裕源金矿开始生产,这是他在黑河创办的第一家金矿。那时,黑河人烟稀少,地下矿藏丰富,

---

① 盖玉玲:《瑷珲古今名人传》,黑龙江人民出版社,2014,第143页。
② 《商会卷》1916年,瑷珲档案,黑龙江省黑河市爱辉区档案馆藏。

采金业刚刚兴起，金厂给他带来丰厚的经济效益。他开始布点、陆续选址、开采金矿。裕源金矿成立后，他又创办了逢源金矿。1921年徐鹏远在公别拉河试办采金矿，面积为1方里110亩25方丈3方尺。1924年，他试办瑷珲县哈达霍洛沟金矿，后转包给仲子元生产，自己占20%永久性股份。1930年他还在托泥河上游探苗采金。

民国初期，黑河与布拉戈维申斯克间的边境贸易出现了繁荣的局面，边境贸易带动百业的兴起。中方在边境贸易中出口大宗粮食，原粮在俄岸完成加工后返销黑河，造成利益外流，这一现象促进了我岸粮食加工业的兴起。粮食加工业的发展须以电力工业为支撑，俄方电力充足，我方羸弱。徐鹏远在经商的道路上，抢抓机遇，开拓创新，敢为人先，再次看准了商机。1915年3月，他购买了黑河福增和电灯厂的全部机器、铺垫、房屋、地基，添招股本近60万美元，扩大营业范围，成立了恒曜电力电灯公司，公司设在黑河镇的中原街与西兴路交叉路口，现中央街与电厂北路交叉路口。① 公司经营木材加工和直流发电，在黑河的衙署、局、所、商铺共装电灯728盏、路灯48盏，开辟了黑河用电之始。当年，徐鹏远实有资本20万元，已有卧式锅炉1台，30马力锅驼机1台，直流发电机4台。用松柞木桦子作为燃料，供给黑河街内776盏16度灯泡直流电，月收入银洋1267.5元。1916年春，公司增加60马力和120马力锅驼机各1台，供电灯达1000余盏。随着需求不断扩大，1918年，公司又增加蒸发量每小时2.5吨锅炉2台，220千瓦蒸汽发电机1台。恒曜电力电灯公司给徐鹏远带来丰厚利润，让边陲黑河的街道亮了起来，给早期黑河的绅商和百姓带来了光明。

徐鹏远不仅是成功的企业家，更是社会活动家，热衷公益事业。1919年，他在恒曜电力电灯公司原有资产的基础上又招新股50万卢布，其中他本人投入10万卢布，在扩充发展电力的同时又开设了电话公益事业，开创了黑河电力通信事业的新纪元。虽然安装了电话，但是使用者甚少。因成

---

① 盖玉玲：《爱辉古今名人传》，黑龙江人民出版社，2014，第143页。

立电话局不是盈利项目，许多商家拒绝投资，为了发展惠国利民的公益事业，恒曜电力电灯公司再次舍利取义，从扩充营业存款项目中拨出大洋25000元作为资本创办了黑河电话局，安装了当时较先进的电话，方便了市民，发展了黑河的通信事业。

1917年3月，他与戴兴周投资5万美元，开设瑞兴祥酒柜。① 1917年10月，他和鲍学文投资6万美元，开设万兴茂酒柜。②

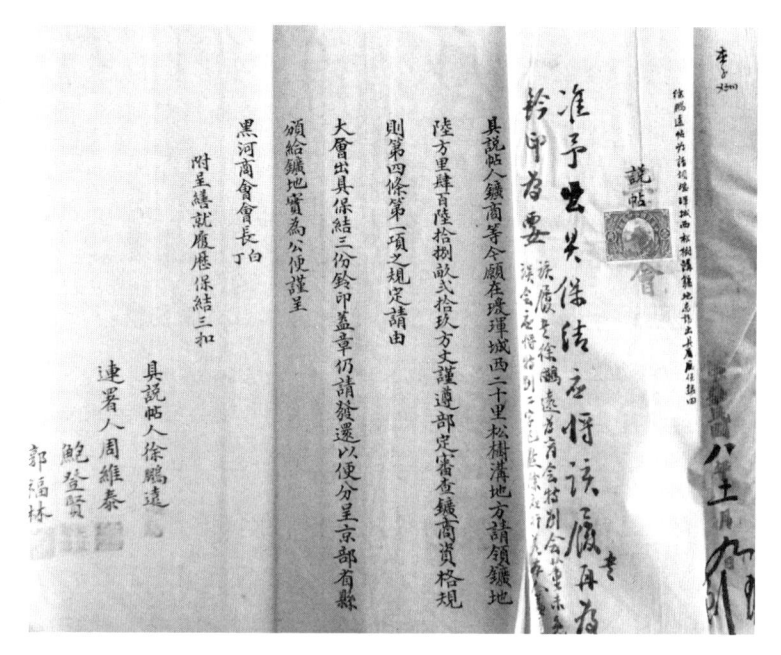

徐鹏远请领松树沟煤矿的原文

1919年11月，43岁的徐鹏远陆续开设了万福广西皮烧锅及万发和等商号。身为黑河商会会董及德昌火磨公司监察、恒曜电力电灯公司董事，徐鹏远不仅注重资本积累，还重视扩大企业生产和营业范围。当年，黑河电力工业的发展带动了煤炭工业的兴起。因发电用的燃料全部是木材，为了避免开办企业对黑河森林资源的破坏，徐鹏远认识到自己肩负的社会责

---

① 李兴盛等主编《黑水丛书》，黑龙江人民出版社，1992，第1646页。

② 李兴盛等主编《黑水丛书》，第1648页。

任，大胆做出了试办煤矿的决定。为扩充营业项目，他与河南的周维泰，山东招远的鲍登贤、赵学雍，还有瑷珲的郭福林，在瑷珲城西25里松树沟东南，探得正经煤线，至第三层。煤槽厚约9尺，煤质略逊于抚顺，坚硬黑亮，较满洲里煤质优良。徐鹏远请领矿地6方里468亩29方丈，拟建松树沟煤矿。① 徐鹏远向政府申请开办煤矿时陈言："沿边燃料全恃森林，近年人烟日密，所需燃料者日繁。山已无采伐之余地，取材日远，运价日昂。向之取不尽而用不竭者，今已有供不给求之势。且俄境森林严禁采伐。其火车、轮船、工厂以及居家之燃料无不仰给于煤炭。我生材有数，用路无穷，长此以往，何以为继承。应采办煤矿以期裕国利民。"② 透过申请书的内容，不难看出在那个年代徐鹏远具有的超前环保意识和创新精神。1920年3月23日，徐鹏远在查出煤层后集成股本20万，拟从事开采。1920年5月12日，他成立了宝兴煤矿公司。

20世纪20年代，徐鹏远驰骋黑河商界多年，声名远播，这也是他人生最辉煌的一个阶段。他抓住黑河地处边境涉俄企业百业待兴的大好时机，扩充项目，发展产业。他深知黑河与俄相邻，是北部中外通商要区，军事、行政、教育、商务等均须列宪整顿。他认为尚武为先，陷阵卫锋，骑兵最为重要，马匹精强，是筹边第一要务。俄国向产大马，名冠东陲，俄国马群庞然硕壮，驰骋迅速，令人景慕。1923年5月，徐鹏远力图改良马种，与黑河沿岸牧马民户等合议，徐鹏远、朱成山发起创立赛马场，厂址选在了黑河武庙前（现在的黑河市广电中心附近），以期繁殖出良马，实现改良马种、尚武实边的目的。③ 赛马场的资本基金采取有限性质，由会员中资产雄厚者量力分认，共计500股，每股大洋10元，合计资本5000大洋，赛马会采取无定期开赛的方式，有会员集合即行开赛。徐鹏远

---

① 《徐鹏远帖为请领瑷珲城西松树沟矿地恳请出具保结由》，《商会卷宗》852号，黑龙江省档案馆。
② 盖玉玲：《爱辉古今名人传》，第143页。
③ 《黑龙江省公署卷》（政务厅第四科第一种第一类第二十五卷），1923年，黑龙江省档案馆。

等人创设赛马场在当年成为黑河一道靓丽的风景线,吸引中俄无数牧马民户纷至沓来,马种得到改良,他露出惬意的微笑。后来赛马场更名为振边牧养场,他为黑河的畜牧业发展书写了浓重的一笔。

徐鹏远兴建的房屋,后租给王贯庭开设元茂昌杂货店(吴边疆供图)

20世纪初的黑河,城市正在规划,一些归国华侨纷纷拉街基建筑房屋。为了实现资本积累,精明的徐鹏远开始购买土地,开工兴建房产。于1918年、1920年、1923年,先后8次分别从孟连成、曹惠玉、车玉环手中买到生荒地8块,共296坰7亩7分5厘,这些地块就是后来的振边酒厂所用之地。他还在黑河购买了13932平方米的土地,分别在兴隆街24号、25号3608平方米,大兴街30号2128平方米,通行街107号2112平方米,兴隆街22号、24号3072平方米,中原街206号1638平方米,南大街721号1374平方米建立房屋和厂址,[①]徐鹏远又一次完成房产家角色的蜕变。

由于青年时代久居俄国,加上与俄国贸易,频繁与俄国人接触,徐鹏远的经商理念深受俄国人影响,具有超前意识。1927年3月14日,具有经济头脑的他在"振边酒厂"正式生产时,为了企业的发展和安全,为了

---

① 盖玉玲:《爱辉古今名人传》,第144页。

保障黑河人民财产免受灾害损失，与梁官臣、于殿卿、孙省三、田丰年、刘耀庭、李辑五、毕鸣山等 8 个绅商集资入股成立了黑河济安水火保险有限公司，共计 600 股，徐鹏远以个人和企业名义入 85 股，计 21250 元大洋，成为最大的股东。

徐鹏远善于接受新事物，力图谋求企业的发展创新。他通过调研发现，黑河本埠碓碾各种米粮大多采取土法，人工磨制的米耗费时间长，费工多，因而供不应求。1928 年 9 月 6 日，他从江北苏联布拉戈维申斯克定购碾高粱米机器一套、碾小米机器一套，① 这样用现代化机器碾米既快捷又省工时，所制出的米较土法所碾米外形美观且价格低廉，实现了惠民又获取丰厚利润的目标。

实业兴边雄振东北

徐鹏远为了实现实业兴边的理想，在黑河创办了多家企业，曾任黑河逢源金厂董事，德昌火磨公司监察，黑河商会会董，万福广酒庄财东兼执事，恒曜电灯公司董事，万发、和瑞、兴祥等商号财东。②

20 世纪 20 年代的民族企业家徐鹏远的名字在黑河可以说是家喻户晓。当时正值开交通时期，黑龙江沿岸的边民与俄通商频繁，边民们在黑龙江沿岸上中游的大大小小岛屿上开设酒柜，西皮干酒为黑龙江沿江一带销路最畅，供不应求。一些商人把目光投向外埠销售，成本重而获利自微。颇有经济头脑的徐鹏远再次看准商机，他从在俄国贩酒、在哈尔滨开设万福广烧锅的经验中总结出传统的手工作坊已经满足不了时代的需求，需要开设大型酒厂，采取外向型销售的方式，重点在黑河对面的俄国远东地区进行销售。

1923 年 4 月 19 日，47 岁的徐鹏远向瑷珲县程县长递交呈请，欲创办

---

① 《振边酒厂购置碾米机器请予放行》，《黑龙江省公署卷》，中华民国十七年九月六日，黑龙江省档案馆。
② 《履历保结》，《黑龙江省公署卷》，中华民国九年三月二十四日，黑龙江省档案馆。

20 世纪 30 年代振边酒厂

2005 年拍摄的振边酒厂

振边西皮酒烧锅以图振兴沿边实业。他认为创办西皮酒烧锅本大利微，各种税包括在内，每销售西皮酒 1 桶纳捐大洋 20 元，拟请每桶微收大洋 10 元或并全数豁免，希望获得黑龙江上下游 15 年的销售专利并免半税，待到销售畅旺之日，再行依例纳捐。[①] 5 月 14 日，企业获批后，他和岳父开始在黑河各地进行选址，徐鹏远的岳父是俄国工程师，他们发现在黑河城西 4 公里处黑龙江江边有一道深深的峡谷，这是出城向西的第五条峡谷，当

---

① 《商会卷宗》852 号，1923 年，黑龙江省档案馆藏。

地人称为"五道壑洛"。五道壑洛背靠黑呼公路，面对黑龙江，水陆交通都很方便，距火车站5公里，铁路支线可直达厂内。这里环山傍水，地理条件好，浩浩奔流的黑龙江是一条方便的黄金水道，有取之不尽、用之不竭的水源，出酒厂不远即是五道壑洛岛，那里有位置优越的港湾，酒厂进原料，向外销售酒精、白酒，主要借助水路，是建立酒厂上风上水的好地方。

德国造酒业发达，由于早年五弟在德国人开设的酒厂务工，和德国人熟悉，加上岳父是工程师，技术熟练，他决定聘请德国人为设计师，从德国进口机器设备，用德国技术和机器生产的砖兴建厂房，坚固耐用。1926年底，历经4年建成7849平方米的酒厂开始试烧。建厂初期因工人对德国机器尚不熟悉，操作困难，无法正确使用机器，难以进行正式投产，1927年2月13日停烧修理，秋天修筑完竣后开始正式投入生产，取名振边酒厂。1927年9月，在黑河建立振边酒厂经销部，尹辅卿任经理。

振边酒厂正门面对黑龙江，离江岸不到0.5公里，酒厂的东、西两面邻山，就在这两山峡谷中间的较高平地上巍然矗立着一座气派的德国建筑，酒厂的四周是高大的围墙，围墙的4个角，有4座两高两矮的炮楼，高的炮楼竟有6层30米。

振边酒厂总投资922250块大洋，徐鹏远的岳父拿出100普特的黄金作为基础投资，借入兴业银行646627元，德泰银行、兴安金厂、金融合作社、满洲油脂会社等185000元，万丰益、德昌公司、逢源金厂、政记轮船公司、德聚园、燃料和社等银行和商家筹入79728元。徐鹏远在法别拉购地4垧11亩9分，在黑河购地6垧，把沿江西面砖房作为抵押。振边酒厂拥有建筑31栋，建有烧酒工厂、火磨、油房、大秤室、自动车室、蒸馏室、糖化室、发酵室、麦芽室、汽缸室、修理室、制缸室、干燥机室、木工及冶铁室、包装室、实验室、酒精仓库、原料仓库、物品仓库、职工宿舍、雇员宿舍、马厩、豚夫室、守卫室。拥有汽罐、蒸煮器、酒母糖化器、麦芽粉碎机、冷却器、给水设备、粮毂升降器、马铃薯洗涤器、原料干燥器等50多种。酒厂拥有年产3000吨的先进的酒精酿造设备，采取德国的酿酒工艺，可用粮食、马铃薯等多种原料，酿造食用、工业用和医药用等多种酒精，能生产西皮酒。

振边酒厂分为酿造部、机械部。酿造部分为发芽室、糊糖室、酵母室、粉碎室、蒸馏室；机械部包括伙夫、石炭运搬夫、注油夫、夜警、旋盘工、虎钳工、冶铁工、电工。备有16马力发电机、6马力打酒机、4马力抽引子机、28马力抽水机、6马力汽油机、32马力锅驼机、105马力磨电机和450马力磨电机等设备各1台，每昼夜最大生产能力为生产酒精和白酒6吨到7吨，年产3000吨。就其规模和设备，是东北十六家酒精厂中，设备最完善、生产能力较高的一个工厂，在当时也是国内一流的现代化酒厂。

振边酒厂生产的西皮酒，在黑河本地有一联合批发处，销售商家有旭东商店、悦来号、集春号、三合湧、元茂昌、恒茂昌、同裕昶、永泰祥、华通药局、东兴商店、东洲饭店、恩记饭店、德聚园等，黑龙江上中游大大小小的酒柜都从振边酒厂批发然后向俄岸出售。自建厂至1930年，正值中苏开交通时期，也是酒厂的鼎盛时期，生意如日中天，大量用酒精制成的西皮酒销售到黑龙江上游漠河至下游肇兴镇之间的两岸城镇和农村。1930年最高年输出量为15万桶（每桶50千克），创造了黑河酒业史无前例的辉煌。

徐鹏远作为民族资本家具有卓越的眼光，他不仅在依山傍水的五道壑洛选址，占尽了地利，而且选择了适销对路的产品积极参与对苏贸易，尽得天时。他将生产与销售结合起来，发展市场经济，产品销往黑河彼岸苏联，发展的是外向型经济。徐鹏远是个有头脑的资本家，他为黑河民族工业的发展做出卓越的贡献。可是好景不长，在酒厂销售鼎盛时期，1933年1月25日，日本的铁蹄践踏黑河，酒厂也无例外地受到了冲击。日本侵略者为霸占中国领土和占领苏联远东地区，封锁边境，禁止对苏贸易。酒厂生产的酒没有了销路，徐鹏远雄心勃勃耗巨资建造的现代化酒厂被迫停业，他的发财梦破了，振兴民族工业的梦也破碎了。

1938年，振边酒厂恢复生产，处在产产停停状态。1939年，徐鹏远的

徐鹏远的大儿子徐日昇和妻子

二儿子徐日晓来到黑河负责振边酒厂的业务工作。1943年11月1日，振边酒厂名称被日本人改为"振边酒厂株式会社"。① 徐鹏远的二儿子徐日晓和日本人山口退三为常务，五弟的女婿彭墨林为监察，大儿子徐日昇、徐日晓的儿子徐铁生、二哥徐鹏海的儿子徐日明为社员。1945年8月10日，徐鹏远的侄子徐日明从四道沟兴安金矿来到黑河，于1946年3月接管了振边酒厂。此时，振边酒厂在日军多年的把持下，已经濒临停产，机器无法运转，储存的大批粮食发霉。据资料记载："1945年，共产党干部进入黑河接收敌伪财产，粒盐25.6万斤，振边酒厂用的霉玉米碴子900万斤。"②

日本占领黑河期间的振边酒厂，是一部边境地区民族工业的衰落史，写尽了中华民族的屈辱。1945年日本投降，因战后粮食缺乏，当时的瑷珲县政府对烧酒业采取了限管政策，发布了《制酒业指定办法》："奉黑龙江省政府指令，值兹战后食粮缺乏之际，为保证民食各地政府应严格禁止以食粮烧酒。除政府指定之酒精制造工业外，其余烧锅酒厂一律停止烧酒等。"指定德裕号烧锅制造烧酒，振边酒厂制造酒精，其余烧锅酒厂应停止作业。瑷珲县政府规定："德裕号烧锅自五月十五日起应停止制酒，其未完成之酒曲及土谷酵粮由政府收购，今后仅许可振边酒厂一家制造酒精，其余所有市内外之烧锅酒厂均严禁造酒，违者重罚。"1946年5月14日，瑷珲政府发布了布告：振边酒精厂是政府指定之酒精制造工业，新产

---

① 政协黑河市委员会文史资料研究委员会编《黑河文史资料》第三辑，1986，第81页。
② 黑河地区粮食志编撰委员会编《黑河地区粮食志》，1996，第21页。

酒精除少量供给民需外,全部供给军用及交通事业为主。为确保该厂生产及有计划之分配,规定由黑河地区人民自卫军司令部派兵驻守该地,负责保护及监察工厂生产,除工厂人员及警备人员外,无论军民等一概禁止入内参观或购买酒精;酒精及酒类出厂必须持有自卫军司令部司令员或瑷珲县长之亲笔签字证明方允运出,严禁各机关、部队及商民自行由该厂运出酒精及酒类;酒精及酒类出售由振边酒厂账房负责,该厂平时零售所需分次经县长批准由工厂内运存市内,大量批发时经县长批准签字后可直接至工厂搬运。

黑河解放后,1948年3月25日,振边酒厂收归国有,改名"黑河酒厂"。[①] 1964年,酒厂轰轰的机器声停止了,企业停产至今。

如今,酒厂虽因种种原因而名存实亡,但这座古堡式的建筑,是黑河早期杰出的民族资本家旅俄华侨徐鹏远,留给黑河人民的一幅美丽的欧洲风景画,令人叹息与遐想。

重情重义显孝道

徐鹏远乐善好施,为人仗义,喜欢结交朋友。他从年轻时闯荡东北去俄国淘金,到中年在商场上打拼,为了生存,免受外人欺辱,先后与100多人结拜过兄弟,朋友遍布黑龙江的上中游地区,远到俄国海参崴。黑河张地营子乡的张九爷、康八爷,还有呼玛三道卡的张十一,都是他的结拜兄弟。他的结拜兄弟中有赫赫有名的张作霖和马占山,

徐鹏远的大孙女徐静娴童年时在哈尔滨老房子前

[①] 《黑河文史资料》第三辑,第81页。

还有种田的、打鱼的、淘金的、狩猎的、经商的，以及红胡子。每当在生活和生意中遇到艰难险事，结拜兄弟们总是一呼百应，倾囊相助。结拜兄弟张九爷——张福盛，早年和他一样闯关东到俄国淘金、贩酒，娶俄国妇女为妻。1911年回国在张地营子乡东夹信子岛屿上开设酒柜，后来从振边酒厂批发西皮酒在酒柜出售。

徐鹏远重情重义，早年和单姓兄弟结拜，一起闯关东到海参崴行商，徐鹏远卖酒，单姓兄弟卖布，二人经常搭伙做生意，感情甚笃。不幸的是单姓兄弟在俄国做生意时被俄国人打死，留下年轻的妻子，徐鹏远出资照顾结拜兄弟的遗孀及其遗腹子单振铎。回国后，徐鹏远在吉林蛟河建煤矿时，把单振铎带在身边，像亲生儿子一样悉心照顾，后来兴建振边酒厂时，让他学习酿酒技术，担当酒厂制造的重任，并帮助他成家立业。

当徐鹏远的生活好转时，把其家中的二嫂、三哥一家陆续接到北京颐养天年。他深谙百善孝为先，早年淘金和开设工厂时，每年都定期往家中邮寄钱款，贴补家用，生意兴隆时，在老家置办田地和房产，无偿帮助乡亲到东北谋生。他收留无数愿意在他的工厂务工的山东同乡，有的人故土难离，他还自掏腰包支付乡亲们回乡川资。据其老家的村支部书记回忆，徐鹏远当年在山东老家购买许多土地，要筹建慈善学校，让贫苦的孩子免费学习。他的母亲去世时，他带着弟弟回家奔丧，在山东老家采取大殡的方式，尽显孝道。

徐静娴

重教育治家有方

徐鹏远虽然没有读过书，但是重视对孩子的教育。他思想开明，接受新事物较快，治家理财精明、干练。他先后娶两房妻子，大太太是山东贫苦人家的女儿，勤劳朴实、性格倔强。她相夫教子，多年一直在老家侍奉公婆。徐鹏远在俄国打拼多年，两人分开时间久了，思想无法沟通，后来大太太患病去北京治疗，就留在北京生活，晚年时大太太沉默寡言，腿脚不好，行走不便，常扶着一把椅子。大太太一直和大儿子徐日昇生活。徐日昇从小在山东长大，后考入北京大学学习化工专业，是新思想的践行者，能讲一口流利的英语，在抗日战争胜利前由于腹膜炎病逝。他的二儿子徐日晓早年留学日本，后在哈尔滨工业大学求学，通晓日语、俄语。为人正直，善交朋友，学成回来负责打理黑河振边酒厂的业务，后成为苏联远东情报局情报员，1951年6月13日含冤离世。

徐鹏远一直和俄国妻子生活在一起，养育一个儿子，两个女儿。由于他早年在俄国打拼，会讲一口流利的俄语，加上与俄国妻子语言交流的缘故，家中一直使用双语，孩子们都会讲俄语，并接受新思想和教育。徐鹏远去世后，其俄国妻子带着子女离开东北，据说后来去了菲律宾，从此与徐家失去了联系。徐鹏远对家中妻子儿女要求严格，虽然家中生活富裕，但是家中妻子儿女并不养尊处优，每到农忙季节，各家的少奶奶们都带着自己的孩子们上地干活，给长工们做饭，一家人善待长工，从不苛刻。

谋方略分散经营

徐鹏远早年在哈尔滨建立万福广烧锅和火磨，又在黑河投资兴建烧锅、金矿、煤矿、电业公司、火磨公司、振边酒厂，后来在天津建立华北酒精酿造厂。他饮水思源，富裕不忘家乡。生意鼎盛时期，他在山东老家掖县西由镇后猴吕村举办由洋鼓洋乐引路的华彩游行，撑着振边酒厂的大旗，扛抬着振边酒厂的机械设备模型，车上装着负有盛名的振边酒，供乡亲们无偿品尝。他还在乡里的学堂办起了"振边酒业"成就展。徐鹏远在山东老家置办许多房产，由本家兄弟负责打理，解放后这些房子曾经用作学校，后来分给一些农户居住。他还谋划把振边酒厂分厂建在老家，由于种种原因一直没有实施。

日本关东军侵占黑河后，振边酒厂生意一落千丈，他把通晓俄语、日语，擅于交际的儿子徐日晓择为第一继承人，打理酒厂的生意；又把侄子徐日明接来开办金矿。黑河的产业萧条后，他把酒厂部分机器设备转到天津，与五弟徐鹏志建立华北酒精酿造厂。他调动家人力量，集思广益，由长子亲自设计和修改酒厂的酒标图案。他还在吉林敦化开设金矿，在蛟河建立煤矿。1931年10月10日，"双十节"刚过，徐鹏远独立江边，挥泪送走赴省抗战的马占山将军，他带着对黑河振边酒厂的牵挂和对黑土地的深深眷恋，带着对日本人的愤怒与憎恨黯然离开黑河，往来于哈尔滨和北平、天津之间，督促徐氏家族的子弟启创工商大业。

2007年徐家后代相聚在北京

徐家是个大家族，团结、有凝聚力。徐鹏远是家族中威严的家长，徐氏家族在他的带领下产业遍布吉林敦化及蛟河、哈尔滨、黑河、天津等地。他把家族人员陆续带到远离中俄边境的北京。他的大大小小几十名亲属居住在北京。他的大儿子刚到北京的时候，从朋友那里借一套四合院居住，后来天津的亲属也陆续搬到北京，徐家在北京购买一座大四合院，大大小小一百多间房，像王府一样，一大家族人住在一起。徐鹏远带着俄国妻子和五弟徐鹏志一家居住在哈尔滨，在哈尔滨盖起了楼房。据他的长孙女徐静娴回忆:"我们徐家是大家族,我小时候在哈尔滨居住,我家是小洋楼,一楼有两个门,分别居住着爷爷和五爷爷,我们在楼上居住,家里人口很多,兄弟姐妹都在一起。五爷爷娶好几房姨太太,五爷爷家的姑姑和我年龄相仿,我们两人经常在一起玩。"她清楚记得小时候俄国的小叔叔经常到北京去看奶奶。

徐鹏远的一生都在奔波和操劳,原以为回国办厂能实现实业兴边的梦想,可是日本关东军的铁蹄踏碎了和他一样无数旅俄华侨实业兴邦的梦想。1941年,他带着深深的遗憾病逝在哈尔滨,家中儿孙到哈尔滨奔丧,在北平也设立灵堂,他没有见到日本关东军投降,更没有盼到东北解放的曙光。不久,他的五弟在天津去世,天津华北酒精酿造厂的生意由二弟的二儿子徐晓庵负责打理。

如今徐家的后代人才辈出:大儿子徐日昇的后代大多居住在北京,他们大多在高校、研究院、政府机关等部门工作,还有的在国外从事博士后工作,然后回国参加国内建设;二儿子徐日晓的后代在山东。徐家后代以振边酒厂为自豪,振边酒厂是他们的一份牵挂和记忆,这份记忆是他们对长辈深深的怀念。

口述人:徐静娴,女,1933年出生,北京市教育学院离休干部,采访地点北京市西城区太平街20号,采访时间2016年7月31日;徐松芝,女,1950年12月3日出生,工作单位山东省化纤总公司,采访时间2016年4月4日

采访人员名单:吕志贤,男,1930年出生,原黑河市人大工委副主任;采访地点黑河市;采访时间2016年6月3日

张洪斌,男,原黑河市张地营子乡会计;采访时间2015年4月11日;采访地点黑河市张地营子乡

张治国,男,84岁,原振边酒厂干部,负责技术生产;采访时间2016年8月6日;采访地点黑河市

盖玉玲,女,1962年12月出生,黑河市瑷珲古城风景名胜区管理处

干部

徐洪春，男，1945年12月出生，原振边酒厂管理人员后代；采访时间2016年8月7日

王洪志，男，山东莱州后吕村支部书记；采访时间2016年8月7日

单吉昌，男，67岁，黑河市建筑设计院工程师退休，原振边酒厂酿酒师后代；采访时间2016年12月17日

注：徐鹏远是黑河早期的成功的民族资产家，是20世纪旅俄华侨创业历史的缩影，他创业的历史在爱辉区档案馆、黑龙江省档案馆以及前人编撰的《黑水丛书》《瑷珲县志》中均有记载。笔者为还原历史，让后人了解详细史实，历时一年多在省内外查阅资料、调研走访曾经了解振边酒厂及其创业历史的人。

杰出的爱国实业家张廷阁

19世纪末20世纪初,在黑龙江上中游有许多杰出的旅俄华侨,他们的名字镌刻在历史的记忆中。他出身贫寒,自幼命途坎坷,辗转流离边陲;他凭勤奋与智慧,成为海外富商;他归国投身实业,历经世事沧桑,铸就事业辉煌;他为人正气,生活简朴,管理方式独特;他热心革命事业,申明民族大义,他就是东北地区声名远播的爱国实业家——张廷阁。

张廷阁,字凤亭,1875年10月4日出生在山东省掖县平里店镇石柱栏村一个贫苦的农民家庭。[1] 兄弟四人中张廷阁最为聪颖,尽管家境贫寒,父亲张典顺依然省吃俭用,将其送进私塾读书,盼望他早日成才。然而好景不长,1891年前后,父亲突然去世,家庭再也无力负担其学费,张廷阁只好辍学务农。母亲陈氏在其父亲去世后,带着两个弟弟回娘家暂住,张廷阁和哥哥下地干活。后来陈氏感到寄人篱下非长久之计,便又回到家中开

张廷阁

---

[1] 《爱国实业家张廷阁》,《莱州文史》2009年第1期,第4页。

了一爿酒肆，靠卖酒度日。

时逢 1894 年中日甲午战争爆发，山东半岛地区饱受炮火的袭击和日寇的蹂躏，广大百姓困苦不堪，为谋生路，背井离乡，四处谋生，形成了庞大的闯关东人潮。1896 年在一次大规模人口外流浪潮中，21 岁的张廷阁也加入人流之中。他跟随本家侄子张天纲步行走到烟台，因盘缠不足而独自滞留在烟台码头，靠打短工积攒路费，后长途跋涉，终于到达海参崴。

海外谋生，富甲一方

张廷阁初到海参崴，身无长物，经侄子张天纲介绍进入当地一家名叫"福长兴"的菜馆学做生意，开启了他的经商生涯。张廷阁勤奋刻苦，遇事善于思考，通过三年的习商磨砺，他不仅深谙经商之道，而且熟练掌握了俄语。当时语言是制约海参崴的中国商人发展的瓶颈，张廷阁可谓破除坚冰，大获其利，这为其日后成功经营打下良好的基础，同时他还结识了后来在事业上重要的伯乐和生意伙伴郝升堂。

经过很长时间的观察和接触，张廷阁的人品和经营才能颇获郝升堂的认可和赏识，通过多方努力，郝升堂才将张廷阁挖到自己的产业双合盛杂货铺。张廷阁来到双合盛杂货铺深得信任和重用，不久同店伙三人一起入股，成为股东之一。在经营上，张廷阁凭借熟练掌握俄语和深谙经营之道，在较短的时间内做成了几笔大生意，使杂货铺的规模迅速扩大，因此郝升堂将其委任为双合盛的副经理，张廷阁放开手脚全权处理双合盛杂货铺的大小经营事务。

张廷阁凭借自己灵活的经营手段和敏锐的商业灵感，业务量连年增长，双合盛迅猛发展。张廷阁善于把握商机，从而获取巨额利润，在日俄战争前夕通过承揽俄国军队的日用军需品的生意，赚取暴利；他打通关节，事先获取战争机密，进行商业投机，挣得盆满钵满。数次大宗的投机生意，让双合盛在很短的时间内便由一个再普通不过的小杂货铺扩大为资金雄厚的大型百货商店。经营项目得到极大的扩充，除零售日用百货商品外，更兼营大宗批发业务，经营范围突破一隅的限制，在莫斯科、香港、横滨、大阪、新加坡等地设立常驻人员，与英国、德国等地厂商进行商业往来。日俄战争之后，双合盛凭借其极高的信誉，雄厚的资金实力，成为海参崴商业企业的翘楚，而张廷阁也成为一方华侨大贾。

实业救国，雄冠东北

第一次世界大战前夕，俄国无产阶级革命风起云涌，社会局势日趋恶化。此时国内恰逢辛亥革命推翻了清政府的腐朽统治，民国政府实施了一系列鼓励发展民族工商业的政策，海外华侨掀起一股实业救国的热潮，纷纷在各地投资设厂，我国民族经济的发展迎来了一个千载难逢的机遇期。在长期的经营过程中，张廷阁也深受欧美国家重视实业思想的影响，随着俄国局势的动荡和国内投资条件的成熟，从1912年开始，他先后将双合盛的全部资产陆续转移到国内，投资设厂，到1919年止，结束了在海参崴的全部业务活动。

张廷阁收购德里金火磨，创办哈尔滨双合盛制粉厂

张廷阁归国投资实业的想法很早就已经酝酿并实施。日俄战争前，远在海参崴的张廷阁就向哈尔滨的义合成杂货店投资5万卢布，为双合盛在国内建立第一个立足点。1916年2月，张廷阁又在黑河设立了双合盛的分号，委派刘思恭、鄢振海两人负责具体经营。[①] 并利用黑河盛产黄金的优

---

① 《黑水丛书》第1664页。

势，将货物出售后，廉价购买黄金，为双合盛储备大量黄金，为日后归国兴办实业准备条件。1914年，经过在国内各地长时间的考察游历，他最终在北京买妥了瑞士人开的一家啤酒汽水厂。总面积达1.4万余平方米的啤酒汽水厂，除总厂外，还有西、南两个分厂。总厂及分厂均设有轻便铁路，铁路机器设备一应俱全。北京啤酒汽水厂是双合盛由商转工的第一个工厂，也是北京市第一家中国人开办的啤酒厂，其产品"双合盛五星特制啤酒"还被指定为国宴用酒。

1915年，张廷阁在哈尔滨收购犹太人德里金东方机器制粉厂，创办哈尔滨双合盛制粉厂。① 1916年2月，他与鄢振海创办双合盛火磨，经营杂货面粉，仅存货达羌洋50万元，② 日产量由原来的3.3万公斤增至4.85万公斤，此后他还买进了前永胜公司的双城堡火磨。同年，他升任双合盛经理，并将总账房由海参崴迁至哈尔滨，双合盛一切事务均由设在哈尔滨的总账房管理。1917年，双合盛面粉厂日产量达到72800公斤。1919年，张廷阁在香坊开办双盛泰油坊，③ 至此将双合盛在海参崴的全部资金转回国内，结束了自己在海外20余年的经商生涯。④ 第一次世界大战期间，面粉的需要量急剧增加，张廷阁不失时机地增添设备，增加生产能力。北京政府对双合盛制粉厂十分重视，并予以嘉奖。1919年3月，农商部称："哈埠双合盛火磨资本雄厚，为华商之冠，农商部为奖励实业起见，特呈请国务院发给匾额一方，

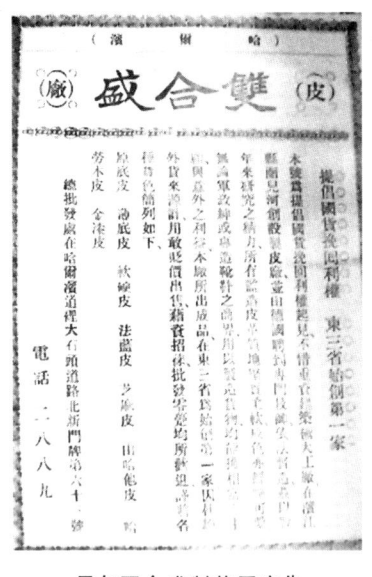

早年双合盛制革厂广告

---

① 李述笑编著《哈尔滨历史编年（1763~1949）》，黑龙江人民出版社，1986，第123页。
② 李兴盛等主编《黑水丛书》，第1644页。
③ 李述笑编著《哈尔滨历史编年（1763~1949）》，第179页。
④ 《爱国实业家张廷阁》，《莱州文史》2009年第1期，第7页。

借资提倡。"

归国后的张廷阁投资实业的热情更加高涨。1920年,在哈尔滨东郊投资100万银元兴建大型制革厂,成为哈尔滨民族资本大规模投资皮革工业的开端。同年,他从德国花130万哈大洋订购了整套精油设备,准备兴办硬化油厂。1924年,双合盛出资21万哈大洋与他人合资承办奉天航业公司。1927年,又购置四条商船,成立兴记航业公司。1925年,双合盛正式登记成为"双合盛无限公司",张廷阁担任总经理。[①] 1928年,张廷阁又从德国、瑞士购进了一批先进的机器,并修建了新厂房。1929年8月22日,双合盛火磨新厂房落成,[②] 1930年底投产,使面粉日产量达15.4万公斤。这样,双合盛制粉厂在哈尔滨制粉业中,成为设备最先进、产量最大、产品质量最好、信誉最高的厂家。此外,张廷阁从20年代就开始经营房地产事业,双合盛名下的房地产遍布东北及北京等地,共十几处之多,每年仅房租一项就有几十万元的收入。

哈尔滨双合盛无限公司总账房(金宗林摄)

在张廷阁的精心经营之下,双合盛成为当时哈尔滨民族工商业中资金雄厚、实力最强的资本集团。仅从账面来看,双合盛初到哈尔滨登记资金

[①] 李述笑编著《哈尔滨历史编年(1763~1949)》,第283页。
[②] 李述笑编著《哈尔滨历史编年(1763~1949)》,第341页。

双合盛火磨的面粉广告

为27万元（现大洋），1927年，双合盛无限公司账面总资本为180万元（现大洋），到1930年，总资本增至247万元。由于账面登记资本不包括公司所辖5厂的机器设备、2个航业公司的船只码头、价值130万元的精油设备以及大批房产，股票等价值就大大超过了账面资本。后来伪满中央银行曾对双合盛的资产进行过评估，除北京啤酒厂外总资产达1000万元（伪国币）以上，这远远超过同时期哈尔滨其他民族资本集团，成为哈尔滨最大的民族资本集团。20世纪30年代，许多民族资本家的工厂发展为多行业的经济体。双合盛在原来经营面粉的基础上，又经营油房，硬化油厂以及奉天航业公司，建立国内最先进的大型机械制革厂。张廷阁成为哈尔滨工商界知名人物，由旅俄华商成功转型为哈尔滨著名实业家。20世纪20年代末30年代初，是双合盛发展的全盛时期，各项事业都有很大的发展。

日军入侵，实业衰落

国家是企业稳定发展的有力保障，然而一旦国将不国，企业的发展自然也就失去了依靠的屏障，必然走向衰落，张廷阁的双合盛无限公司在日伪统治时期遭受殖民掠夺，艰难经营。九一八事变爆发后，日本迅速占领我国东北三省，不断加强对经济的控制和掠夺，处在鼎盛时期的双合盛在这样恶劣的环境下，公司盈利逐年减少；购置的精油设备被迫低价转卖，只给45万元伪币（原130万元买进），航运公司被逼转让，此后，日伪又巧立名目勒索双合盛的大量流动资金。从1939年到日本投降前，先后被以兜售股票、推销公债等名目勒索资金400万元，相当于其全部资本的

36%，加上航运业的精油设备的损失，几乎损失一半，公司时刻有被日本人控制的危险。经过张廷阁苦心努力，虽然双合盛保住了企业和工厂，但是流动资金被掠夺殆尽，抗战胜利后，再无力扩大规模，只能维持生存，直到哈尔滨解放。

哈尔滨解放后，面临流动资金严重短缺的状况，张廷阁为了双合盛制粉厂能够复工生产，不得不向外借款以勉强开工生产。1948年，人民政府为了帮助双合盛解决流动资金不足的困难，曾贷给其数万斤小米，之后双合盛的生产状况逐渐好转。这时，双合盛制粉厂是最早为政府加工产品的私营制粉厂之一，主要生产任务是接收政府交给的加工订单。双合盛制油厂于1948年开始为政府加工豆油，1949年后全部为国家加工生产，一直到公私合营。因解放战争需要，从1947年起双合盛皮革厂就租给了东北军区后勤部，又由军区转租给地方政府，后于1957年合营于哈尔滨制革制鞋厂。双城堡火磨厂1951年租给东北军区合作联合社，1956年合营于黑龙江省粮食厅。北京啤酒厂在解放后因无力自行恢复生产，与华北区酒业转卖总公司进行了合营，后来在社会主义改造高潮时进行了公私合营。双合盛在哈尔滨的房地产在社会主义改造高潮时合营于哈尔滨市房产公司，外地的房产均在当地合营。双合盛的股票和其他投资也都于改造高潮时由各

哈尔滨双合盛有限公司厂房

归口单位进行了合营改造。

1954年1月24日，双合盛制粉厂起火，除锅炉和动力室外，工厂内六层磨坊及机器设备被烧毁殆尽。据专家鉴定，起火原因为高温暖风管无隔热材料，棚板上粉尘在高温下自燃。火灾发生后，哈尔滨市保险公司按规定赔偿保险金七十余万元。后来，鉴于哈尔滨面粉市场产能过剩，将保险金分别投资修建了香坊浴池、乳粉厂、新阳路浴池。这些企业和双合盛制粉厂火灾后保存下来的机器设备都在社会主义改造进入高潮时实行了公私合营。在双合盛制粉厂火灾后不久，张廷阁在哈尔滨病逝，终年七十九岁。

独特经营，实现资本积累

纵观张廷阁一生的经商生涯，他的经营理念既受到中国传统经商思想和义利观念的影响，同时又受到近代实业救国思潮和西方重商主义的感染，伴随社会形势等客观条件的变化和自身主观阅历经验的丰富而不断完善。年轻时的张廷阁和中国传统的商人一样，为追求利润，善于观察时机，富有冒险精神，不畏艰辛，吃苦耐劳，抓住稍纵即逝的商机，果断进行投机，从而实现丰厚的利润积累。这在张廷阁初到"双合盛"担任副经理时期，体现最为明显。日俄战争前夕，他利用自身通晓俄语的优势，在与俄军方交易的过程中，善于搜集和倾听各方信息，透过俄军军需官提前获知俄军动向，进而进行商业投机，囤积大量生活必需物资尤其是食盐，从而获取暴利。

作为一个中国传统的商人，张廷阁经常说"做买卖讲的是以诚为本，做人则应义字当先"，在其经商之初，这种义利观念深得当时"双合盛"大掌柜郝升堂的赏识。郝升堂作为张廷阁经商之路的伯乐和主要合作伙伴，正是看中他的这种经商思想中最优秀的品质。在其后来归国投资实业中，其旗下的企业所出产的商品无不是凭借过硬的品质而占领市场，他的这种经商思想是其立身之本。

张廷阁在海外长期的经营过程中，在与国外商人的来往中，深受欧美国家重视实业思想的影响。由于身处异国经商，深刻感受到寄人篱下，饱受排挤和压榨的困扰，加之国内辛亥革命后，实业救国思潮风靡，虽然富甲一方，作为中国旅俄华侨的杰出代表，张廷阁毅然决然归国投资实业，不畏艰辛风险，将海外的经营资产和业务陆续转移到国内，再创事业的辉煌，成为黑龙江乃至整个东北地区最强的民族资本集团。这些无不反映其经营思想的优越性和实用性，也无不说明张廷阁坚韧不拔、不畏风险、实业爱国的思想。同时，归国投资过程中，他所投资的领域大都是加工业，例如双合盛面粉厂、五星啤酒厂等，将其海外的商业资本短时间内转化成为实业资本，这在当时可谓担负极大的风险和争议。而这恰恰是张廷阁重实业思想的反映，其国内实业资本的迅速增值，更证明了其实业思想的明智和可行。

张廷阁在组织生产上，重视机器设备的选用。他始终坚信"没有好鸡下不了好蛋"的原则，不惜重金购置国外的先进机器设备。特别对于德国的机器质量十分信服，他千里迢迢从德国购置双合盛面粉厂、皮革厂设备和后来的硬化油设备。但是他也不只用德国的产品，当看到瑞士的制粉机质量更好时，他就选用瑞士货。因此，在双合盛制粉厂的新机器中有一半是德国产品，一半是瑞士产品。"择其善者而从之"可以说是其选用机器的信条。

在经营管理中，他深抓生产技术，重视产品质量。从回国开办第一个工厂开始，张廷阁就从提高产品质量入手，整修设备，制定管理制度。在双合盛制粉厂，更是从不放松对产品的质量检查。他每天早上到办公室坐下，磨头就端上打好的面样子让他检查，三十年风雨无阻，很少例外。他还经常到生产车间查看产品质量，发现问题及时召开质量分析会，找出原因，及时改正，使产品质量不断提高，在同行中名列前茅。每当听到人们称赞五星啤酒和双合盛沙子面时，他格外高兴和得意。几十年中，双合盛的五星啤酒和红雄鸡牌面粉一直是同行业中的佼佼者，在用户中树立极高的信誉，这与张廷阁亲手抓产品质量是分不开的。

在双合盛企业的原料采购、产品推销方面，张廷阁也有一套与众不同的方法。采购原料的特点之一就是抓住原料大量登市的季节，在价格最低的时候大量订购，大批储存。当时，哈尔滨制粉业各厂采购原料的方法有四种：委托经纪人代购；买卯和期货；派员到外地采购；集市采购。双合盛制粉厂主要采用前两种方法采购小麦。这样做不仅省去了许多麻烦，而且不受非产麦期小麦涨价的影响，大大降低了生产成本。这样做须库存大量小麦，积压流动资金，订购小麦也要先交押金，必须有足够的流动资金为后盾，双合盛能够凭借充足的资金在市场竞争中占得先机。几十年来，双合盛的面粉厂在同行业产品中一直保持成本最低的优势，这与双合盛采购原料的方法有直接联系。在皮革厂也推广同样的采购方法。有一次，在双合盛皮革厂库存了大量原料之后，日寇突然开始对皮张进行控制。其他小厂因没有原料纷纷停产，双合盛却因皮革涨价而大大获益。在推销产品方面，双合盛各厂主要是通过代理店进行销售，同时也派驻在员进行推销。由于产品质量好、信誉高，在销售上很少有竞争失利的情况。

在用人方面张廷阁也有其独特方式。在双合盛各企业核心部门负责人的人选上，他所任用的大都是在海参崴时期的高级职员和股东们的亲属，如徐慎义、刘思恭、迟永清、鄢正海、张作近、张延桐、张和卿、傅筠名、郝余庆等。他也大胆起用新人，如制粉厂厂长杨云程是1929年来到双合盛制粉厂的。张廷阁见其在建厂过程中工作能力突出，就破格提升他担任厂长。张廷阁特别重视技术人员的任用，买进地烈金火磨后，他留用了原厂的外籍技师，扩建新厂时他又聘用德国技师，皮革厂建成后他连续高薪雇用了三位外籍技师，北京啤酒厂也留用外国技师。这样，双合盛各企业中技术力量较强，生产一直很稳定。

在企业招收工人方面，张廷阁则以招收山东籍工人为主，仅山东掖县、黄县（今龙口市）人就占工人总数的百分之八十以上。张廷阁招收山东籍工人是基于多方面原因考虑：首先，山东工人只身来哈尔滨打工无亲无靠，住在工厂能一心一意专心务工；其次，山东人肯吃苦能干活好管理；最后，从同乡的角度考虑，工人大都来自张廷阁的家乡，从个人情感上更加具有亲近感。张廷阁用人不疑、疑人不用，不论职员还是工人，凡经他同意进入双合盛的从未解雇过。张廷阁对工人、技术人员、职员、高级职员是区别对待的。他认为技术人员和高级职员在企业中起决定作用，只要抓住这些人，发挥好他们的作用，企业的生产和管理就有保证。因此，技术人员和高级职员不仅在工资待遇上较体力工人优越，其他福利待遇也与一般工人、职员两样。

在企业扩大再生产和利润分配方面，他从企业长远利益决策，保证企业持续发展和调动员工积极性。通过加大公积金、缩小表面盈余额、少分红利和分后少支出或不支出红利等办法，最大限度地加速资金积累，扩大生产规模。例如，张廷阁在公司的几个章程中规定，固定资产设置的当年，要按原价的二分之一上账，年终结算库存的原料等均折半价上账。债权也折半上账。这样，账面上的固定资产、库存物资等金额微乎其微，而实际价值却超出账面的几倍。盈余额减少了，公积金却悄无声息地加大了。至于一些生产用的小物件、办公用品乃至汽车根本就不上账。从1933年至1944年，张廷阁通过这种方法为双合盛积累资金190余万元。此外，公司章程中还规定了股东分红方法。章程规定，股东红利每年结算一次，三年决算后分劈，东股四年陆续支取，西股三年陆续支取，加上张廷阁有意不按期分红，使账房长期存有大量的股东红利。据统计，从1933年至1945年平均每年有74万元的股东红利存在账上，最多的一年曾达到200万元。这样，双合盛无形中就增加了大量的流动资金，对企业的发展起了很大的作用。

双合盛的工资支付形式有四种，即分红、工资加偿与金、月薪和计件工资。股东和有身份股的高级职员采用分红的形式；职员和技术工人采取工资加偿与金；技师和生产工人、杂工定为月薪；搬运工人计件付酬。张廷阁利用这四种工资形式把握着分配大权。他首先把技师的工资定得很高，使他们能安心在双合盛工作。职员和技术工人年终有一笔偿与金，工作干得好偿与金就多给。这样，技师和职员都能为企业尽心竭力。对普通挣月薪的工人，工作干得好可以提级。力工则是多干活多挣钱。张廷阁就是靠这种灵活富有弹性的薪酬手段来调动下属的积极性。

为人正派　生活节俭

张廷阁为人正派，没有不良嗜好。平时只有在应酬时才喝酒。他不喜欢看戏、看电影。偶尔空闲时看旧小说，早晨起来喜欢在庭院里散步，晚上喜欢听女儿弹钢琴。在下属的记忆中只有两件事让他最高兴，一是买卖做成，二是看见工人们卖力气干活。在制粉厂建厂施工时，张廷阁每天都到厂里走一走、看一看。有一次他站在搭起的跳板上看工人干活时，一高兴从跳板上摔倒在地槽里摔伤了腰。民国十六年（1927）左右，双合盛买卯，各粮店只卖不买，只有双合盛只买不卖，连倒了两卯，卯卯跌价，双合盛赔了一大笔钱。但交麦子时，各粮店都收不上麦子，此时如果双合盛按卯要粮，哈尔滨就会有三十余家粮店倒闭。这时各粮店纷纷找人向张廷阁说情，商会也出面进行调解。张廷阁一挥手说："算了吧，麦子不要了。"各粮店退回押金。当时这件事在哈尔滨传为佳话，大家纷纷说张廷阁为人正派，不挣坑人的钱。

虽然张廷阁已有千万元资产，但是依然保持创业时的节俭习惯。在生活方面，他严格控制家里的生活开销，从不奢侈、讲排场。家里只雇一个做饭的大师傅，家务活都由妻子邹德馨干，粗活由双合盛的老家人干。有段时间，张廷阁的三女儿管家，她花钱大手大脚，买奶油一次就买十斤。张廷阁看到很不高兴，他自己上街买奶油只买半斤。在社交场合他依旧不讲排场，他说："钱不是大风刮来的，钱要花在正地方，我最看不起死要面子、穷摆谱的人。"

热心公共事务，社会影响显著

张廷阁在其经商生涯中，积极参与公共事务，具有良好的社会影响力，不仅积极维护旅俄华侨在远东地区的经济利益，同时，在日本侵华期间，为维护自身、民族、国家的利益积极奔走，社会影响显著。早在1914年，他就出任过海参崴中华总商会会长，与帝俄打交道，维护华侨工商业的利益。回国以后,他曾在1914年当选为哈尔滨市公议会议员。1923年,哈尔滨总商会会长徐琴芳病故,张廷阁接任会长。同年成立东省特别区中国商会联合会,张廷阁兼任会长。1926年5月,东省特别区商会联合会成立,张廷阁被选为会长,并拟定该联合会章程。同年11月,哈尔滨自治会召开成立大会,选举张廷阁为自治会会长。1930年6月8日,哈尔滨面粉火磨同业公会改组,王华岭为主席,张廷阁等2人为常务委员。①

日伪期间,日寇为了拉拢张廷阁,除让他留任哈尔滨总商会会长外,另外为他加了许多头衔。1938年,他被委任为伪满洲国发明协会哈尔滨支部长。1940年,又被委任为伪滨江省实业银行取缔役。1942年,他又挂名担任了伪东亚经济恳谈会满洲本部评议员。此外,他还先后担任过道里商会会长、伪滨江省正备委员会委员、哈尔滨松江胶合板株式会社社长等项职务。1945年8月,日本战败投降。9月,张廷阁在政权无人接收的情况下,出任哈尔滨市临时代理市长。同时,他还参加了哈尔滨市政参议会、中苏友好协会等组织。

张廷阁认真履行社会职责。除在日伪时期他完全是应付差事之外,其他时期他都能够利用自己的影响去做一些有益于民族、有益于社会的事情,在一些重要关头不忘自己是个中国人,不忘自己的义务。例如,1926年,市公议会第七十八次大会讨论第五十条文字语言案时,中国议员力主在议会中使用中国语言、文字(在这以前市议会中一直使用俄文)。然而,俄籍议员却恃着人数上的优势无理否决了这项提案。中国议员全体退席表示抗议,并两度发表宣言,力争中国人之主权。此事件在哈尔滨引起市民的公愤,张廷阁和傅润成等联名呈文长官公署,要求收回市政大权,改组公议会,成立自治会。呈文中说:"哈尔滨市区地方完全为中国领土,自治会本应由中国人组织……俄籍议员恃众专横,每遇提案均不尊重我国国民之公意,遂使中华土地、中华国民不能用中国语言文字办理其市区内之

---

① 李述笑编著《哈尔滨历史编年(1763~1949)》,第357页。

市政，此诚中华民国国民之奇耻大辱……恳请钧署鉴核，饬下市政管理局，按照民国十年颁布之市自治会法，将哈尔滨市公议会改组为中华民国哈尔滨市自治会，以树基础，俾市民困苦得以昭苏，国家主权得以恢复。"张廷阁等人的这篇呈文，引起了东省特别区长官公署长官张焕相的重视，受到了各界人士的支持。不久，长官公署就改组了市公议会，成立了临时自治会。在临时自治会期间，张廷阁被聘为高级顾问。1926年11月，经过市民选举，张廷阁当选为市自治会会员，接着又在会员选举中当选为第一届自治会会长。

　　1945年日本投降后，哈尔滨市政无人接收。地方绅商有意推张廷阁任临时市长，张廷阁对此举棋不定。为此，他特意前去拜会李兆麟将军，请李将军为自己出主意。李将军非常支持他出任临时市长，并且两次登双合盛门，向张廷阁晓以中国革命的道理及中国革命的意义等。张廷阁虽然对政治不太明白，但有了李兆麟将军的支持，他心里有了依靠。1945年9月，张廷阁出任哈尔滨市临时市长，随后组成临时治安维持会。[①] 1946年1月，国民党接收大员接收哈尔滨，张廷阁的临时市长职务也被接收了。1946年4月，国民党接收大员撤出哈尔滨，哈尔滨市政参议会随即召开会议，研讨迎接民主联军进城。会后，张廷阁同谢雨琴等一百多名各界人士联名致电东北民主联军司令，请求进城维持哈尔滨治安。其电文如下："东北民主联军司令钧鉴：哈尔滨现呈无政府状态，群情惶惑，治安甚虑，呈请贵军迅速进驻市内，以维治安，而慰民望，不胜迫切待命之至。"这个电报代表了哈尔滨八十万人民的共同心愿，也是张廷阁在关键时刻又一次为民族为社会所尽的义务。是年，他已是七十一岁的古稀老翁。

　　张廷阁既是爱国资产家，又是慈善家，他还担任道外慈善会长、慈光会长。1925年，上海发生"五卅惨案"时，他捐款、捐面粉救济工人。金少山来哈尔滨为灾民义演时，为了捐款救济灾民，他破天荒看了一场

[①] 《爱国实业家张廷阁》，《莱州文史》2009年第1期，第9页。

京剧。

1931年11月，黑龙江代理主席马占山率部在嫩江桥与日寇接火，爆发了驰名中外的"江桥抗战"。当时，哈尔滨各界纷纷声援马占山抗日，张廷阁亦在工商界中率先捐款。他以无名氏的名义向马占山的驻哈联络站捐赠了大笔款项，却始终没有把自己的名字写在登记簿上。此外，在红十字会发起的多次赈济灾民的捐款中，他都以无名氏的名义捐赠了大笔款项，从不留名。1939年1月，由滨江省、哈尔滨市公署出资，张廷阁、徐鹏志、贾文传、胡润泽等捐助，哈尔滨文庙开始修缮。在民主联军进驻哈尔滨后，关内解放军也陆续移师东北，张廷阁接纳了上万名战士住进双合盛厂房。4月的东北寒气逼人，他见战士们衣衫褴褛，心中不忍，在资金十分紧张的情况下，毅然拿出800万元给战士们统一制作军服，为解放战争的胜利再做贡献。①

1951年，抗美援朝总会号召全国各族各界人民推行爱国公约，捐赠飞机大炮，优待军烈属。哈尔滨市工商联立即在全市工商界开展了捐献飞机、大炮的动员。张廷阁时年75岁，但爱国热情不减当年。在6月27日市工商联召开的工商界代表联席会议上，双合盛制粉厂代表提出独资捐献"双合盛"号飞机一架，在全市工商界中起到榜样带头作用。

回顾张廷阁跌宕起伏而又充满传奇的一生，我们可以清晰地看到在积贫积弱的旧中国，作为旅俄华侨中的杰出代表，张廷阁在海外创出骄人事业；响应实业救国的号召，归国投资建厂，创造新的辉煌；在饱经日寇掠夺、事业遭重创的情况下毅然苦心经营。这无不体现着他敢为人先的开拓精神、追求梦想的实业兴边精神、拳拳赤子之心的爱国精神和百折不挠的艰苦奋斗精神。

采访时间：2017年2月3日

采访地点：哈尔滨

---

① 《爱国实业家张廷阁》，《莱州文史》2009年第1期，第9页。

口述人：金宗林，男，1953年12月出生，哈尔滨市工商联退休

注：金宗林曾在20世纪80年代采访过双合盛制粉厂的原厂长杨云程、生产股长周一声、张廷阁的秘书韩织文、张廷阁的侄儿张天政、同乡邹文义等，掌握大量资料。笔者2015年1月在张廷阁家向山东莱州采访史志办的同志提供了他的资料。

浮华背后的屈辱

——苏联远东情报员徐日晓和他的家人

振边酒厂,坐落在黑龙江畔黑河市西郊的五道豁洛。欧式古堡式建筑像一幅美丽的异域风情画卷,留给世人无限的遐想。走进酒厂,叩开紧锁的黑漆大门,揭开近百年尘封的历史,不由让人想起振边酒厂的沧桑往事和神秘的主人徐日晓。

徐家六兄弟合影(第一排左一徐晓庵、中徐日昇、右徐日明,
第二排左一徐日晓、中徐日忻、右徐日崑)

徐日晓(1911~1951),曾用名徐东明,山东掖县西由镇后猴吕村人。

早年留学日本，曾在哈尔滨工业大学受过高等教育，精通日语和俄语。他短暂的一生，备尝世间荣辱，是风云变幻、跌宕起伏的一生，更是令人惋惜的一生。

少年不识愁滋味

徐日晓的父亲是黑河清末民初的民族资本家徐鹏远。徐鹏远早年"闯崴子"，在俄罗斯远东麒麟金沟淘金获得原始资本积累，后来靠行商贩酒逐渐发迹。1911年徐日晓出生后，家境日益好转。1914年，在徐日晓3岁的时候，徐鹏远来到边境黑河创办企业，先后开设了逢源金厂、德昌火磨公司、万福广酒庄、恒曜电灯公司和万发、和瑞、兴祥等商号，成为富甲一方、声名远播的实业家。徐鹏远交际广泛，为人豪爽，曾与张作霖、马占山等各界名人结拜为生死兄弟。在徐日晓少年时期，出入家中的大多是一些成功的商界人士，他深受环境的影响和熏陶，耳濡目染，从小深谙一些经商之道。

徐鹏远共有3个儿子，他的结发妻子与大儿子徐日昇在山东老家生活，三儿子从小过继给本家的三弟。徐日晓排行老二，自小聪明伶俐、懂事乖巧，深得家人的偏爱，他与父亲和俄国庶母一起生活。由于徐鹏远在俄国打拼多年，熟练掌握和使用俄语，受家中特殊的语言环境和生活环境影响，徐日晓不仅从小练就一口流利的俄语，还会书写俄文，并较早接受西方思想文化。

徐鹏远虽然读书有限，但是他善于接受新事物和新思想，不墨守成规，是思想开明的商人，尤其重视子女教育。早年大儿子徐日昇在北京大学攻读化工专业，由于他不谙经商之道，喜欢学习研究，徐鹏远把传承家族产业的希望，全部寄托在二儿子徐日晓身上。徐日晓年轻时被父亲送到日本接受教育，回国后在哈尔滨工业大学读书。

徐鹏远在黑河建厂采取对俄贸易，由于业务需要，他经常带着心爱的儿子徐日晓过境到海兰泡、海参崴等地联系业务，与苏联人接触较多。当年正值苏联社会主义经济建设时期，马克思主义思想悄悄地在徐日晓年轻的心里萌芽。1931年日本关东军侵占东北，不久占领黑河，封锁了黑河对苏联的边境贸易。振边酒厂的生意日渐萧条，聪明的徐鹏远把投资方向转向哈尔滨和天津。1935年，徐日晓在哈尔滨六一部队直属酒精油脂甘三公司任总技师。1936年3月，到天津华北酒精酿造厂任技师。[①] 25岁的徐日晓从哈尔滨工业大学毕业后，在父亲经营的哈尔滨大同酒精公司做技师，逐渐熟悉和掌握酒精的配料和加工制作方法。此时，正值日本占领东北时期，他目睹日本人在东北犯下的滔天罪行，在求学期间接受一些新思想。父亲实业救国的思想深深影响了他，他勤奋工作，力图创新，以实现实业振边、富国强民的理想。在哈尔滨学习工作期间，正值学生抗日运动迭起，随着马克思主义在东北的传播，他更加坚信只有共产党才能救中国，希望将日本人赶出东北，赶出中国，把自己所学的知识用在振兴家族的企业中。

危难之中担重任

日本关东军侵占黑河之后，封锁了边境黑河对苏联的贸易，停息了振

1927年振边酒厂建成投产后员工与德国专家合影，前排右六为徐日晓

---

① 徐日晓女儿提供的徐日晓的档案。

边酒厂轰鸣的马达声，切断了酒厂的财源。年过半百、身心疲惫的徐鹏远，把重振振边酒厂的重担放在最信赖的儿子徐日晓身上，带着对日本侵略者的愤恨离开了黑河，在哈尔滨、天津、北京等地督促家人开辟新产业。

徐日晓遗传了父亲的精明强干，他头脑灵活、办事果断利落。28 岁的徐日晓接管困境中的振边酒厂，负责酒厂日常管理和技术工作。此时酒厂失去往日的繁荣，生意一落千丈，始终处于产产停停的半倒闭状态。他肩负起一个家族、一个边境民族企业的重任，凭借通晓俄语和日语、擅于交结各路朋友的本事，与日本人百般周旋。可是日本人占有振边酒厂的野心蓄谋已久，任凭徐日晓早出晚归、苦心经营，依旧无法重振酒厂的对苏贸易。据振边酒厂《酒精制造原价实迹调书》记载："一九四一年十月一日至一九四二年九月三十日，作业日数为一百九十四日，修业日数为二百一十六日，制造酒量为三万八千三百八十四箱，总原价为九十八万五千二百六十九元；一九四二年十月一日至一九四三年九月三十日，作业日数为二百二十日，制造酒量为五万七千五百箱，总原价为四十一万三千九百八十五元。"[1] 1942 年，振边酒厂有职员 12 人，即董事 2 人、总务主任 1 人、

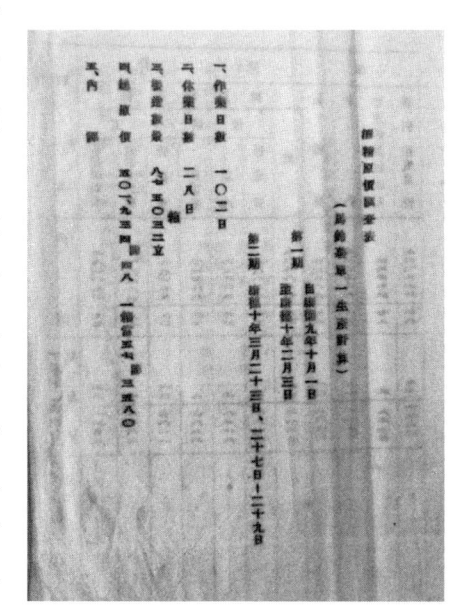

1940 年代振边酒厂生产记录

会计主任 1 人、会计 2 人、秘书 1 人、庶务 2 人、黑河驻在员 1 人、哈尔滨驻在员 1 人、打字员 1 人；[2] 技术管理人员 19 人，有酿造技师长、机械

---

[1] 《黑河文史资料》第三辑，第 80 页。
[2] 《黑河文史资料》第三辑，第 81 页。

1940 年振边酒厂厂房

技师、酿造助手、仓库主任、仓库员、酒精仓库员、机械助手、现场监督员、苦力管理员、检斤员、埠头员、酿造见习生、机械杂役等，另有工人114人。

1943 年 11 月 1 日，振边酒厂在日本人的逼迫下成立了"振边酒厂株式会社"，株式会社成员 7 人，株式总数为一万二千株，株主徐鹏志（株数一千四百元）、徐日晓（株数一万元）、徐日明（株数一百元）、徐日昇（株数一百元）、徐铁生（株数二百元）、山口退三（株数一百元）、彭墨林（株数一百元）。① 日本人强迫徐鹏远的五弟徐鹏志任社长，徐日晓和日本人山口退三为常务，酒厂被日本人把持，强行生产酒精，虽然徐鹏志为会长，可是他生活在哈尔滨，主要负责哈尔滨酒厂及天津华北酒精酿造厂的业务，振边酒厂的生产和管理依旧由徐日晓负责。徐日晓不仅跑销路，还要抓生产，更要应付日本人的纠缠和刁难。这一时期，工厂主要生产医用酒精和工业酒精，大部分供给日伪军。

徐日晓与妻子儿女、侄子、侄女、岳母等一大家十几口人居住在父亲

---

① 《黑河文史资料》第三辑，第 81 页。

兴建的元茂昌商号（现大洋公司位置）二楼。当年，元茂昌是黑河有名的商号。元茂昌建成后的第二年，徐鹏远把房屋一楼租给商人王贯庭经营元茂昌杂货店。徐日晓每天乘俄式马车来往于振边酒厂和市区之间，他工作勤奋，早出晚归，有时候厂里工作繁忙，三五天才回一次家。他有一辆德国进口黑色轿车，厂内还养有十几匹西欧大洋马。

深入虎穴获敌情

日本关东军占据黑河后，该地成为伪黑河省公署与伪瑷珲县公署所在地，对辖区各县实行特别军事管制。他们以孙吴为要塞，在黑河一带大量驻兵，企图长期统治东北，并为进攻苏联做准备。苏军总参情报部借助共产国际（第三国际）的名义和力量，在苏联远东建立情报机构，主要目的是掌握日本关东军在中苏边境一带驻兵部署和战略基地的情报。黑河与苏联阿穆尔州隔江相望，交通便利，成为远东情报局一个情报组的驻地。当年许多有正义感、优秀的边境儿女成为地下工作者——情报员，他们借助开旅店、成衣铺和江边房屋经商等有利条件搜集情报，为抗战胜利做出了重大的贡献，许多人献出了自己的生命。

由于徐日晓接受了进步思想，他很快被发展为苏联远东情报员，在胡宇翔领导的苏联远东国际情报局下属的黑河情报组担任副组长。1941年，日本人中森涤七在大兴街路北专卖局对门筹建萨哈亮餐厅，目的是向苏联进行反宣传。[①] 徐日晓把家仇国恨深埋内心，不动于色，凭借与日本人合办振边酒厂的合法身份经常出入萨哈亮餐厅，与各路头面人物频繁接触。萨哈亮餐厅成为他获取日本情报的重要场所，在觥筹交错中搜集大量日本关东军在黑河的军事、政治情报。

振边酒厂远离市中心，酒厂高墙森严，坚不可摧，是最安全、隐蔽的接头地点。他避开日本人的眼线，利用振边酒厂不远处的较窄江面，开辟了一条赴苏的渡江秘密通道，表面和日本人打得火热，暗中以酒厂谈生意

---

① 盖玉玲：《爱辉古今名人传》，第198页。

为借口赴苏传递大量关于日军行动的秘密情报。

徐日晓凭借与日本特务机关的亲密关系,多次以"合法"身份做掩护,冒着生命危险窃取情报,从中保护他的上线领导胡宇翔。1937 年的一天,日本宪兵队气势汹汹闯入胡宇翔养父的诊所,搜查屋内每一个角落,试图寻找胡宇翔通苏的蛛丝马迹。幸运的是在日本宪兵队搜查之前,胡宇翔接到徐日晓的秘密情报,提前转移了所有材料。正是由于徐日晓及时获取日本关东军的情报,胡宇翔多次在危机时刻躲过日本人的抓捕。[①] 在那个特殊的年代和环境下,谁也没有想到日本人面前的红人徐日晓竟是胡宇翔手下的得力干将。

1945 年 8 月,苏军出兵东北,攻入黑河。苏军对黑河城区内每个日本据点了如指掌,准确轰炸日本关东军的军事设施,轰炸带有标记的地方,避免了不必要的牺牲,减少了老百姓的损失。这些重要的地理位置和标记都是胡宇翔和徐日晓等情报人员冒着生命危险为苏军提供的。

枪口脱险终解谜

苏军出兵东北,黑河从日本铁蹄下解放。胜利后,徐日晓成了苏军卫戍司令部的翻译官,而且被苏军推为由黑河各路头面人物组成的黑河临时治安维持会第二副主席。当年,在黑河人眼里,徐日晓是日本人赏识和信赖的日满"协和"人物,他们对徐日晓变色龙般的行为,无不藏恨于心。他的机灵和善变,让许多人费解而不敢靠近。1945 年 11 月 19 日,根据省政府命令成立了黑河第一个人民民主政权——黑河地区行政办事处,胡宇翔为办事处主任,李冷斋为办事处副主任。办事处成立的第二天建立了瑷珲县政府,肖敬若为县长,接管了何绍先、徐日晓、孙玉藻等人把持的黑河治安维持会与县政府。

1946 年,由于听信苏军司令部个别人对胡宇翔是国民党的不实之词,胡宇翔被错杀。胡宇翔是远东情报局的红色特工,曾通过苏联驻黑河领事

---

① 盖玉玲:《瑷珲古今名人传》,第 199 页。

馆帮助王玉等一批爱国青年赴苏学习培训，后成为远东情报局的红色特工。他和徐日晓的名字都在共产国际远东情报局掌控之中。胡宇翔牺牲后，为了防止徐日晓由于特殊经历和复杂身份被误解而酿成不幸，苏军司令部对徐日晓进行转移。据黑河酒厂尚在的老工人82岁的张治国回忆："1946年在苏军司令部撤离黑河之前，徐日晓坐着两辘轳的马车从黑河市上马场乡过江到对岸，被苏军用飞机护送到哈尔滨。"另据租住徐日晓家房屋开设元茂昌杂货铺的王贯庭的儿子王世祥回忆："小时候听父亲讲，1946年冬季，徐日晓在家里宴请黑河各界名流及苏军司令部等人员20余人，可谓商贾云集、高朋满座，客人酒兴正酣到半夜。第二天早上听父亲说，徐日晓一家半夜带着所有贵重物品乘车顺嫩江到哈尔滨。"徐日晓走了，离开了黑河，他是如何离开的，如今已经成为一个不解之谜，徐日晓消失在黑河人的视线中，至此，很少有人知晓或证明徐日晓苏联情报员的真实身份。

笔者和元茂昌杂货店经理的儿子王世祥
在元茂昌楼内合影（原徐日晓住所）

1946年4月，徐日晓开始在哈尔滨经营商贸行。由于振边酒厂在日伪时期被日本人把持，为日本军队生产大量酒精，他在黑河人眼中成为一个名副其实的日本汉奸特务。1947年，黑河掀起了土改高潮，逮捕、镇压日伪时期的宪特及反动余孽，当年 4 月，徐日晓被公安部门寻踪找到，押回黑河，曾在北安社会部监禁 7 个月。徐日晓入狱时，振边酒厂的一切事宜由徐日晓的堂兄徐日明负责。徐日明是经商、办金矿的企业家，没有介入远东情报组织，因和徐日晓有亲缘关系，一并收监审查，后被释放遣往内地。

黑河解放后，1948 年 3 月 25 日，振边酒厂收归国有，改名"黑河酒厂"，向苏联出口都柿酒和伏特加白酒。1964 年，由于缺少酿酒的粮食，酒厂轰轰的机器声停止了，企业停产。1978 年，根据黑河地区修造船工业的发展需要，黑龙江省航运管理局龙航字（78）9 号文件，批准黑河地区工业局所属五道壑洛原酒精厂的厂房为黑河航运局船舶修造厂厂房和扩建基地。文件规定原酒精厂厂房和家属宿舍面积 9578 平方米，其中围墙内 8576 平方米，围墙外 1002 平方米；原酒精厂厂区围墙外占用土地归航运局继续使用。① 当年航运局曾花费 45 万元买下这个厂址，后来，黑河航运局先后在此地修建船只，生产饮料，养殖鸡、羊，20 年来闲置至今。

笔者查阅徐日晓的档案资料，一些调查资料和证言含糊不清、模棱两可。如指证徐日晓与日本敌特机关中村秘书相勾结，狼狈为奸。胜利后，徐日晓被推举为黑河维持会主席，压迫群众，后为反动保安队长，将我军赶出黑河。1946 年 1 月，土匪杨青山匪帮偷袭黑河司令部，枪战后我军胜利。证言中有"连长叛变，打死大队长邓秀江可能与被告有勾结，我军出城之晚，县府房子被烧，估计系被告干的……"② 这些材料成为当年逮捕徐日晓的理由。徐日晓三个字清楚无误地印在即将镇压的花名册上。然而，枪响倒地的人犯里却没有他，这又成为黑河多少年来的一个未解之谜。

我们从几人的回忆中还原当年的历史。据黑河文史资料刊载王玉同志的回忆文章，其中有这样一段话："1947 年 3 月，我任黑河地区公安局局长，

---

① 黑龙江省航运管理局龙航字（78）9 号文件，1978。
② 徐日晓女儿徐松芝提供徐日晓的档案。

着手整顿社会治安，一个晚上就逮捕300多人，大部分是在伪满当过警察、特务的，有点民愤。当时由于调查不清，也有不应逮捕的也逮捕的，不应处决也处决了。有天早晨，一名40多岁、个子不高，叫格勃沃的苏联同志找我，交给我一封信，信上说：'王玉同志，请你到苏联来一趟，有要事商谈。时间在明天晚上，地点在一道壑洛，只带两个随员，可随身带枪。'"

王玉过江后，一位苏军少将设酒宴热情招待他，在宴会进行中，苏军少将说："最近你们逮捕不少人，里面有我们的人，这些人为苏联工作多年，有贡献。我们都是无产阶级怎么用完就杀了呢。请你们宽大处理。"苏军少将写下了白玉璞、郑昌德等不到10人的名单。回来后王玉和地委汇报，按照苏联提供的名单，把这些人都放了。①

1985年，时任黑河地委宣传部副部长的刘邦厚，在黑河地方志办公室见到曾任黑河公安局长的王玉。曾任苏联远东情报员的王玉亲口告诉他一个惊天的秘密："1947年快消冰排的时候，就在要镇压徐日晓的头一天晚上，有个陌生人来见我，他说他是'远东'（远东情报局）派来的，说有要事请我过江（去苏联）。当时我早已脱离了'远东'，过江非同小可，我请示时任黑河地委书记的林一心和专员岳林，他们同意我随那人带警卫连长赵廉过江，但要绝对保密。我从黑河一道壑洛处过江，冒险跳过流淌的冰排到了对岸。一位苏军少将设宴接待我。他开口就说：你们已经错杀了'远东'的胡宇翔，你们明天要处决的人里，徐日晓也是我们的人，希望不要再出现这样痛心的事……"王玉回来时向地委两位领导汇报，最后决定把苏军提供的人员释放，把徐日晓遣往哈尔滨。在第二天排枪未响之前，徐日晓获救了。1983年，祁学俊同志在撰写《瑷珲县志》，去沈阳离休干部王玉家了解早期瑷珲革命历史时，王玉也曾口述还原当年的历史，但是名单中有没有徐日晓，至今无人能说清楚。随着知情人的故去，历史又给我们留下未解之谜，可是徐日晓竟然被释放了。

笔者查阅资料，1947年11月29日土地会议正式开始，1948年2月21

---

① 黑河市政协文史资料研究委员会编《黑河文史资料》第六辑，1989，第58页。

日结束。当天夜里，在社会上进行一次大逮捕，将伪满警察、特务、土匪、做过坏事的人，凡是有可能破坏、阻碍土改运动进行的人统统抓了起来，瑷珲县城乡共抓了200多人。①1948年5月，将孙玉藻、孙宝基、朱老道、张大宗等8个恶贯满盈的大汉奸、大特务、大恶霸予以处决。这一期间，徐日晓又一次被无罪释放。②

由于三位来自延安的干部，严守组织纪律，对此事一直守口如瓶，坚守秘密30多年，外界不知这件事情真相，随着徐家人的陆续离开，徐日晓逐渐淡出了黑河人的视线。

1980年4月，中共黑河地委对胡宇翔同志做出平反昭雪的决定，后来由于原远东共产国际情报员王玉的口述和刘邦厚等人的记述，还原了徐日晓一案的真相，徐日晓的名字出现在黑河旅俄华侨纪念馆远东情报员的名单中。

旷世奇冤无人知

黑河振边酒厂收归国有后，当年黑河人民不知道历史真幕，依然痛恨徐日晓，黑河已经不是徐家人立足之地，哈尔滨也无法停留。徐日晓频频回望这片令他难以忘怀的土地，这里是他工作和战斗的地方，振边酒厂里有说不完、讲不清的故事。

1948年，徐日晓孤身一人落寞地从东北来到天津谋生。据徐日晓的女儿徐松芝回忆，当年他从哈尔滨去天津，走水路时遭遇土匪，身上值钱的东西被抢劫一空，到天津已是身无分文。酒厂的生意由二伯父的二儿子徐晓庵负责打理，徐日晓在天津华北酒精酿造厂任技师，自己投资创办酒厂的化验室。他头脑灵活，善于学习和钻研，不久就掌握了酒厂的核心技术。或许是怕核心技术被外国人掌握，或许是与苏联人接触有太多的不信任，他辞退了酒厂中的所有苏联人，自己承担化验任务，使天津华北酒精

---

① 政协黑河市委员会：《爱辉县土地改革专辑》，《黑河文史资料》第七辑，1990，第11页。
② 经笔者调查，徐日晓3次入狱。

酿造厂生产出高质量的酒精。

1949年，天津解放后不久，住在天津市第十区建设南路151号的徐日晓被天津市人民政府公安局逮捕半年多，由黑河市公安处鲍广德科长带队押送到哈尔滨。因其患肺结核吐血被释放，后又被关押移送法院判处10年徒刑。由于在狱中被不间断地刑讯、审查、提审、写检查，精神上和身体上受到严重打击，他的身体被彻底击垮，全身浮肿。保外就医回家一个多月后，于1951年6月13日，一个人默默吞咽了难以洗清的苦水，无声无息地离开了善良的妻子和4个年幼的孩子，那一年他的大女儿11岁，最小的女儿徐松芝仅几个月。

徐日晓的妻子吕彩文

徐日晓盼到了日本关东军战败投降，盼到新中国胜利的曙光，可是没有盼到历史真相大白的那一天。他始终没有向任何人袒露自己的真实身份，新中国刚刚成立，苏联远东情报局早已解散，在那个特殊的年代，无人能说清楚他曾经是远东情报员的经历。

身负骂名多磨难

徐日晓的妻子吕彩文性情温和、知书达理，从小家境富裕，两人相濡以沫，共同育有5个子女。1940年，他的妻子诞下一对龙凤胎，取名为徐铁生、徐松环，小天使的降临给徐氏家族带来许多的欢乐。他的父亲徐鹏远更是喜上眉梢，晚年看到徐家添人进口，人丁兴旺，欣喜之余决定在哈尔滨连摆7天喜宴，无论是官宦人家还是市井百姓进屋随便吃，徐日晓还把龙凤胎的照片寄给远在北京的母亲。可是这种快乐是短暂的，令人痛心的是，他的长子徐铁生在7岁时患白喉病逝在天津，当年徐日晓想尽一切办法，花费许多钱财，用最好的药都无力挽救宝贝儿子的生命。

1950年12月，徐日晓最小的女儿出生了。当时的徐家已经陷入困境，租住在天津市的一座小白楼。徐日晓看见尚在襁褓中的孩子，给她起个乳名"小幸"，希望女儿今后的生活能够幸福一些，也希望自己的家庭幸福多一点、平安多一点，更希望幸福像太阳一样给这个家庭及年幼的孩子以温暖。

中华人民共和国成立前，徐鹏远和五弟都已经去世，各家的生活费用主要由天津华北酒精酿造厂支付，由徐鹏远二哥的二儿子徐晓庵掌管家事，在大家商议下，卖了北京的大房子，各家先后买个小房子，每家分200块大洋用作生活费，日子无法与从前相比，生活很拮据。据徐日昇的女儿徐静娴回忆："为了生活，母亲和外婆把家里的首饰及能变卖的家产都卖了。"

中华人民共和国成立后，黑河的振边酒厂、天津华北酒精酿造厂等收归国有，徐家被扣上经济汉奸、日本汉奸的帽子，一家人备受牵连，提心吊胆地生活。当年徐日晓入狱时，大哥徐日昇的儿子曾经到监狱去探望，看见徐日晓全身浮肿，头发很长，非常憔悴。探监这件事情很快被组织知道，他的侄子回来受到处分。徐静娴回忆："我小时候被人称为狗崽子。'文革'时，北京西城红卫兵把我们全家赶到山东老家；在北京纪委工作的哥哥在'文革'期间含冤跳井而死。"徐松芝年轻时想加入共青团组织，姐姐告诉她不要再写入团申请书，写了也没有希望。徐松环考入山东省泰安卫生学校，政审时受到家庭影响，档案被退了回来，丧失入学深造的好机会。由于家里成分不好，入团、入党、招工、转干等与家人无缘。直到1984年，徐松芝才加入党组织，实现多年的夙愿。多少年来，徐日晓的家人忍受不公正的待遇，默默承担着日本汉奸的骂名。

徐日晓的岳父曾在黑河做生意。岳父病逝后，他的岳母带着女儿吕彩文，为振边酒厂织手套维持一家生活。徐鹏远父子非常敬重吕家母女的人品，两家联姻，他的岳母晚年一直和他生活在一起。徐日晓去世，仿佛天塌下来一样，整个家庭都崩溃了，一家人的生活重担全部压在吕彩文身上。岳母受到打击突患脑血栓，瘫痪在床不能自理；妻子因过度流泪导致视力下降，双眼模糊，多次治疗后有所改善。面对瘫痪在床的母亲，年幼的孩子，吕彩文含泪毅然挑起整个家庭的重担。

徐日晓刚去世的时候，在天津华北酒精酿造厂的徐晓庵还不时接济这一家老小。可是好景不长，运动开始，徐氏家族财产全部充公，各家都受到不同程度的影响，已经无力再顾及这多灾多难的一家老小。徐日晓去世前，深感天津不再是他的妻儿久留之地，把一家老小托付给朋友张兴斋。他去世后，张兴斋偷偷地把徐日晓的岳母、妻子和孩子们接到济南。

为使徐家人免受迫害牵连，刚强的吕彩文带着孩子们隐居在山东济南，与大家族失去联系。徐日昇一家多次到济南寻找，没有线索。当年徐日晓的小女儿——小幸，尚未落户口，还没有名字，济南派出所民警给她起了一个名字"徐松芝"。一家老小在济南天桥区西义合庄租间房子。房东姓姚，是山东桓台县人，老两口没有生育，把弟弟家的孩子过继过来。姚家夫妇很善良，看到徐家老小贫困交加，叹息地说："一个女子拉扯这么多孩子，这今后的日子可怎么过呀！"

吕彩文带着孩子租住房东的东屋，房子很小，20多平方米，6个人居住，在房东和张姓朋友的帮助下搭了一间吊铺，在院子外搭一间门头，吕彩文开始蒸馒头、卖馒头的生活。在困境中，为了生存，吕彩文又卖起茶叶蛋、小咸菜以维持一家的日常生活。虽然生活困窘，粗茶淡饭，但她总是缝缝补补、洗洗涮涮，把馒头店收拾得干干净净。有的邻居对她产生怀疑，猜想她出身一定不会是普通人家，大家都叹服，一个瘦弱的女人竟能挑起这么重的家庭重担。她家附近是济南国棉四厂，由于她待人和善、干净利落，馒头店干净卫生，厂里的工人看到这家孤儿寡母十分可怜，下班时间都喜欢光顾她家的馒头店购买食品，帮助她减轻生活负担。

穷人家的孩子早当家，年仅11岁的女儿徐松环十分懂事，不仅帮助妈妈拉风箱承担家务，还要照看年幼的弟妹。由于没时间看书，她常常一手拉着风箱，一手拿着书本，干完家务才去上学。过度的劳累和长期营养不良，使她 18 岁就患淋巴结核、骨结核等疾病。

32 岁丧夫，半年后又丧母，吕彩文带着年幼的 4 个孩子在陌生的环境里艰辛度日。无奈屋漏偏逢连夜雨，又高又帅气的二儿子患上风湿性心脏病，经常打针吃药，还要住院治疗，成为医院里的常客，家里的钱全部用在交纳住院费上。尽管懂事的大女儿早早工作挣钱贴补家用，还是无法填补家里的欠账，任凭吕彩文如何哭喊，也无力挽救年仅 19 岁儿子的生命。

公私合营后，坚强的吕彩文在济南市长途汽车站的饭店工作。由于有文化，有经验，厂部党支部书记推荐她为经理，负责饭店工作。她带着工人起早贪黑地干，把饭店经营得红红火火。"文化大革命"开始，由于家里的成分不好，加上自己的经理身份，针对她的大字报、批斗会一个接一个，晚上不让回家，写检查，致使她患上高血压。1997 年，78 岁体弱多病的吕彩文离开了心爱的儿女，结束了命运多舛的人生。徐日晓的大女儿徐松环，退休前是济南市蔬菜公司的财务人员；三儿子在济南建筑医院负责后勤工作；小女儿徐松芝在山东化纤总公司工作。

沧桑往事记忆中

多年来徐日晓一家背负汉奸的罪名，懂事的孩子们怕母亲伤心，从不在母亲面前提起父亲。家中有关徐日晓的材料，在历次运动中被抄走。如今，徐松芝身边仅保存父亲的几张照片，那是她回到莱州老家时，曾经在振边酒厂工作的老员工后代送给她的。一张发黄的老照片记录了振边酒厂投产后，徐日晓与德国技师的合影。徐日晓英俊潇洒，意气风发，穿着西装，戴着礼帽，脚上穿着那个时代少有的白色皮鞋，一名成功商人的形象呈现在照片上。

徐日晓是名好父亲、好丈夫、好同事。小时候徐松芝听母亲说，徐日晓爱洁净、穿着讲究，不同的衣服搭配不同颜色的领带，家中的领带很多，他去世后，这些领带都用作孩子们的腰带。他善于交际，喜欢结交朋友，家里经常聚集很多朋友。徐日晓很讲义气，只要是朋友的事情，一定竭尽全力去办。每逢朋友到家做客，总是把家中的好东西拿出来盛情款待。徐松芝回忆，小时候听母亲说，出入家中的人中，有的人一看就像地下党。令人匪夷所思的是，怎么突然一夜之间，好人一下子变成了日本汉奸。

徐日晓在天津华北酒精酿造厂工作期间，善良平易近人，同事们都很信任他。有一次酒厂做化验，一名苏联化验员工作不认真，引起了他的警戒。为了保证产品质量，徐日晓自己出钱请人化验，有时候亲自承担化验任务。

据徐日晓侄女徐静娴回忆，小时候先后两三次见过叔叔回北京看望奶奶，在她印象中，叔叔干净利落，穿着讲究，总是西装革履的样子，是豁达、严厉、脾气倔强的人。有一年春节，她和姐妹们非常高兴，描眉涂粉，化妆打扮，叔叔看见了严厉地说："小孩子不要化妆，要朴素一些。"叔叔的性格更像奶奶。奶奶性格倔强，从来不讨好爷爷，爷爷娶了俄国妻子，奶奶带着长子与徐氏家族其他人员生活在北京。晚年眼睛不好，腿脚不方便，坚强的奶奶经常拖把椅子在屋内行走，很少给子女添麻烦。

徐日晓受过高等教育，崇尚有学问的人，喜欢聪明爱学习的人。对于勤奋、聪明的工人，他总是喜欢传授给他们一些酿酒的经验和知识。徐日晓临去世前，再三叮嘱妻子，无论生活多么艰难，一定要供孩子们读书，不能让孩子辍学。他认为知识可以改变人的命运，知识可以使人强大起来。徐松芝回忆："小时候，哥哥打架，严厉的母亲罚他站了一晚。徐家父慈子孝，在这样的家庭怎么会有汉奸？"

笔者查找资料，走访曾熟悉和了解徐日晓的人，都说他不是欺压百姓、作恶多端的人。据岳林、张继成同志回忆，1945年，王肃等同志到黑河，建立人民武装，条件艰苦，没有粮食吃，从振边酒厂要粮，徐日晓拿出酒厂的库存粮食解决部队粮食短缺问题。1946年3月，组建瑷珲县人民政府，当时生活条件艰苦，缺少粮食，政府责令振边酒厂停止生产酒精，特殊环境下，酒厂剩下的粮食供给部队和干部食用。据黑河党史料记载，1947年4月15日，黑河各界赠送剿匪部队慰问金、慰问品、慰问信，其中振边酒厂慰问金4000元，慰问品24件，支援剿匪工作。① 为了繁荣边境黑河文化，在福有舞台濒临停办的情况下，1943年，他还带头集资10股5000元兴建福有舞台，② 成为集资最多的商家。戏院重新开张，更名为黑河大剧院。

据王贯庭的儿子王世祥回忆："我在元茂昌长大，从小与徐日晓的孩子们一起玩耍，徐日晓的家很大，豪华气派，他和妻子打扮得很洋气。家中客厅摆有那个年代少有的俄式钢琴，家中雇佣厨师和保姆。由于我们两家是世交，我称徐日晓为叔，经常在元茂昌楼上楼下跑着玩。"据曾任黑河市人大工委副主任的吕志贤回忆："元茂昌面积很大。当年，徐日晓家住在临街的一面，那里条件好，都是有钱人居住的地方。我家住在最里面，人多，居住条件差，经常与徐日晓的侄女徐曼在一起玩耍。徐日晓性格温和，待人和蔼，经常穿着笔挺的西服，非常忙碌。"

古堡依稀忆当年

1997年，已是黑龙江省文联主席的刘邦厚，以徐日晓为原型，以振边酒厂的古堡式建筑和泊船的小岛为影视基地，写出了长篇小说《百年风流》，拍出了54集电视剧《黑龙江三部曲》，在全国各地热播，把徐日晓谍战边境的事迹再现在屏幕上，让更多的人了解了徐日晓。值得高兴的是，2007年，在黑河旅俄华侨纪念馆展陈——共产国际红色特工一栏里，徐日晓名列其中。这些事情远在山东隐居多年的徐家人毫不知晓。几年前，他唯一健在的小女儿徐松芝退休了，往事浮现在眼前，再次撕裂她的心。作为徐日晓唯一健在的女儿，想方设法要把父亲的历史弄清楚，给父亲也给子孙一个交代。2015年10月，徐松芝在观看了2014年央视网播出的《探索发现》的边城往事后，身患结肠癌的她带着家人不远千里来到已

---

① 《黑河文史资料》第六辑，第102页。
② 《黑河文史资料》第三辑，第16页。

是国家二级文物保护单位的黑河振边酒厂。酒厂早已失去往日的风采。望着残存的古堡式的建筑，抚摸着印有文字的由德国技术制造的红砖，面对断壁残垣，她无语凝噎。这里留下祖父辛勤的足迹、父亲的汗水和泪水，这里更是父亲工作和战斗的地方。

原振边酒厂工人张治国

滔滔的黑龙江水载走许多的记忆，可是徐日晓孤身谍战，为边境黑河的解放事业所做出的贡献却时常让人想起。如今，振边酒厂像一位风烛残年的老人，寂寞地伫立在黑龙江边，默默地望着黑龙江水东去。

口述人：徐静娴，女，1933年出生，北京市教育学院离休干部；采访地点：北京西城区太平街20号；采访时间：2016年7月31日

徐松芝，女，1950年12月3日出生；工作单位：山东省化纤总公司；采访时间：2016年4月4日

吕志贤，男，1930年出生，原黑河市人大工委副主任；采访地点：黑河市；采访时间：2016年6月3日

张洪斌，男，原黑河市张地营子乡会计；采访时间：2016年4月11日；采访地点：黑河市张地营子乡

张治国，男，84岁，原振边酒厂干部，负责技术生产；采访时间：

2016 年 8 月 6 日；采访地点：黑河市

盖玉玲，女，1962 年出生，黑河市瑷珲古城风景名胜区管理处干部；采访时间：2016 年 5 月

徐洪春，男，原振边酒厂管理人员后代，采访时间：2016 年 8 月 7 日

祁学俊，男，73 岁，原黑河市人大秘书长；采访时间：2016 年 5 月

王世祥，男，1937 年出生，原黑河市乡企局干部；采访时间：2016 年 9 月 19 日

情系孙吴哈达彦

黑龙江是我国第三大河流,蜿蜒绵长数千里,它养育中俄两岸人民,在黑龙江上中游中俄边疆地区传颂许多朴实而感人至深的故事,赵金虎一家是千万个中俄通婚家庭的缩影,百年来一家人见证了黑龙江的通关闭关,中俄关系的发展变化,在黑龙江沿岸演绎了爱恨情仇、生离死别的感人故事。

闯关东参加东北军

赵金虎的爷爷赵彦邦,1887年出生于今河北省黄骅市赵家庄,家中兄弟姐妹多,生活十分艰难。1911年前后,为了生存,赵彦邦惜别妻子和两个年幼的女儿,再三叮嘱她们要照顾好自己,挣钱后就回来接她们母女,便与几个兄弟背井离乡,历尽千辛万苦闯关东来到哈尔滨。当年东北地多人少,在中俄边境地区,务工赚钱机会多,他的哥哥在铁路上谋生,兄弟俩参加了东北军张作霖的部队,居住在哈尔滨市道外区崇俭街30号,后来这里被称为赵家大院。赵彦邦身高一米八十,外号

赵彦邦

赵大个子，他行侠仗义，好抱不平，看不惯旧部队欺压百姓，想离开部队，当官的又舍不得他走，派他到奇克特哨所驻守。

1918年，赵彦邦经由齐齐哈尔、嫩江、黑河来到中苏边境奇克特辖区的车地营子哨所，① 当时江边有一位姓车的山东籍单身汉靠种地为生，故取名车地营子。

车地营子与俄罗斯阿穆尔州康斯坦丁诺夫卡隔江相望，当年正值开交通时期，两岸的居民可以进行自由贸易，赵彦邦在车地营子生活期间的公开身份就是捕鱼打猎、种地，有时还在江里沙金子。

赵彦邦来时带有一支军用步枪，枪法很准。小时候赵金虎和王作山一起放猪，他给赵金虎讲了许多爷爷奶奶的故事。王作山说："你爷爷出门都是带着你于爷（于喜江），经常去陷马沟子（康斯坦丁诺夫卡），他有许多朋友，你的奶奶就是他朋友介绍的。你爷爷枪法很准，一枪能打倒百八十米远飞奔的狍子。"

1924年前后，有一位河北黄骅的老乡来到车地营子。赵彦邦问起他家乡的变化，他说家乡正闹饥荒，死了很多人，赵彦邦所在的村子人口所剩无几，大部分都死了。由于路途遥远，战争年代无法跟家里联系，亲人音讯全无，听信同乡的话，赵彦邦认定自己的老婆孩子都已经离开人世，暗自神伤许久。

哈达彦村的第一位俄罗斯女人

赵彦邦经常去康斯坦丁诺夫卡，用俄语与那里的居民沟通交流并换回日常生活用品，经常有一些人来这里找他商谈事情，就这样他在那里默默生活了八九年，一个俄罗斯少女闯入他的生活，影响了他及一家人的命运。

赵金虎的奶奶是乌克兰人，叫娜塔莉娅，1911年出生在基辅。十月革命期间，她跟随父母及兄弟、妹妹长期四处逃亡，先后在符拉迪沃斯托

---

① 现孙吴县沿江满达乡哈达彦村东部江边，那时没有孙吴县，车地营子归奇克特管辖。

克、哈巴罗夫斯克、尼古拉耶夫斯克、托木斯克、波亚尔科沃、康斯坦丁诺夫卡谋生。娜塔莉娅家境贫寒，12岁时在面包房务工，在康斯坦丁诺夫卡居住期间，在布拉戈维申斯克一富人家做保姆以维持生活。她有一个哥哥、三个弟弟、一个妹妹，其中一个弟弟在逃亡中夭折。1927年，年仅16周岁的娜塔莉娅和赵彦邦在苏联相识结婚后定居车地营子（后期也叫哈达彦）。

车地营子有肥沃的土地、茂密的树林，还有丰富的物产。这里的居民有汉族、俄罗斯族、满族、鄂伦春族、达斡尔族、蒙古族、赫哲族、朝鲜族等。到1930年车地营子村民已经发展到40多户（原是哈达彦屯30户搬到这里），形成一个多民族居住的小村落。这里的村民热情好客，勤劳朴实，打鱼、狩猎、捞木头，村民共同分享快乐与喜悦，每逢杀年猪都要请全村人来吃杀猪菜，村民经常欢聚在一起，红红火火、热热闹闹，边境小村庄一片祥和的景象。

车地营子与俄罗斯阿穆尔州康斯坦丁诺夫卡早有民间贸易往来，

赵彦邦和妻子娜塔莉娅

当时在王阿木河岛原2号岛上中方居民有开酒柜的、种菜的、打鱼的、淘金的，俄方居民有放牛的、打马草的、狩猎的、做小买卖的等。两岸居民来往密切，易物贸易，中国居民喜欢购买俄罗斯的斧子、钐刀、火柴、煤油、蜡烛等，俄罗斯居民喜欢中国的白酒、香烟、陶瓷、丝绸等，双方各有所需，其乐融融。

娜塔莉娅与赵彦邦结婚时车地营子仅有四户人家。不久，陆续有闯关东的人到这里定居。无论是去俄罗斯还是到江上打鱼，山东籍年轻人于喜江始终跟随赵彦邦。娜塔莉娅来之前，赵彦邦收留了山东籍的王作山和他的儿子，达斡尔族木匠吴国桢和一位姓纪的先生认赵彦邦为干爹，他们跟赵彦邦学捕鱼打猎。赵彦邦正直善良，重情重义，在当地很有威望。后来这里又从河北、山东等地来了许多垦荒人。

20世纪20年代，苏俄国内战争期间，陆续有几位俄罗斯女性从康斯坦丁诺夫卡逃难到这里定居，有的是带着孩子，有的是投奔赵彦邦夫妻，还有经娜塔莉娅介绍嫁到这里的，如袁秀峰母亲、肖长生母亲、车喜路母亲、张桂荣母亲都是投奔娜塔莉娅并在此安家立户，后来安培成母亲、车喜路岳父、王先生妻子、苏刚喜奶奶和姥姥、村主任吴俊军的太姥也到此定居，先后组成十余户中俄通婚家庭，这些家庭显著特点是母系为俄罗斯血统。1928年赵金虎的伯父伊万出生，1931年赵金虎的父亲瓦夏出生。娜塔莉娅的父母和妹妹经常过境看望生活在这里的赵彦邦一家，虽然是两个国家，但是相距很近，亲人们经常来往。

宁可站着死，也不跪着生

日军侵占哈达彦后，先是让当地居民建户口、办"良民证"，然后让赵彦邦办理枪证，不久就来收缴赵彦邦的枪，警察队队长英井带着宪兵到赵彦邦家强行缴枪，赵彦邦气愤地说："你们不就是不让我用枪吗？"说完从屋里一手拿枪，一手拿把大斧子，出门后将枪扔在地上，举起大斧子把枪砸碎了，转身问英井："这样行吗？"英井竖起大拇指说："你的良民的大大的。"警察队副队长片冈对赵彦邦的举动十分敬

笔者在哈达彦采访赵金龙

佩，日本宪兵走后，他愣愣地看了赵彦邦好一会才离去。从此，片冈经常来找赵彦邦，后来娜塔莉娅为他妻子接生。为了表示谢意，一个深夜片冈偷偷送来一袋大米，并再三嘱咐千万不要让日本人看到，如果日本人看到吃大米就没命了。为吃大米饭赵彦邦特意做一个下面带抽屉的桌子，以防万一。从此赵彦邦与片冈成为朋友，片冈经常偷偷告诉赵彦邦一些信息，如哪座山上有什么，哪些地方不允许中国人去，去了就别想活着出来，哪个中国人给日本人当了特务、干了哪些坏事，片冈都一一告诉他，其中包括一名中国人当了日本汉奸，在半夜协助日本人抓走哈达彦的吴大力士，把他秘密送去做细菌试验。片冈的妻子片冈春子也经常找娜塔莉娅聊天，提醒她注意一些为日本人做事的人，与他们说话一定要小心。片冈春子在哈达彦经常与娜塔莉娅家和保长杨恒家交往，因为保长杨恒始终维护中国人的利益，是个好人，片冈春子还抱着他侄女照了一张相。

赵彦邦为人朴实，脾气倔强，经常说一句话："宁可站着死，也不跪着生。"有一天赵彦邦下网捕捞五条大鲤子鱼，回到家里刚把鱼放到大盆里，家里来了一位警察，他一看赵彦邦捕捞到大鱼，便执意要匀走一条最大的，说一会送钱。不一会家里又来了一位警察，开门就说，老赵头听说你家里有鱼，匀一条吧，他也拿走一条，依旧说一会送钱。看着远去的警察的背影，赵彦邦对娜塔莉娅说："快点收拾！不然一会就被警察拿没了。"待娜塔莉娅刚把剩下的鱼收拾完，家里又来了一位警察，开门就嚷嚷，老赵头听说你有鱼匀一条吧。赵彦邦回答，刚收拾完，一会炖上你在这一起吃吧，那位警察气汹汹地说："你他妈的，你爹来了有，你爷爷来了就没有了？"赵彦邦一气之下把所有的渔网拿出来扔到院子里，浇上煤油烧掉，愤怒地说一句："老子宁可不打鱼，也不受这窝囊气。"

2012年11月24日娜塔莉娅的侄女娜杰日达，从俄罗斯到沿江乡寻亲时跟翻译杨成峰说："听爸爸讲，当年姑父的工作类似于'克格勃'，有的苏联红军解放东北回国后跟爸爸说，在对岸一个村庄见到我的姑姑和姑父了。"2015年6月13日，娜塔莉娅在俄罗斯的侄子和四个侄女的陪同下来到黑河，年龄最大的80岁，在聊天的过程中他们非常肯定地说："姑父是东北军的人,这一点错不了,爸爸生前说过多次。"

危难中挺身而出

1932年12月的一天,赵彦邦过境去康斯坦丁诺夫卡送娜塔莉娅的妹妹回家,从对岸回来的第二天日本侵略军就占领了车地营子。日军一夜之间封锁了黑龙江沿岸,从此娜塔莉娅与俄罗斯亲人中断了联系,这里的居民与苏联居民中断了自由贸易往来。

日本人策划占领苏联远东地区,把孙吴建成一个大军事基地,把车地营子南山一带建成前沿战略要地,这里变成日本人的军事禁区。车地营子祥和的气氛突然被日军打破,日关东军调集部队,抓劳工,大批的日本军人驻扎这里,在哈达彦东南山上修建弹药

晚年时的娜塔莉娅

库、军营、战壕、碉堡、观察哨;成立了守备队、宪兵队,俗称东大营;村里建了警察队,设有办公室、审讯室,日本人把居住在车地营子和干巴亮子的村民强行搬迁到现在的哈达彦村。

1945年8月5日晚,苏联红军侦察员秘密潜伏在哈达彦东部大草原,他们为攻打日本侵略军解放孙吴县做周密侦察,侦察员找到会俄语、熟悉当地情况的娜塔莉娅和赵彦邦了解情况。一位女军官给娜塔莉娅开了一份特别证件,让娜塔莉娅带在身上,叮嘱她遇到紧急情况出示此证件。

8月9日,苏联第二远东方面军红旗第二集团军先遣部队从康斯坦丁诺夫卡渡过黑龙江,在哈达彦村东北方向干巴亮子码头登陆,与日本侵略军展开了激烈的战斗,一阵密集的机枪声后,苏军部队进村全面搜查日本人。

一位苏军团长乘坐吉普车,从哈达彦向胜山战场行进至霍尔莫勒津村时,一名日本特务化装成中国老百姓,在路上拦截这辆军车,苏军团长以

为中国村民有什么急事，放松警惕，待司机停车后，他打开车门刚要说话，日本特务掏出手枪连开两枪，罪恶的子弹击穿了苏军团长的胸膛，鲜血染红了他的军装，警卫员和司机迅速拔枪还击，日本特务已逃向村内。这一事件，引起苏联红军对当地村民的误会，他们把许多成年男性村民抓起来要集中枪杀。村里的妇女急忙找到娜塔莉娅说："不好了，苏联人把机枪都架上了，你快去跟他们说说吧，被抓的都是中国人，不是日本人！"娜塔莉娅立即赶到村东北角村民集中地点，这时从干巴亮子方向开来一辆吉普车，从车上下来一位留着大胡子的营长，娜塔莉娅焦急地说："这是日本特务的阴谋，苏联红军不是中国人杀的，被抓的人都是当地的村民，这里没有日本特务和被日本特务利用的人，日本人都跑到山里去了。"大胡子营长问："你用什么做担保？""用我的命担保！"娜塔莉娅斩钉截铁地回答："如果这里面有一个日本人，你先把我杀了！"她拿出特别证件给大胡子看，苏军马上释放了被误抓的100多名中国人。娜塔莉娅的一席话，营救了百余名无辜村民的性命。这件事感动了村民，娜塔莉娅在世时，被救的村民经常来探望她，有的还告诫后人不要忘记娜塔莉娅曾是救命恩人。

苏军进入哈达彦村全面搜查日本人时，搜查到一个亲日分子家中，主人不在家，苏军战士看到墙上挂着一幅大照片，是日本军人穿着军服双手拄着军刀的一幅全身照。恰巧这时室内有两名躲藏的苏联妇女，一位是袁秀峰母亲，另一位是张桂荣母亲。她们听说苏联红军要打日本人，日本人逃跑了，早饭后她们过来打听消息，刚进亲日分子家门就听见外面机枪响，吓得不敢回家，便躲藏在此。苏军战士用俄语问她们，屋内有日本人吗？日本人跑到哪里去了？张桂荣母亲怕苏军把自己当成这家主人，赶紧向室外跑，苏军战士朝她开了一枪，她应声倒下。苏军战士又朝地板开了一枪，袁秀峰母亲吓得全身哆嗦，向炕里退缩，一句话也说不出来，苏军战士举枪向她开枪，两位苏联妇女就这样被误杀了。袁秀峰的大哥是苏联红军的营长，听说母亲被打死，从康斯坦丁诺夫卡来到哈达彦找娜塔莉娅，询问谁打死了他母亲，娜塔莉娅怕出事善意告诉他，他母亲是被日本人打死的。

苏军的坦克部队行进至腰屯村时，住在路旁的付姓村民被日本特务利用，按照日本特务的吩咐在路上埋下了反坦克地雷，当苏联红军的坦克部队行至这里时，最前面的一辆坦克被炸毁，苏军的坦克兵迅速进村搜查日本人，当搜查到付姓村民家时，他回答家里没有日本人，就在苏军战士转身离开时，埋伏在地窖里的日本特务用轻机枪将两名苏军战士打死。这一事件再次激怒了苏军，苏军挨家挨户搜查日本人。何地营子村一位姓尹的村民去腰屯村亲戚家恰巧赶上苏军搜查日本人，所有成年男性村民都被集中到飞机场，然后用机枪枪杀。这位尹先生在人群的最后面，枪刚响他便中了两枪，子弹是穿过前面的人体后击中他的，他装死倒下。最后苏军对所有倒下的尸体用刺刀再刺一遍，尹先生又被刺中两刀，枪刺是穿过躺在他上面的人刺到他。等到夜深后，尹先生爬出死人堆，用了两夜一天的时间咬牙爬到了哈达彦村娜塔莉娅家，他讲述了日本人打死苏军和苏军误杀中国人一事。娜塔莉娅急切地说："为什么不告诉苏军抓走的都是中国人，没有日本人？"尹先生说："没人会说苏联话呀，日本人和中国人长得都一样。"娜塔莉娅为他取出身体里的子弹头，用盐水给他清洗伤口，烧点棉花灰给他敷到伤口上。刚包扎完苏军巡逻兵进来搜查，问尹先生是如何受伤的，娜塔莉娅回答是日本人打的。待苏军战士走后娜塔莉娅把尹先生送到哈达彦和何地营子交界处，让他顺利地回到了自己的家中。

哈达彦有哥俩被苏联红军巡逻兵怀疑是日本人，是娜塔莉娅拿出证件解救了他们。后来，苏军军官经常找娜塔莉娅了解当地日军驻守情况。苏联军官与娜塔莉娅沟通，让哈达彦的成年男人去干巴亮子码头和康斯坦丁诺夫卡码头为苏军装卸物资，娜塔莉娅与村民商量，组织男性村民去码头。码头上也有日本战俘在装船，赵彦邦发现身后有人用手拽了一下他的衣服，他回头一看是片冈，他问赵彦邦怎么样？赵彦邦说这几天闹肚子，片冈从兜里掏出一点熬制的大烟递给他，请求赵彦邦照顾好他的妻子春子，多帮助她。后来片冈春子在中国人民的帮助下顺利返回日本。1995年后，片冈春子怀着感恩之心带着儿子曾先后两次来到哈达彦小学捐资助学，她请求翻译帮助寻找曾经给她接生的苏联老太太，以及她抱在怀里照相的保长杨恒的侄女。并对随行的儿子说："你要记住这里，我死了以后你要经常到这里看看，这里有那么多的好人。"

情深义重不忘初心

1947年后，赵彦邦派赵金虎的伯父回老家寻找亲人，伯父辗转回到河北老家，大奶奶还健在，伯父按照东北的习惯称她为大妈，赵金虎称她大奶奶，大奶奶当时很激动，跟着伯父来到了哈达彦，见到了离别30多年的丈夫。虽然没听老人讲过当时见面的场景，但赵金虎想那苦苦等待、望眼欲穿、千里寻亲的场面一定催人泪下。

大奶奶是小脚，走路不方便，但是她在赵彦邦离开后独自艰难抚养两个女儿，令人敬佩。1920年至1921年河北闹饥荒，赵彦邦的女儿一个饿死，一个因病无钱医治而死，心灵手巧的大奶奶靠织布到集市卖换点零花钱维持生计，艰难度日，苦苦等待三十年，她终于盼到和丈夫团聚。

娜塔莉娅心地善良，与大奶奶相处很好，在生活上处处尊重和照料大奶奶，但是勤劳朴实的大奶奶总是闲不住，希望多干活为家里出一份力，她帮助娜塔莉娅照料家和孩子。1952年，赵彦邦患病，他再三叮嘱赵金虎的父亲要赡养好两个妈妈。1953年，辛苦一生的赵彦邦离开人世。1958年赵金虎出生后，大奶奶很疼爱他，每天精心照看，1960年自然灾害粮食不够吃，大奶奶自己舍不得吃，经常把吃的留给孩子，自己饿肚子。赵金虎的母亲说，他手里的东西谁都要不去，只留给大奶奶一个人。1961年，操劳一生的大奶奶因病去世，每当赵金虎回忆往事，大奶奶和奶奶的身影浮现在眼前，令他心碎神伤，久久无法忘却。

1959年，娜塔莉娅跟随儿子到黑河定居，1961年加入中国国籍，晚年的她依然保持洁净的好习惯，总是穿戴干净才出门。虽然眼睛看不见，但还是帮助家里做力所能及的事情，她从不给晚辈添麻烦，非常疼爱晚辈。1992年娜塔莉娅去世，终年81周岁。

滔滔江水割不断80年的亲情

1932年日本人来到了黑龙江边，战乱使中苏亲人失去联系。但是亲人们没有停止寻亲的脚步，娜塔莉娅的爸爸及哥哥向布拉戈维申斯克的苏共党委求助过，也给莫斯科电视台寻亲栏目《等我》写过信，都无果而返。如今，娜塔莉娅的三个兄弟和一个妹妹相继过世，后代娜杰日达觉得有责任完成几代人寻亲的愿望。80年间，几辈人苦苦寻找，漫漫寻亲路上留下了期盼、惆怅、惊喜，让人的心情跌宕起伏，但是那份"血浓于水"的亲情无法割舍，是支撑三代人相见的力量。

在这80年里，赵家也在苦苦地寻找娜塔莉娅在俄罗斯的亲人。1956年，娜塔莉娅借助当地的翻译去了一次康斯坦丁诺夫卡，找到当年她家居住的老房子，遗憾的是房主换了人。娜塔莉娅想念家人，每次讲起都会泪流满面。赵金虎清楚地记得，奶奶经常坐在炕上望着窗外，嘴里用俄语哼着一首歌，当时他只能听懂一句：妈妈，妈妈……那时起，他的心愿就是长大后帮奶奶找到她的俄罗斯亲人们，但全家多方打听均无线索。

2012年，赵金虎的俄罗斯姑姑娜杰日达带着赵金虎舅爷临终的嘱托，来到黑河市寻找失散80年的姑姑——赵金虎的奶奶，并提供了许多线索和照片。11月24日，以黑河市人民政府地方志办公室主任田桂珍为团长的中俄跨境寻亲代表团一行12人，来到孙吴哈达彦村与赵氏家族代表进行寻亲对接，其中有军分区、外事办、中俄友好协会、省市电视台的热心朋友们，失联了80多年的亲人终于找到了，当娜杰日达走下汽车与赵家兄弟姐妹和晚辈们紧紧地拥抱在一起时，眼里饱含着泪花，哽咽着说不出话来。中俄亲人们共同回访娜塔莉娅故居旧址、共同追忆往事，找到了一些相同的线索。望着白皙皮肤、高挺鼻子、淡蓝色眼睛的赵金虎，娜杰日达的内心非常激动，让人惊叹的是赵金虎的相貌与他在俄罗斯去世的舅爷惊人的相似，这更加增添了他们圆梦的信心。黑河市电视台、孙吴县电视台、哈尔滨市电视台《万家灯火》栏目组对寻亲活动进行了全程跟踪采访。

2014年7月14日，当赵金虎踏上布拉戈维申斯克的土地时，受到奶奶在俄罗斯亲人的热烈欢迎和盛情招待，赵金虎的俄罗斯妹妹列娜说：

中俄亲人与有关部门领导在孙吴哈达彦老房子旧址前合影

"黑龙江并不宽，日本人发动的侵略战争，将我们的亲情隔断了80年，今天我们终于团聚了。"甘甜的黑龙江水孕育了中俄两国人民，也见证了娜塔莉娅的传奇！

赵金虎第一次到布拉戈维申斯克市与俄罗斯亲人团聚合影留念

后来娜塔莉娅的俄罗斯亲人连续六次来到孙吴,并到她的墓地祭拜。赵金虎生病了,娜杰日达跨江赶来看望,并积极联系俄罗斯专家,想办法医治。娜杰日达始终惦记着黑龙江右岸的亲人们,每月他们都会在翻译的帮助下通几次电话。重逢是一件令人欣慰的事,了却了几十年的心愿。为了沟通更加顺利,赵金虎在自学俄语,希望这份亲情越来越浓。2016年5月,赵金虎与俄罗斯亲属参加了布拉戈维申斯克举办的学术研讨会,共同讲述中俄通婚的历史和寻亲过程,令与会专家动容。

采访时间:2015年4月25日,2016年10月

采访地点:孙吴县沿江乡哈达彦村

口述人:赵金龙,男,农民,64岁;赵金虎,男,退休,58岁

苗忠林的故事

黑河市逊克县边疆乡"小丁子村",现有农户276户、1084人。其中俄罗斯族114户、327人,占全村总户数的41%。2003年,该村更名为俄罗斯民族村,这也是我国第一个俄罗斯民族村。

在逊克县侨联主席皓利佳的带领下,我们走进黑河市逊克县边疆乡俄罗斯民族村苗忠林家。这是一栋宽敞明亮的房屋,天蓝色的窗棂,银灰色的瓦盖,门前是显著的俄罗斯式圆顶建筑,刷的是暗粉色油漆,隐现出许多木质的花纹,看上去就像木刻楞刷的油漆一样。通过庭院前晾晒的成堆玉米,不难看出屋内的主人是勤劳的,深秋季节,正是收割的好时光。主人热情地接待我们。我仔细打量眼前这位慈祥的老人:苗忠林穿着一件旧

苗忠林的家

的黄色军裤，上身穿深蓝与白色相间的衬衫。老人耳不聋眼不花，精神矍铄。通过老人的讲述，我们跟随他一同追忆过去那段难忘的历史。

1932年2月10日，苗忠林出生在苏联阿穆尔州米哈伊洛夫区波亚尔科沃镇。父亲名字叫苗平章，祖籍山东平度县（今平度市）。20世纪初，苗平章跟随其父闯关东到东北，后在逊克县对岸苏联阿穆尔州米哈伊洛夫区波亚尔科沃镇以照相谋生。母亲是俄罗斯人，叫沃里克。父母的年龄相差很大。苗平章20多岁仍没有娶妻，沃里克很小的时候便失去亲人，无依无靠，两个孤寂的年轻人走到一起。

1933年，苏联当局把远东地区的华侨赶到远离边境的地区居住。苗平章听到消息后，和同乡赵显贵决定一起离开苏联。夫妻二人带着苗忠林的3个哥哥和1岁的苗忠林，坐马爬犁过江到逊克县的西地营子村生活。2年后，一家人来到边疆乡"小丁子村"居住。

苗忠林的父母是务实肯干的农民，以务农为生，先后养育6个子女。20世纪50年代，中国政府允许生活在中国的苏联人归国。由于苗平章不愿意再到苏联生活，沃里克也舍不得丢下丈夫和孩子，只好放弃苏联国籍，加入中国国籍。沃里克在中国生活多年，一直到病逝都没有回到苏联。

1950年，苗忠林在逊克县参军，成为一名光荣的解放军战士，后来到齐齐哈尔参加骑兵连。1951年朝鲜战争爆发后，苗忠林跟随部队从鸭绿江过江入驻朝鲜。在一次战斗中，无情的子弹从他的左脸颊穿过，脸上留下一寸多长的伤疤。他在朝鲜战场上待了1个多月后，跟随伤员复员回到家乡在逊克县武装部工作。后来因家中缺少劳动力，27岁时苗忠林回到家中，负责村里的治安工作，这一干就是几十年，如今村中每月给他500元的生活补助。

年轻时的苗忠林

老伴去世后，如今 84 岁的苗忠林与儿子生活在一起。他的大哥、二哥已经离世，三哥身体不好，家中的历史已经无人再能陈述。

苗忠林和母亲

在送我们出门的时候，老人指着自家后院的大坝说："这条江的对岸就是我出生的地方。"我们循声望去，隐约看到不远处俄罗斯的一个村落，虽然一道江水把两岸隔开，但是割不断两岸人民期盼团聚和思乡的愁绪。

采访时间：2016 年 9 月 22 日
采访地点：逊克县边疆乡
口述人：苗忠林，男，1932 年出生，逊克县边疆乡农民

一名华侨后裔的回忆

走进邹淑玉老人的家，眼前的华俄后裔老人身穿枣红色带黑色条纹的毛衣，戴着一副眼镜，齐耳灰黑相间的短发，白皙的面庞没有一点老年斑。这是一位知性的老人，让人想不到她已经85岁的高龄，更让人吃惊的是这位老人耳不聋眼不花，行走自如，思维敏捷，记忆力非常好。我坐在沙发上，环视一下室内，80平方米的房屋整洁干净，一尘不染，床上的被子叠成"豆腐块"，老式的家具木见本色，看得出这位独居的老人是一个干净利索的人。

拜访老人之前，我从老人的儿子那里要来她的电话号码，给老人打了一个电话。老人说："咱们可以见面，可是我不认识你，你还是给我儿子打电话，让他和我联系。"待到我们见面后，老人还歉疚地说："姑娘，我让你给我儿子打电话，我儿子已经和我打招呼了，因为现在来的人多，家中只有我一个人，只要我儿子认识你，我就放心了。"

父亲母亲

邹淑玉老人面对着我坐下，和我讲述起她的父亲和母亲及她的家庭故事。

邹淑玉1932年出生在黑龙江中游逊克县干岔子乡小河东村正北嘎牛户西套子岛上。父亲邹鸿臣，1880年出生，祖籍山东黄县（现龙口市），家中有兄弟三人。邹鸿臣在山东老家娶妻生子后，为了生存闯关东来到中俄边境地区奇克特，后来到对岸的俄国经商。

20世纪20年代，正值中苏开交通时期，两岸边民可以自由往来贸易。邹鸿臣经常去嘎牛户岛对岸与苏联人做生意，出售远东地区急需的白酒和一些生活用品。他正直、善良，在与苏联人频繁接触中，结识一位苏联老太太，她对邹鸿臣的印象非常好，热情地牵线做红娘，把邻居家的姑娘阿布罗西娅介绍给他，那年阿布罗西娅19岁，邹鸿臣49岁。阿布罗西娅家以务农为生，有兄妹二人，她个子高挑，长得漂亮，是当地出名的美女。后来，中苏关系紧张，1929年在中苏边境闭关前，邹鸿臣带着阿布罗西娅回到国内逊克县干岔子乡定居，后到逊河镇生活。

1953年阿布罗西娅与女儿合影

在邹淑玉儿时的记忆中，家住在平房，父亲的"鸿发玉"杂货店生意兴隆，店铺很大，主要经营烟酒糖茶和布匹，家中雇佣4个伙计，有账房先生、打杂的、做饭的。勤劳的父亲经常摆"小威乎"到奇克特对岸销售中国的物品。邹淑玉兄妹4人，有一个哥哥、一个弟弟和一个妹妹。

邹鸿臣淳厚朴实，乐善好施。邹淑玉回忆，小时候镇里的秧歌队挨家挨户从门前经过，在她家门前停留的时间最长，每逢秧歌队在她家门前舞狮子、扭秧歌，跑在队伍最前面的小丑高喊"邹掌柜的打赏"时，邹鸿臣总是笑呵呵端着烟酒，拿出丰厚的奖赏，每次都是全镇最多的。他人品好，对待穷苦人像自家兄弟一样。他还擅长推拿，专治小儿厌食、抽风等疾病，经常配备一些药品，免费送给急需的穷苦人。每逢远近乡村的患者来求医问药，他从来不收费。卖货的时候遇上一些家庭困难的人，他也不收费，左邻右舍谁家有大事小情，他总是有求必应，忙前忙后。他重情重义，不忘山东的妻儿，经常往山东老家邮钱邮物，贴补家用。

邹鸿臣曾在苏联生活，与苏联人频繁接触，会讲流利的俄语。他很疼爱妻子，从不大声和她说话，二人感情非常好，相敬如宾。他每天辛苦经营杂货店，打理生意，妻子在家料理家务，一家人幸福地生活在一起。

1940年，邹鸿臣患黄疸型肝炎，去世时60岁。那一年，邹淑玉的哥哥10岁，邹淑玉7岁，妹妹3岁，弟弟仅1岁。出殡那天，乡亲们纷纷自发送葬，家家户户送来绸缎帐子，最少6尺，最多12尺；送葬的队伍走到谁家门前，谁家就由4个人抬着摆着鱼肉等贡品的供桌，加入送葬的队伍。从邹淑玉的家门口一直到坟地都是前来送葬的人。邹鸿臣无权无势，只是一名普通生意人，他淳朴善良、乐于接济穷人，得到乡邻们的高度认可。

邹鸿臣去世后，寡妻带着邹淑玉兄妹4人，生活每况愈下。阿布罗西娅不熟悉杂货店业务，又不能流利使用汉语，无法与当地人沟通，由邹淑玉的四叔负责打理邹鸿臣留下的生意。四叔的妻儿也在山东，便经常往老家邮东西，由于不善于经营，不久杂货店倒闭。家里的生活条件一落千丈，邹淑玉年幼的弟弟因病去世，一连串的打击使阿布罗西娅一病不起，经常卧床，暗自流泪。性格刚强的阿布罗西娅没有被困难吓倒，独自挑起家庭重担，带着孩子艰辛度日。

当年逊河镇一个雇主家养殖10多头牛，阿布罗西娅依靠给雇主家撸牛奶、打零工维持一家人的生活。一年后，阿布罗西娅把结婚时邹鸿臣送给她的耳环和戒指以及当年的工资都交给雇主，从雇主家赊回一头小牛犊，又为雇主家无偿工作两年，才还上雇主家的牛钱。三年后，小牛长大下崽了，一家人靠撸牛奶才勉强度日。

1946年，哥哥参军，那年邹淑玉14岁，只读了三年半的书，她的个子很高，是"妇救会"小组长。穷人家的孩子早当家，她成熟干练，办事利落，八路军政委看到她，建议她去沈阳军校学习，面对体弱多病的母亲，年幼的妹妹，她毅然放弃学习机会，挑起养家糊口的重担，放羊、撸牛奶。她12岁会做鞋、缝补衣服，儿时的记忆中那是一段艰辛苦难的经历。

阿布罗西娅干净利落，勤俭持家，经常在炉子上放一个方桶，用肥皂渣煮毛巾和衣服，既可以洗干净衣服，又可以消毒。虽然她过日子精打细算，但是家里生活依旧贫困。邹淑玉结婚前每天家里吃土豆、倭瓜、苞谷面粥，婚后才吃上苞谷面大饼子。每年过年的时候，逊河镇六七个苏联老太太都要轮流到各家聚会，看着别人家高高兴兴的样子，阿布罗西娅就偷偷流眼泪，当年邹淑玉的年龄小，不理解母亲为什么流眼泪。如今她知道，那时家里太贫困，日子太清苦，母亲带着兄妹四人日子过得太艰难。

阿布罗西娅朴实善良，八路军入驻逊克时，就住在邹淑玉家。说起八路军到逊克时，老人动情地说："当年，我们家麻袋里只剩下一碗高粱米，那还是母亲给人家打工，不要工资，雇主家给的一面袋高粱米。"八路军战士入住邹淑玉家时，告诉她面带愁容的母亲："大娘不要犯愁，我们吃什么，你们就吃什么。"邹淑玉和妹妹非常高兴，又蹦又跳，这下可以吃饱饭了，再也不用挨饿了。邹淑玉家的炕上住满八路军战士，没有八路军，他们就会挨饿。小时候的苦日子留给邹淑玉太多的记忆，如今她依然保持节俭的好习惯，从不浪费粮食，这顿吃不完，留作下顿吃。

阿布罗西娅汉语说得不好，和孩子们交谈时经常俄语加汉语。邹淑玉结婚后，母亲雇个牛车拉着一个破箱子，那是她全部家当，从逊河镇一路颠簸来到孙吴县，从此一直和邹淑玉生活。邹淑玉的父亲去世后，母亲郁郁寡欢，多年来积劳成疾，经常生病。1957年，邹淑玉的哥哥送患病的母亲到黑河和平医院治疗，不久善良的母亲去世。

自学俄语圆寻亲梦

邹淑玉的丈夫也是华俄后裔，是名货车司机，她的公公是木匠，制作小麦收割机，婆婆是俄罗斯人。

20世纪50年代，邹淑玉哥哥转业后在奇克镇公安局工作，有一年当地有一人不慎溺水身亡，对岸的苏联人捞起尸体，苏联公安部门打旗语，中苏双方会晤，哥哥利用公务机会找到了苏联的姥姥和舅舅并合影留念。

60年代中苏关系恶化，两岸亲人没有音信往来。80年代末，中苏边境开始贸易，邹淑玉哥哥带着她嫂子、侄子去苏联寻亲，通过照片辗转找到姥姥家，见到姥姥邻居的后代柳巴，得知姥姥、舅舅早已经离开人世。1993年，柳巴到黑河来，在邹淑玉家居住20天。邹淑玉自小能听懂俄语，但是不会说，表达不出来，非常着急。那时她非常想去苏联，但家中生活拮据，孩子们刚成家，她和丈夫居住在平房。于是她暗下决心，抓紧时间，一定要学会俄语，到对岸探亲。

谈起自学俄语，老人告诉我，自己每天坚持收听半导体收音机，跟着广播学习俄语。当时一套俄语书4本，为了省钱，她只买了一本书籍《俄语你我他》，还参加黑河民进举办的俄语班，每天晚上听课2小时。她认真学习，每天坚持背单词，刚开始的时候记不住，就用汉语标注，学习一段时间后，就书写俄文字母。老人拿出当年的学习笔记和学习课本，发黄的书已经破旧，有的页脚已经卷曲，书上写满俄语单词汉字。她50多岁坚持学习俄语，这在当时是学员中年龄最大的，和年轻人无法相比，可是她面对

邹淑玉与丈夫合影

困难没有退缩，坚强地挺了过来，不仅学会，而且学通，担任翻译工作。

当时黑河边境贸易红火，急需俄语翻译。自学俄语半年后，邹淑玉从事俄语翻译，在西岗子镇龙边经贸公司工作。由于工作关系，她经常去俄罗斯。有一次，她和经贸公司经理说："你们住宾馆，我住柳巴家，不仅可以节省住宿费用，还可以抽时间学习俄语，了解经贸知识。"1993年6月15日，邹淑玉和老伴到俄罗斯居住一个多月，后来又去柳巴家住一个月。她频繁到俄罗斯洽谈业务，和柳巴一家相处得像亲属一样。

85 岁的邹淑玉老人在家中

老人告诉我："从事翻译不仅要会俄语，还需要大量业务术语和单词，居住在柳巴家，与俄罗斯人接触，可以让她帮助联系业务，我们之间互相沟通，有利于开展业务。"

邹淑玉先后在逊克经贸公司工作三个月，在黑河啤酒厂的经贸公司工作一年，那时翻译属于高工资，每月 300 元，老伴的月工资不到 100 元。后来由于老伴身体不好，需要照顾，她就放弃了薪酬高的翻译工作，用积攒的钱买了 52 平方米楼房。

邹淑玉先后三次到俄罗斯探亲，第一次到康斯坦丁探亲，看见俄罗斯姨妈；第二次探亲时，姨妈已经去世，姨父生病；第三次探亲时，姨父病重，第二天便离开人世，处理完后事她回到黑河。

邹淑玉的丈夫去世前两三年，他的单位就已经解体，不报销药费，他患肺癌，花费许多钱。2013 年，老伴患肺癌去世后，她一直独自生活在南大街，这里的房屋宽敞明亮，采光好，生活能够自理。她身体健康，每月还有"五七工"工资。她每天收拾屋子，养殖花草，孝顺的儿孙们经常来探望她，日子过得其乐融融。

在我离开时，老人拿出两个本子，上面写满字，一本记录电视的各频道栏目，另一本记录每个电视剧的剧名，以及剧中的主要演员，从中看出

笔者与邹淑玉

老人是注重细节，非常细心的人。老人热爱生活，乐观豁达，家里摆放许多的花花草草，她的朴实知性、热情好客给我留下深刻的印象。她是中俄边境地区一名普通的华侨后裔，在她身上还留有俄罗斯妇女洁净、坚强、吃苦耐劳的一面。离开时，我默默祝福老人长命百岁。

采访时间：2017 年 1 月 9 日
采访地点：黑河市南大街中房 65 号楼
口述人：邹淑玉，1932 年出生，85 岁，家务

告别儿女　舍弃家产　抗日先锋

——旅俄华侨周光甲的传奇人生

周光甲的孩子很小就听长辈们说，爸爸是个老布尔什维克，对他的经历很好奇。长大了，懂事了，孩子们开始探寻爸爸的传奇经历。

1956年，周金娜第一次到中国沈阳见到父亲周光甲（中）

周光甲于1903年阴历八月十五日出生在黑龙江省嫩江县一个贫苦的农民家庭，家中兄弟三人，他排行老二。周光甲出生的时候，正值沙俄侵占东北，清政府丧失了黑龙江以北、外兴安岭以南100多万平方千米领土的管理权。"庚子俄难"后江东六十四屯的中国百姓丧失了世代居住、赖以生存的土地，被俄兵追杀，在战火中纷纷逃到江省齐齐哈尔。嫩江县距离黑河仅几百里的路程，是去江省必经之路，周光甲从小跟着大人们"跑反"，颠沛流离、穷苦万分，看到沙俄军队在黑龙江的土地上烧杀掠夺，无恶不作，对其非常痛恨。

由于家中生活条件艰苦，常常食不果腹，周光甲从小身体单薄，无法从事重体力劳动。在他12岁的时候，过继给本家没有儿子的三叔，三叔对他疼爱有加，尽管生活艰苦，还是省吃俭用供他读书。周光甲自小聪明伶俐，勤奋好学，高小毕业。读书对贫苦的农家子弟来说是最大的福分，读书经历为他今后的生活奠定了文化基础。

背井离乡赴苏谋生

十月革命以后，苏维埃政权建立，中苏两国边境开始互通贸易，两岸边民可以自由往来。1919年5月，周光甲高小毕业后，为了摆脱贫困，急于寻找工作养家糊口，减轻父母的压力。为了谋生，他选择了背井离乡赴苏务工。当年边境开放，赴苏务工赚钱比国内容易，他和千千万万个贫苦华工一样，春去冬回，像候鸟一样穿梭在黑河与苏联布拉戈维申斯克之间。几年来，为了养家糊口，他先后在苏联布拉戈维申斯克靴子铺做学徒工、在富裕的华侨家里放羊、在大车店里打杂，农家子弟自小能吃苦，他干过许多脏活累活。那是一段辛酸的经历，逆境磨炼了他的意志，在后来的日子里，无论生活多么艰苦和坎坷，他都不抱怨，总是乐观面对。周光甲说，那时候最简单的愿望就是能吃饱饭，可是在那个年代里，国家尚未强大，海外侨胞生活在水深火热中，这小小的最朴实的心愿都无法实现。

接触马克思主义

1923年8月，周光甲再一次踏上苏维埃的土地，来到阿穆尔州丹伯夫县的一家皮靴店学徒，令他没想到的是，这次出国使他在苏联侨居20多年。当年中苏边境建立了海关，出入中苏两国都需要办理护照。在苏联的一些进步华工是十月革命的见证者和经历者，他们较早接触马克思主义，参加了苏联共产党，于是北洋政府下令，各地对归国的旅苏华工要严加防范，以免"赤化"，华工回国时地方政府派人跟踪调查。为了减少不必要的麻烦，在办理护照时，周光甲没有用自己的真实姓名，而是用了其母亲家的张姓，这是他第一次更改姓名。

苏联实行新经济政策后，社会安定了，周光甲不再颠沛流离，生活也逐渐安稳，虽然牵挂着国内的亲人，但是由于种种原因没有回国，仍生活在苏联。

由于在工作中经常和苏联工人交流接触，周光甲已经融入苏联的生活，有了俄文名字米沙，他开始学习俄语，与苏联工人劳动接触时逐渐接受一些马列主义思想。因为有一定文化基础，他参加"东方工人俱乐部"的各项活动，逐渐成为俱乐部中的积极分子，还曾经两次参加远东边疆省工业联合会在哈巴罗夫斯克（伯力）举办的马列主义理论学习班，系统学习了"西方革命史""俄国近代史""列宁主义问题""社会发展史""手工业产品的生产"等课程。授课教师中，有一位名字叫季墨（音译）的来自上海，是莫斯科中山大学毕业生；还有一位名字叫季兹（音译）的来自北京大学，据说是李大钊的学生。他们理论功底扎实、课讲得非常好，通俗易懂。周光甲通过系统学习，对苏维埃政权的建立有了较全面的认识，对马列主义思想体系有深刻的了解，逐渐坚定了共产主义的政治信仰。

此时，周光甲已经在苏联生活七年多，从一个四处务工谋求生活的华工，成长为阿穆尔城"萨格拉斯"集体所有制皮鞋厂的管理人员，他思想上积极要求进步，光荣地成为一名苏维埃共青团员。

默默从事情报工作

抗日战争爆发后，苏联政府开始援助中国。1937年8月，苏联和中国政府签订了《互不侵犯条约》，1937年至1941年，苏联政府先后向中国提供购买飞机、火炮等军火物资的易货援助贷款，并派遣三千多名军事顾问、军事技术专家以及数百名空军志愿飞行员来到中国，抗击日本侵略者，给中国的抗日战争以极大的支援。苏联的报纸也经常刊登中国抗日的消息，祖国处于危难之中，牵动着海外游子的心。当时周光甲年青，他认为作为一名中国人在祖国的危急时刻，不能袖手旁观，一定要为民族解放和抗战胜利做力所能及的工作。

1938年，周光甲参加了苏联红军远东情报局，成为一名情报员，组织上派他与另一名抗联同志在布拉戈维申斯克一起培训六个月，后被派到中国黑龙江省北安市负责对日情报工作。当时由于情报组织遭到敌人的破坏，许多情报人员为了抗日战争流血甚至牺牲生命，所以他这次的主要任务是想方设法领到伪满洲国的"良民证"，并在北安建立一个新的秘密革命据点，方便情报人员工作，及时搜集日军在当地驻守人员状况、军事物资、作战计划等情报，与抗日民主联军取得联系并及时把搜集的情报传递到苏联。

周光甲说，这次任务危机四伏、困难重重。由于已经在苏联生活了近二十年，口音发生很大的变化，回到老家在洪兴客栈刚落脚，机警的周光甲发现在不远处两个日伪警察在偷偷跟踪、盯梢，他便装作若无其事的样子告诉店主："我去到街上吃点饭马上就回来。"当时他的行李卷在炕上还没来得及打开，携带的钱还在行李里面。但是为了不暴露身份，他搭上汽车迅速离开危险地带，一路东躲西藏，摆脱了跟踪的警察。几经周折，周光甲在妹夫潘君尧的帮助下，办理了当地居民的"良民证"。为了不暴露身份，便于开展工作，他再次更改姓名，改成了他继母周姓。随后，周光甲在黑河罕达气开了一家照相馆，作为情报人员的秘密联系地点，圆满完成了组织交办的任务。

当他第二次从苏联潜回东北执行任务时，听说他刚刚建立的秘密情报联络点照相馆已经被日伪军发现并捣毁，他的大哥和妹夫被日伪军抓去关押拷打了很久。凶残的日本采金会社人员抓住照相馆里一名邹姓人，因为邹与周发音相似，错误认为邹就是周光甲，于是残忍地把他打死，那个无辜的邹姓人白白替周光甲送了性命，这样日本人才把他的亲戚从监狱里放出来。

1938年8月到1942年3月，周光甲在苏联红军远东情报局做了几年的情报工作，他不顾个人安危，出生入死圆满完成组织交办的各项工作任务。从事情报工作，险象环生、困难重重，随时都有生命危险。周光甲遭遇过两次危险，都化险为夷，当年许多从苏联到东北搜集日军情报的工作人员，因身份暴露而牺牲。他们为了抗日战争的胜利抛头颅、洒热血。所以周光甲常说："我命大，每一次遇险，总是遇到好人相帮、贵人相助才逢凶化吉。"

做情报工作期间周光甲的别名有八九个，每一次更改都有一段传奇的经历和感人的故事，最后这次他的"良民证"上名字是周光田，将田字中间一竖拉长就成了周光甲，此名周光甲一直沿用到生命的最后。他的真实名字除了他自己及组织和他最亲近的人之外，无人知晓。

前程受阻结束初恋

20世纪30年代，为了提高进步华工的文化素质和理论水平，苏联在远东地区开设许多中文补习班。1931~1932年，周光甲在苏联伯力的马列主义学习班学习，通过学习提高了对马列主义的认识，对革命从最朴素的阶级感情逐步上升为新的思想认识，使他更加坚定了对马列主义的信仰。

学习结束后，周光甲回到布拉戈维申斯克市，在市工业联合会任政宣干事。那时他年轻富有朝气，对工作投入满腔热情，踏实肯干，工作有声有色，颇受领导赏识，在同志们眼中是一个很有发展前途的年轻人。在一次露天大会上，布拉戈维申斯克市工业联合会团委书记宣布为周光甲转党，散会后他交给周光甲一张加入苏联共产党的申请表，再三叮嘱要认真填写。周光甲拿到这张表后，内心很矛盾，反复思考好几天。当时让他顾虑的一方面是苏联政府规定，华侨加入苏联共产党的同时必须加入苏联国籍，改变中国侨民的身份。这让周光甲无法接受，虽然在苏联侨居二十多年，但是他的内心无法割舍对祖国的热爱，无法改变自己的中国人身份和一颗中国心，时时刻刻牵挂着家乡的父母亲人，希望有朝一日回国报效祖国，如果改变国籍，这些愿望就很难实现。

另一方面，当时苏共党内的斗争错综复杂，有托洛茨基、季诺维耶夫一派，有布哈林一派，还有斯大林一派，周光甲对于各派之间的争斗不是很清楚。为了避免卷入其中，他决定不加入苏联共产党。此时阿穆尔州外事处又送来一张中国侨民加入苏联国籍的申请表，催促周光甲加入苏联国籍，他依旧没有填写，拒绝了苏联党组织的要求。这些做法惹恼了当地苏联机关，他们认为他的做法是"大逆不道"，立刻改变对他的态度，认为他是不可靠的政治分子，怀疑他是中国派到苏联的间谍，由此引起苏联保安人员的注意。单位的领导和同志们也都用异样的眼光看他，面临窘境，他无法继续工作，无奈之下要求组织调换工作。

周光甲的美好前程刚开始，就遇上波折，政治生命受阻，也结束了一段美好恋情。原来他在丹伯夫城时，曾经获得一名苏联姑娘丹妮的青睐，姑娘成分为富农，生活条件优越，两个年轻人相爱，建立很深的感情。周光甲年轻时是一个帅小伙，身高近1.80米，相貌清秀又有文化基础，在华侨青年中是非常卓越的一分子。苏联姑娘满怀赤诚之心，追求爱情，周光甲到阿穆尔州当工人时，丹妮强烈要求一路跟随。可是在那个"唯成分"论的年代，进步青年在政治上需要划清界限。当组织上决定派周光甲学习时，明确要求他必须与富农的女儿断绝关系。周光甲年轻，热爱学习，思想要求进步，面对丹妮真挚的目光，他只好忍痛割爱，结束了这段美好难忘的初恋。失去了爱情，政治生命受阻，周光甲的心情非常沮丧，生活也陷入了困境，厄运不断袭来。

三次出入苏联保安局

当时苏联政治运动频繁，周光甲的做法引起苏联当局的不满和怀疑，便捏造莫须有的罪名对他进行打击陷害。苏联的保安人员盯住他，第一次找个莫须有的罪名把他拘留13天。释放后年轻气盛的周光甲气愤不已，他认为，既然得不到组织上的信任，就选择离开阿穆尔州。这时有一位朋友给他介绍一名乡村女教师，女教师许诺可以同她去伊尔库茨克继承姑姑的遗产。后来周光甲回忆说，那时年轻做事情鲁莽，考虑问题简单、不周全，便贸然决定自动离职，同女教师一起去伊尔库茨克谋生。

可是苏联保安人员认定周光甲是怀疑对象，不允许他离开阿州，他不服气，便和苏联保安人员僵持起来，结果又被抓进监狱关押 8 天。出狱后，气恼的周光甲和女教师来到伊尔库茨克，刚出车站，就被当地的保安人员再次抓进监狱，这一次又无故关押三个月，并且没收了他随身携带的值钱衣物及一些财产。周光甲回忆这段经历时说："事后回想这件事情，那位'女教师'很可能是苏联保安人员以处对象的名义安插进来，用以监视、迷惑我，整个事情完全就是一个骗局。"

20 世纪 30 年代的苏联"大清洗"运动，究竟制造了多少冤案，杀害了多少无辜苏联党员干部和华侨，至今历史没有确切的数字记载。但作为一场政治性镇压运动，其规模之大，涉及面之广，危害之深，在历史上堪称空前，它透视斯大林领导苏联时期残害无辜人民和华侨最黑暗的一页。周光甲说，在苏联的这次"大清洗"运动中，他周围有很多的华侨朋友都难逃厄运，或被关押到监狱再也没有出来，或者被流放到西伯利亚无人区。他很庆幸自己三次进出苏联保安局，虽然历经磨难，一无所有，但还活着！

告别儿女回国抗日

后来周光甲又来到蒙古卡县，与一名俄罗斯女子结婚，建立了自己的家庭，重新开始新生活。他们先后有一个女儿（金娜）和一个儿子（果力），过上了一段比较安定、富裕的生活。可是这段婚姻并不幸福，周光甲也很少提及。金娜说，她的妈妈没有读过书，没有文化，在她很小的时候，她的妈妈抛弃家庭离家出走，她和妈妈没有任何联系，没有感情，父亲一个人带着他们姐弟生活。

二十多年的旅苏生活经历跌宕起伏，在周光甲心里留下许多创伤，失败的婚姻、渺茫的前途，身在异国，时刻想念亲人，多少次在睡梦中他都梦见自己回到家乡，如今，他只是一名在异国徘徊的孤独漂泊者。

抗日战争爆发后，周光甲更加坚定了回国参加抗日、报效祖国的决心。他将一对年幼的儿女托付给一名华侨朋友照顾，并将自己所有财产，房子、奶牛等，全部留给他们。

1942年3月，他离开苏联，回到阔别多年的祖国，历经磨难，辗转多地，终于在山东与中国共产党领导下的胶东公署取得联系，于1943年末正式参加了中国革命。

与苏联红军打交道的难忘经历

战争时期，周光甲凭借一口流利的俄语和较强的应变能力，多次为部队、为祖国做出了突出的贡献，这也成为他终生难忘的回忆。

1945年8月8日，苏联政府对日宣战，8月9日苏联红军出兵我国东北，与我部队配合迅速消灭日本关东军。1945年8月15日，日本宣布无条件投降。1945年春，周光甲先在胶东军区政治部从事翻译工作，后来组织上又派他到南满军区政治部做秘书兼翻译。他在国内发挥自己的俄语特长，为党组织做事。周光甲乐此不疲，尽管很累，但是心情是愉悦的。

"抠"出一列车急需军用钢管

日本投降后，我军接收了日军的大栗子军工厂，战争需要大量武器，开工生产需要大量的钢材钢管等原料，可是当时的本溪钢铁公司由苏联红军接收把守。第一次组织上派工业所所长周纯礼与苏联红军交涉，周光甲担任翻译，谈判以失败告终。兵工厂的厂长组织钢铁厂工人装了一列车（十四节火车皮）的钢材、钢管，欲强行运出，但是苏联军队把守钢铁公司大门不许运出货物，双方僵持起来，当时的南满军区政治部主任莫文骅安排周光甲再次与苏联红军交涉。

接到任务，周光甲反复思考解决问题的办法，汲取了第一次与苏联红军谈判的教训，一味讲大道理行不通。他在苏联生活了二十多年，熟悉苏联人的性情，苏联人重感情，好交友，只有从感情上接近他们，才能获得对方好感，解决问题。于是他采取感情"贿赂"的方式，与苏联红军拉近感情距离。第二天，周光甲独自一人执行任务，首先找到苏军的守卫营长，闭口不谈钢材的事情。一进屋就问："有酒吗？"苏军营长顺手拿出一

241

1947年周光甲（左）与胶东军区政治部的同事魏梓林

瓶苏制威士忌，又拿出两大块咸大马哈鱼，二人互通了姓名，周光甲的俄文名字叫米哈伊拉。寒暄过后，两个人开始对饮起来，苏军营长见周光甲的俄语说得流利纯正，非常高兴，两个人越谈越投机，大有相见恨晚的感觉。周光甲趁机把话头引到执行的任务上，苏军营长沉默很久，面有难色地对周光甲说："米沙（周光甲的昵称），那样做我要掉脑袋的。"他边说边用手掌做砍头的动作。他提到了苏英美签订的《雅尔塔协定》，周光甲给他解释苏、英、美等国签订的《雅尔塔协定》，并没有要求苏联不能帮助中国共产党，中国共产党同苏联共产党有共同的政治信仰，而且这些钢材都是从日本人手里缴获来的。"你们现在不给共产党，难道还要留给国民党制造枪炮来打共产党吗？"周光甲情绪激昂地问。苏军营长一边喝着一边听着，周光甲用尽了在苏联学习的理论知识，讲了很多道理。苏军营长觉得周光甲说得有道理，沉思了半响儿说："米沙，你明天来吧！"周光甲告诉他："为了避免承担责任，你可以不出面，只要不阻拦就可以。"他无言默许。

周光甲知道事情有转机，回到政治部，马上与有关人员商量办法，他告诉兵工厂的厂长，做好准备，见机行事。第二天，兵工厂厂长让火车司机把火点着，把汽烧足。周光甲来到院子就气势汹汹地假装骂人，发脾气，"你们为什么偷懒，不好好干活！"苏军营长与周光甲眼神对视一下，什么也没说，他一摆手，周光甲立刻走到火车中间，对着司机大声喊："给我开出去！"周光甲一挥手，兵工厂厂长立即跳上火车头，指挥火车司机启动列车，苏军营长没有出面干预，守门站岗的苏军士兵也不清楚怎么回事，看到上司没有出面干预，他也没吱声。就这样一列车满载专门制造枪炮的无缝钢管迅速开出了苏军守卫的钢铁公司，一直驶向我军兵工厂。

这些难忘的经历是周光甲回到祖国投身革命后，第一次独立完成领导交给的任务，他印象很深，引以为豪，经常给孩子们讲述事件过程。如今他的女儿脑海中还会浮现父亲讲述时的情形，他边说边在屋子中间兴奋地比画着，能为自己的祖国尽忠，能为政治信仰尽力，是周光甲最快乐的事情，这也是他一生所追求的……

疏通关卡，顺利运输一百万吨军粮

解放战争时期，东北地区"四保临江"战役蓄势待发，临江地处长白山一带，南接朝鲜，东临苏联，当时是我军的军事指挥中心。国民党把它视为重要目标，调集了拥有美械装备的 10 万大军压向南满，直逼临江。党中央和东北局派陈云同志任南满分局书记兼军区政委，萧劲光任军区司令员，组织和坚持南满斗争。

在战争的紧急关头，我军粮食紧缺，因为国内的铁路线被国民党军队占领，北面根据地筹集的一百万吨军粮，只能经图们用火车运至朝鲜南阳，再经清津、吉州迂回转运到惠山，惠山镇与我国长白县城隔江相望，用汽车装运粮食通过惠山过江桥，再运到前线。当时江桥朝鲜一侧由苏联红军把守，他们不许运粮汽车过桥，结果造成惠山粮食霉烂，前线战场上的战士没有粮食吃。为了抢运这百万吨军粮，我南满军区在朝鲜惠山镇设有办事处，1947 年 1 月，周光甲接到新任

周光甲（中）与同事、华侨朋友（左一），前排坐者为警卫员

务，被组织派到南满军区驻朝鲜惠山镇办事处，专门和苏联红军交涉运粮问题。

朝鲜原被日本占领，苏军解放朝鲜后，建立了朝鲜北部临时人民委员会，并帮助其建立五万军队，朝鲜政权趋于稳定，主要防务工作还由苏联红军担任，因此从中央到地方，都驻守苏联红军，并在惠山镇建立苏军司令部。

周光甲来到惠山镇办事处，第二天一早，他身穿一件苏联的白皮袄，带着通讯员，来到苏军司令部拜见苏军少校。少校一副傲慢的样子，没有让座，周光甲没有在意，直接用俄语自我介绍："我是民主联军派来的（当时东北地区人民军队都以民主联军的名字与苏军打交道），民主联军急需粮食，但边防不让过桥，希望您能帮帮忙。"这位少校冷漠地说："运粮的事不归我管，我负责地方秩序，边防的事归平壤边防局领导，你找平壤边防局吧！"周光甲耐心地和他交涉，少校的态度依然很冷淡，第一次周光甲碰了钉子。回来后，周光甲反复思考解决的办法，决定再次从交流感情上入手。

第二天周光甲又去苏军司令部，少校很不耐烦地说："你怎么又来了？"周光甲诚恳地说："这件事还得请您帮助。"少校态度很不友好地说："我不是告诉你，这事我管不着，你找平壤边防局吧！我再过几天就要回国了。"周光甲一听机会来了，马上说："那太好了，您回国我求您一件事行不行？我的家也在苏联，我写封信请您回到苏联境内帮助我邮寄。"少校答应了，说话的语气也缓和许多。于是周光甲马上就写了一封信，在信封上写上地址：赤塔……少校看到周光甲的俄文写得很漂亮，俄语语音也很纯正，像见到熟悉的朋友一样。少校的态度转变了。他温和地说："关于运粮的事，昨天晚上已经和苏军边防排长打招呼了，你去找他吧。"于是，周光甲又找到苏军排长说起运粮的事情，他没有拒绝，显然是苏军司令部打过招呼。苏军排长授意，白天少运点，晚上多运点，因为韩国特务多，如果让他们知道苏军支持民主联军，会引起国际纠纷。当时苏联政府还不能贸然公开支持中国共产党。

第二章　早期开交通时期的旅俄华侨

周光甲回到办事处，向领导汇报了情况，大家异常兴奋，商量着白天只出动三辆汽车运粮，晚上出动七八辆车，这样两三天就可以运完一列火车的粮食，尽快解决粮食供应问题，为四保临江战役提供物资保证。

然而100万吨的军粮在运送过程中，还是遇到很多的困难和麻烦。周光甲不仅要和苏联红军打交道，还要反复与朝鲜保安队交涉，他们位于朝鲜一侧，检查来往的行人。周光甲几次护送部队干部和伤员过桥时，他们都会找麻烦，每次都需要求助苏军班长才能解决问题，因此朝鲜保安队很不满意。有一次朝鲜惠山镇保安队把周光甲告到了平壤保安部，说他侵犯了朝鲜的国家主权。平壤保安部副部长李春艳会同一苏军大尉和惠山镇保安署副署长找到周光甲，他们气势汹汹地盘问："你来朝鲜之前从哪里来？"周光甲回答："从民主联军政治部来。"又问："你到民主联军政治部之前从哪里来？"周光甲说："山东。"保安队人员站起来说："你明明是东北人，为什么说是山东来的？"周光甲也生气地说："你没有资格盘问我的历史，惠山镇办事处是经朝鲜中央批准建立的，我是在执行军事任务，运粮食，送干部，运伤员，这些都经过朝鲜中央同意，这是合理合法，我没有破坏过朝鲜的正常秩序，也没有侵犯朝鲜的国家主权。"周光甲据理力争，他们不吱声了，惠山镇保安署副署长告诉周光甲要注意工作方法和态度，周光甲平和地接受了批评意见。不打不相识，在以后的工作中周光甲和他多次接触，还帮助过他。

尽管如此，在运粮过程中，惠山镇保安署还是制造许多麻烦，周光甲都是通过苏联红军司令部，与他们交涉解决这些问题。有一次，惠山镇保安署派一个班长带领几个士兵，拿着枪来到办事处，让办事处成员马上离开惠山镇。办事处领导说："我们是受上级派遣来的，没有上级的命令是不能离开的，如果你们要撵我们，应当找我们的上级。"

朝鲜惠山镇保安队的人天天拿着枪撵我军办事处人员，卡我军的运粮汽车，为了解决这个事情，周光甲又先后找到苏军司令部、平壤苏军总部，通过苏军少校找到金日成同志说情，金日成亲自下令放行，前后持续一个月零五天的运粮问题才得到解决，这100万吨粮食直到1947年11月才全部运完,用了将近一年的时间。完成任务后周光甲带着胜利的喜悦离开朝鲜,不久他迎来了东北解放的曙光。

异国寻子,生命中的痛

新中国成立后,为了支援祖国建设,周光甲被组织从哈尔滨派到辽西北的小城阜新。这里有当时亚洲最大的火力发电厂,有苏联的援建专家,周光甲在中苏友协任会长,经常与苏联人打交道。在这座城市里,周光甲又组建了新家庭,韩春平兄妹三人都出生在 20 世纪 50 年代。1956 年,生活安顿后,周光甲看到眼前一双儿女的时候,想起了留在苏联的那一对儿女。他离开苏联十多年了,一直牵挂着那异国他乡的孩子,虽然多次写信询问过,但是始终杳无音信。他离开苏联的时候,女儿金娜才 7 岁,儿子果力只有 5 岁。

1962 年周光甲与韩春平兄妹合影

20 世纪 40 年代苏联经历了残酷的第二次世界大战,不知道那可爱的孩子在战争中如何生活!周光甲迫不及待地向组织请了半年的假期,回苏联寻找孩子。到了苏联,才知道华侨朋友对金娜姐弟俩很苛刻,不仅霸占了房子及所有财产,还经常粗暴地打骂他们,在一个寒冷的冬天,狠心将两个孩子撵出了家门。周光甲历经千辛万苦,终于通过公安户籍部门找到失散多年的大女儿金娜,此时他才知道,当年金娜带着弟弟在外流浪,衣衫单薄,经常饥一顿饱一顿,6 岁的果力尚未享受人间的幸福,就在寒冷和饥饿中悲惨地离开人世,幸运的金娜被福利院收留并在那里长大,由于患了风湿没有得到及时治疗,她的一条腿已弯曲伸不直。

周光甲伤心至极，把当时已 20 岁的大女儿金娜带回中国和自己生活在一起。

笑看庭前花开花落

天有不测风云，20 世纪 50 年代后期，中苏关系出现裂痕。当时党内下发机密文件评论苏联共产党，周光甲阅读后放在书房里，家里来了一个亲戚，是十几岁的高中学生，他阅读后顺便拿出去，传阅到社会上，造成很坏的影响。经组织审查是周光甲疏忽，丢失了党内机密文件，受到党内、职务处分，他的政治生命受到影响。

1964 年，中苏关系彻底破裂，周光甲由于华侨经历以及丢失文件事件，被视为"特嫌"一直不能重用，只任一个闲职，他的政治生命又停滞不前。虽然发生的事情对他的仕途有影响，但是纵观他的整个人生，塞翁失马，他又躲过一次劫难。

1966 年，"文化大革命"开始了，"大字报"铺天盖地，周光甲戴高帽游街示众，胸前挂着走资本主义道路当权派、苏修特务、修正主义分子的牌子，他是"牛鬼蛇神"队伍里年龄最大的。造反派试图从周光甲家里搜出电台，把周光甲家的仓房、灶台等都仔细搜查一遍，结果一无所获。周光甲失去了人身自由，后来又下放到农村，走五七道路等。幸运的是，由于周光甲的职务是一个闲职，因此在整个运动中，对他的触及不是最激烈，他以六十多岁的高龄再一次挺过了人生的一次劫难。

"文革"后期，听说曾经和周光甲一起在惠山镇办事处工作的三个同事只剩下他一人，那两位同事一个在山东、一个在沈阳，都殁于"文革"初期。

历经人生磨难，周光甲已经对仕途之路看得很淡，他经常告诫孩子们，"一生中平平淡淡才是真"。

到了晚年，周光甲时常喜欢回忆过去的点点滴滴，一些往事总会浮现在他眼前，健谈的他总是滔滔不绝地给熟悉的人讲述自己的人生经历，讲

2016 年，韩春平、韩春仪到布拉戈维申斯克探望大姐周金娜（中）

述人生感悟。他对所有经历事件的细节及人名、地名都记得清清楚楚。只要你有兴趣听，他可以绘声绘色地给你讲很久。他站在屋子中间，打着手势，偶尔把眼镜推到额头上，遇到动情处，他情绪激昂，不经意间流露出的神情、动作，依然带有"苏联人"的印记。

周光甲慷慨大方、善于结交朋友。他说："在人生旅途中几次化险为夷都是因为朋友相帮、贵人相助。"他一生中不争不抢、不贪不占，平和面对生活是他长寿因素之一。八十岁的时候他例行检查身体，医生说他的心脏相当于六十岁人的心脏。1990 年，小他十一岁的妻子先他而去，1993 年 5 月，历经坎坷的周光甲无疾而终，走完了他传奇的人生。享年九十岁。

后记：2017 年 10 月 1 日，刚完成一稿的校对工作，我有幸在黑河见到从布拉戈维申斯克归国的周光甲的三个女儿。自采访后，我与周光甲的二女儿一直保持联系，9 月她们姐妹俩到俄罗斯圣彼得堡等地旅游，特意赶到布拉戈维申斯克，看望在那里的大姐周金娜。我邀请姐妹三人吃饭，席间看到姐妹三人互相体贴、嘘寒问暖，那亲切关注的目光让我难忘。时间可以带走许多记忆，却带不走也割不断浓浓的亲情。

2017 年 10 月笔者与周家三姐妹

口述人：韩春平，周光甲二女儿，1954 年 6 月出生，退休。采访地点沈阳，采访时间 2016 年 10 月 21 日

韩春仪，周光甲三女儿，1957 年出生，退休。采访时间 2016 年 10 月 21 日

采访人员名单：周金娜，周光甲大女儿（俄籍），1935 年出生；采访地点布拉戈维申斯克；采访时间 2015 年 5 月

第三章　新时期的旅俄华侨

从黑河走出去的资深外交官陶春宝

与李广厚老师相识于2007年，那时，我刚到宣传部门工作不久。李老虽年过七旬，但经常骑着一辆破旧的自行车到单位找我，我们一起聊新闻标题的写法、报纸版面的设计与排版。李老不仅学识渊博，还是黑河的活字典。由于他在《黑河日报》社工作多年，对黑河的人物历史非常熟悉，在闲谈中总能提供一些有价值的史料和线索。李老和陶春宝是原黑河一中初六级同学，二人还是同桌。在李老眼中，陶春宝是一名有知识、有修养、值得家乡人为之骄傲的人，从他口中我了解到陶春宝。

黑河依山傍水，自古以来在这灵山秀水之地，走出去许多对黑河经济发展有影响的人。陶春宝就是从黑土地走出去的情系家乡的资深外交官。

农家子弟　报国情深

陶春宝，1936年出生于瑷珲县上马场乡一户农民家庭。父母都是老实巴交的农民，兄妹12人，他是幺儿，从小聪明好学。1948年他到黑河联立中学（后改为黑河一中）初六级学习。1951年毕业时，正值抗美援朝，他被参军保家卫国的思想影响，满腔热血和几名同学相继报名参军。那时参军体检必须到当时省会城市齐齐哈尔，他辗转来到省城，遗憾的是体检不合格，他只好梦别军营，先后在黑龙江省总工会和省委宣传部工作。

继续求学　异国深造

黑河地处中苏边境地区，20 世纪 50 年代正值中苏友好时期，各中学都开设俄语课程。学生们喜欢看苏联电影，学唱苏联歌曲，读苏联小说，学习俄语的兴趣很浓，俄语会话水平较强。陶春宝对俄语更是情有独钟，有较好的俄语基础。作为农家子弟，他工作勤快务实，深得同志们的喜爱。1954 年，在他 18 岁的时候，由省委宣传部报送，报考哈尔滨外国语学院（后合并为黑龙江大学）主修俄语。入学后，他非常珍惜学习机会，起早贪黑背单词、练口语和听力，校园里留下他勤奋的身影。由于品学兼优，陶春宝成为班级中优秀的共青团员，第一批加入中国共产党。

新中国成立初期，百业待兴，国家急需懂俄语的人才，幸运的是陶春宝毕业后被分配到国务院对外局工作，该局是为国家培养高级俄语翻译的地方。20 世纪 50 年代，中国奉行"一边倒"的外交政策，向苏联"老大哥"学习，请苏联专家帮助中国发展经济和文化建设，国内开始分批选派学生及工作人员到苏联学习俄语及工程技术。陶春宝刚刚到新工作单位报道，还没有正式开始工作，幸运之神再次眷顾他，被组织选送到莫斯科大学继续深造。

莫斯科大学位于苏联首都莫斯科，师资力量雄厚，教学质量高，是中国留学生梦寐以求的地方。当年国务院仅派陶春宝一人留学，他非常珍惜这次难得的求学机会。他刻苦学习，速记单词；与苏联老师和同学一起练口语，学习语法。由于学习语言环境良好，加上他的勤奋努力，几年后，他发音精准，俄语水平已经达到炉火纯青的地步。如果不走近他，只听他读俄语，许多人错把他当作地地道道的苏联人。

勤奋敬业　外交奇才

陶春宝学成后，回到外交部担任俄语翻译工作。为了熟练掌握俄语，无论是在苏联还是南斯拉夫等国家，白天他忙于查找资料、同声传译等外交工作，到了晚上，他就心无旁骛学习语言。笔记本上记满俄语单词，遇到叫不准的读音，他总是虚心请教，多读多练，不断攻克外语难关。他俄语口语好、博闻强记，又学会速写，翻译准确无误。当时，中苏两国领导频繁互访会晤，他多次担任出国代表团和来华代表团的翻译工作。曾多次荣幸地为刘少奇、周恩来、邓小平、朱德、彭真、贺龙、陈毅等老一辈国家领导人迎接外宾和出访担任翻译工作。他多次在国际会议上担任同声传译。同传译员要求极严，不仅对语言的捕捉能力要强，还要具有"伶牙俐齿"，同时要做到言之有序、言之有物，既要掌握百科知识，又要"上知天文、下知地理"。他还参与编写、翻译了不少文章和著作，在各类出版社和报刊上发表，如《苏联大百科全书》《鲁迅在世界各地的纪念活动》等，先后在国务院对外局、文化部、外交部等单位工作。

他除系统学习掌握俄语、塞尔维亚语，还先后自学匈牙利语、德语、英语、罗马尼亚语、波兰语、捷克语、保加利亚语等9门外语，被同事称为"语言的天才"。他学习语言，可谓争分夺秒。当年，外交部给每名外交官配一台奔驰轿车，作为外交官他们还拥有红色护照，到各国免检、免签。业余时间，同事都出去游山玩水，他总是把车锁在库里，把自己关在屋里刻苦学习语言。梅花香自苦寒来，他为了学习语言付出了千般辛苦。陶春宝曾任中华人民共和国驻苏联、南斯拉夫、匈牙利、保加利亚等国大使馆的高级翻译；去过英国、德国、日本、意大利、冰岛、芬兰等62个国家，是一名出色的外交官。

1985年，他出任中华人民共和国驻南斯拉夫大使馆的高级翻译并兼任文化部、教育部和新华社、人民日报、光明日报、中国国际人民广播电台等驻外机构的党支部书记工作。在南斯拉夫时，他年过半百，仍苦学语言，利用业余时间到贝尔格莱德大学学习塞尔维亚语。4年后，他能熟练用塞尔维亚语演讲致辞，收听收看当地的广播电视，阅读当地报刊。陶春宝在中国驻南斯拉夫大使馆工作近5年，为宣传我国改革开放的各项成就，增进两国及人民之间的相互了解和友谊，促进两国在科学、文化、教育、体育、卫生以及新闻工作上的交流做出了应有的努力。

严于律己　爱心满怀

他常年陪同国家领导人一起出访，在重要会议上做高级翻译，被领导人的高风亮节和人格魅力感染。

1975 年国庆，周总理患癌症已经到晚期，拖着虚弱的身体，仍坚持出席国庆宴会并致辞。老一辈革命家的敬业精神和高尚人格深深感染了他，他说作为一名外交官，决不能做有辱国格的事情。

1981 年，他在北京街头看到一名八旬的老妪无家可归，顿生怜悯之情，将老人领回家悉心照料，十几年如一日，直到老人去世。

他在国外工作期间，遇到同胞有难事，总是伸出援助之手。在罗马尼亚布加勒斯特工作期间，有几名同胞痴迷赌博，输光全部家当，没有返乡川资。他听说后，先后资助 7 名同胞归国路费，并目送他们登上飞机，才放心离开。

辞职下海　经商失败

1989 年中苏打开尘封已久的贸易大门，中苏贸易的不断扩大，吸引国内一批又一批的人陆续下海经商，陶春宝也成为改革开放后中苏贸易的弄潮儿。他辞职开始经商，初涉商海，一切从头开始，他选货、配货、寻找进货渠道和卖家，许多事都亲力亲为。他从南斯拉夫往黑河发货，由于没有掌握商机，经验不足，首次经商失败。这次经商，赔光了他多年的积蓄，他黯然走出商海。

重返故乡　悉心传教

少小离家老大回。2002 年夏，带着对故乡的思恋，他回到黑河。他的父母早已谢世，兄弟姐妹也相继离世。此时黑河早已不是少小离家时的模样，宽敞的街道、鳞次栉比的楼房、优美宜人的带状公园，令他欣喜不已。由于黑河与俄布拉戈维申斯克一江之隔，对俄贸易频繁，经济发展迅速，缺少高水平俄语人才。为了促进两岸交流，快速培养人才，他在黑河火车站附近租住一家旅馆，足不出户、潜心钻研，一头扎进俄语知识手册的编撰中，耗时三载，编撰50万字的《简洁快速学习俄语知识手册》。

陶春宝还开设俄语学习班。为了方便学生学习，提高俄语会话能力和水平，他依据自己多年学习俄语的经验，将复杂的俄语语法归纳整理，让学生寻找学习规律，快速记忆，提高学习效果。他打破以往教学模式，根据33个字母组成不同的单词，把相近的单词连在一起进行比较学习训练。在他的班级里，有的同学仅上3次课，就能自行组词造句。两年时间里他共招收近百名学生。

为了提高学生俄语口语水平，尽管他不富裕，还是自掏腰包请俄罗斯人和学生一起吃饭，创造学生学习俄语的语言环境。学生通过问问题、侃大山，提高俄语会话水平。他的学生，有的仅学习了3个月，就应聘到哈市一家旅游公司任导游兼任翻译工作。每逢回到黑河，学生们总会宴请他，感谢他的培育之恩。他教授的一名学生，在布拉戈维申斯克任翻译，工作之余，教授俄罗斯人学习汉语，月收入超过2万元。

李广厚

2006年8月8日，黑河中学举行60周年校庆，作为优秀毕业生代表，陶春宝在文化宫做了题为"周恩来总理的艰苦奋斗精神永放光芒"的报告，语言生动，深深感染了与会师生。

陶春宝年逾古稀，孤身一人在黑河工作。2010年因突发脑出血而住进养老院，次年返回北京。其妻为北京某医院退休医师，两个女儿都学有所成。大女儿精通日语，远渡东瀛，定居日本；小女儿熟练掌握英文，在一家香港驻京公司任职。在本书编写中，我多次寻找陶春宝的亲人打听他的近况。据说，他已经离世……

采访时间：2016年3月12日
采访地点：黑河市农行家属楼
口述人：李广厚，80岁，《黑河日报》社退休干部

海南俄语导游第一人王博涵

王博涵，原籍黑龙江省，1977年出生。他是20世纪90年代黑龙江黑河学院的一名普普通通的俄语毕业生，可是他抢抓机遇，在中俄经贸中寻求到商机，在海南建立三亚太极康体养生中心，把俄罗斯人成功引入三亚进行休闲度假疗养，曾被媒体誉为海南俄语导游第一人。

异地求学

20世纪80年代末，中苏刚刚打开尘封已久的大门，黑河与对岸布拉戈维申斯克市恢复了边境贸易，急需俄语人才。在这一形势下，1993年，黑河学院的前身齐齐哈尔师范学校黑河分校招收俄语自费生，王博涵家在饶河县，归双鸭山管辖，双鸭山市教委从高中和初中抽选20名学生到齐齐哈尔师范学校黑河分校自费学习俄语，就这样王博涵走进大学的校门。

当年俄语系的经贸俄语专业有双鸭山班、山东班、黑河班等三类自费班。入学的新生没有参加军训，就直接开始上课。第一年双鸭山班属于预科班，初中毕业生占2/3，全班20人左右，王博涵和妹妹王

海南第一张俄语导游证

苏都在这个班学习。由于第二年班级中有部分学生退学，剩余 10 多人插班到 94 级经贸俄语统招班学习。王博涵在校期间学习成绩优秀，任班长职务，工作协调能力较强，受到老师和同学们的好评。

商海折翼

1996 年 6 月，毕业后王博涵的妹妹王苏去海口务工，王博涵在哈尔滨一家旅行社担任俄语翻译。由于刚迈出校门参加工作，实践经验不足，口语翻译能力比较弱，往往在电话中洽谈业务时，与俄罗斯商人沟通得不顺畅，无法及时了解客户的需求，他感觉很恼火。工作不久便辞职与同班同学王江到黑龙江省抚远县从事对俄贸易，主要经销鞋类。创业伊始，刚步入社会，王博涵就切身体会到蛮干是行不通的，从事对俄贸易，既要掌握市场行情，又要有稳定的客源。由于对市场行情了解得少，经商经验不足，仓促投资，经销的产品无法满足俄罗斯客户的需要，货品无人问津，造成商品大量积压，两个年轻人刚入商海便亏本，他们的创业梦想破灭了。这段经历让他无法忘怀，给他留下很深的教训。

俄境遇险

1996 年，王博涵只身到俄罗斯寻找商机。1997 年初，他凭借俄语优势，为哈巴罗夫斯克中国大市场的中国商户做翻译，在商品贸易中每天和俄罗斯人打交道，介绍商品、讨价还价、签订合同订单、发货送货，通过频繁的业务，他了解了许多商业知识，开阔了视野，提高了应用俄语的翻译能力。

那时俄罗斯社会治安差，经常发生华商被抢劫事件。10 月份，他遭到俄罗斯人入室抢劫，在激烈的反抗中被穷凶极恶的歹徒开枪打中左侧肋骨，子弹反弹后从后背穿出，幸运的是没有打中心脏。在俄罗斯医院住院治疗期间，俄罗斯外科医生为他截除了一根肋骨。由于医院医生、患者全是俄罗斯人，患者中还有一些是因打架入院的当地地痞流氓，每天与医生和患者沟通交流必须使用俄语，为了了解治疗方案，知晓治疗事项，在特殊的语言环境迫使下，他利用治疗时间学习俄语，强迫自己每天多说多练，遇到不懂的问题及时请教，进一步提高自己的俄语会话能力。

王博涵性格开朗，为人仗义，喜欢结交朋友，手术后刚能下地走路，每天就与病友用俄语沟通交流，谈古论今，天文地理，无所不谈，俄罗斯人教给他许多地方方言，从此他的俄语水平大幅提升。王博涵是个语言天赋极高的人，能把俄罗斯各地的方言说得惟妙惟肖，以至于很多俄罗斯朋友都认为他从小在俄罗斯长大。一个月后，病情基本好转，他办理出院手续。身在异国他乡，思乡心切，他非常想念远在中国的父母及亲人，迫切想回到家乡，当时由于机票紧张，购买的机票没有座位，他在哈巴罗夫斯克飞往布拉戈维申斯克市的飞机上是站着的。回到家后，家里人才知道他在俄罗斯遇险受伤的事情，母亲吓坏了，毅然决然地提前办理了退休手续，全家搬迁到海口定居。

海南创业

1998年末，王博涵刚到海口时吃了许多苦，当时海口对俄市场尚未建立，俄语没有用武之地，他没有其他专长，一时找不到合适的工作，只好与当地人做投资理财。由于缺少本钱，无法周转资金，刚做不久便停止了。那时海南没有俄语导游，他想俄语是自己的专业，无论如何不能放弃，就想办法考取导游证，继续做导游。1998年，王博涵获得海南省旅游局颁发的俄语导游证，导游证编号为001。不久，他在海南一旅行社三亚分公司做俄语导游兼翻译，每个月只有300元的微薄收入，性格刚强的王博涵不忍心向家里要钱，每天顶着高温骑单车跑业务。盛夏海南的高温天气，北方人无法适应，他中了热毒，全身鼓出大包，可是他一声不吭，咬牙坚持，从不和家里人说，每天坚持工作。

那时候，一些俄罗斯人对三亚不了解，说不清在哪个国家，更谈不上到三亚休闲、度假。俄罗斯旅游市场冷得出奇，不要说月接待量，就是一年到头，他出团也带不了几个俄罗斯人。出于好奇，在一次带团中，他问一名俄罗斯游客："为什么你们不来三亚旅游？"游客回答："我们不知道

海南旅行社首赴俄参展推介

三亚这个地方，只知泰国和土耳其，所以大家都去那里度假。"细心的王博涵通过调查了解到很多俄罗斯人对海南的旅游不熟悉，无法涉足。

为了让俄罗斯人更多地了解海南，他试图寻求机会推介海南。有一次，俄罗斯举行旅游推介会，他非常高兴，为了推介三亚的旅游市场，在飞赴俄罗斯前，王博涵特意开车到亚龙湾取了一袋子海沙，拾了几个贝壳。到了俄罗斯后，他把这一袋海沙摆成一个海南岛的形状，并把这些贝壳一一放在海口、三亚等市县的地理位置上，向俄罗斯人介绍海南三亚的旅游线路、旅游景点、旅游特色情况，俄罗斯人还是不太感兴趣，尽管他费了不少口舌，许多俄罗斯人还是似懂非懂地摇头离去。

命运转折

2000年初，王博涵事业上出现了转机。1月6日，俄罗斯新西伯利亚一架旅游包机原准备飞往泰国，后因故临时改飞中国三亚，王博涵协助公司其他部门人员接待俄罗斯客人，他流利的俄语，娴熟的业务，周到的服务，深受俄罗斯游客欢迎，这些俄罗斯客人成为海南三亚启动俄远东市场的一个历史性开端。后来到海南的四国考察团，其中就有俄罗斯的客人，王博涵也参与了接待工作。美丽的海湾、细软的沙滩、蔚蓝的天空，海南给俄罗斯客人留下深刻印象，俄罗斯客人流连忘返。他们都喜欢和王博涵联系，遇事找他解决，他总是耐心解答，细心安排，逐渐聚集一些人脉，他的工作能力逐渐被领导认可，得到领导的器重。

从俄飞往三亚的包租飞机首次签约

大鹏展翅

由于俄罗斯客人的宣传和推介，海口陆续有俄罗斯旅游团来访，王博涵所在的公司决定在三亚设立分公司，由他负责，主要联系哈巴罗夫斯克等远东地区的业务。由于海南旅游升温，对俄业务量大，俄语毕业生供不应求，王博涵想到母校的俄语毕业生的就业问题，于是他从母校招收了许多学弟学妹到三亚各旅行社工作，帮助他们创业就业，在他的支持引导下，黑河学院的俄语毕业生大多在三亚扎下了根。

在工作中，由于海口旅行社的领导对莫斯科的旅行社业务不熟悉，采用中国旅游团管理模式带俄罗斯旅游团，不适合国际旅游事业的发展，逐渐与他在业务规划上产生了分歧。于是，他所负责的三亚分公司与海口世旅脱离，与海口世旅的合作终止，挂靠到其他旅行社，他开始独自创业阶段。2003年底，海口第五航权正式开放，王博涵的公司与俄罗斯

第三章　新时期的旅俄华侨

远东航空公司合作包了3个往返飞机，接待了从哈巴罗夫斯克直飞三亚的旅行团（大多是官方往来的客人），当时政府看到旅游发展前景，在政策上给予大力支持，他的旅行社赚了一些钱。正当生意刚刚有起色之时，也就是包机通航两三个月后，正值国内非典时期，包机旅游活动终止，没有俄罗斯人来中国旅游。由于业务减少，王博涵被公司调到广州，因广州与哈巴罗夫斯克有正常航班，他名义上做广州航空代表的助理，实际上是王博涵的公司与广州航空公司开展合作业务，这时王博涵开始频繁接待俄罗斯到中国的商务游客。

在广州的三年，他接待大量俄罗斯客人，其中包括普京总统办公厅的官员，在他们的推介下，王博涵的公司业务量不断攀升，获得丰厚的利润。

2006年，他与妻子相识，结婚后回到三亚开始筹备中医理疗养生馆，这是俄华裔与珠江花园酒店合作的项目，但是没有推介成功。王博涵根据以往经验，分析对俄旅游市场会像泰国旅游业一样，慢慢出现零团费或负团费的现象，可是国内许多人缺少商业眼光，只顾眼前利益，考虑短期效益，不想后续问题，只想到杀鸡取卵。他认为不设法维持高品质的服务，会造成恶性竞争，仅仅依靠接待旅游团业务是不稳定的，缺少市场的潜力，而单独开展旅游业未来前景会逐渐恶化。经过认真分析和调研论证，王博涵决定做旅游周边产业即辅助性的产业，与朋友合伙做中医理疗业务。

2006年，他创建"三亚太极康体养生中心"，任总经理。随着业务的扩大，在三亚开设三家分公司，营业面积8000多平方米，员工210人，至今是三亚最大的中医疗养机构。在他的积极推介下，俄罗斯的朋友纷至沓来，三亚成为俄罗斯人的旅游天堂。他被媒体竞相报道，被称为"海南导游第一人"。据统计，20世纪初，到三亚旅游的俄罗斯客人成倍增长：1999年2955人次；2003年7994人次；2004年超过1万人次；2005年2.9万人次；2006年8万多人次；2007年，到三亚休闲度假的俄罗斯客人高达15.7万人次。同时，在三亚购房的外国人中，俄罗斯人一直是主力，在三亚安居乐业的俄罗斯人不仅把大东海打造成一个个"俄罗斯乐园""俄人社区""俄人村"以及"俄人街"，还欲把亚龙湾打造成他们的"伊甸园"。

俄罗斯人在三亚度假

王博涵流利娴熟的俄语，使他在旅游业优势凸显，在 2005 年、2008 年、2009 年、2010 年海南省全国导游资格考试时任主考官。2008 年任俄罗斯洲际航空公司驻华总代表处驻华总代表助理。

王博涵爱交际，朋友很多，工作中常与工人同吃同住，从不以经理自居，受到合作伙伴和下属的一致尊敬。他是个心胸坦荡的人，做生意开朗乐观，视野开阔，从不斤斤计较，国内外合作的伙伴都愿意与其合作，达到共赢。有时候做生意他不完全以赚钱为目的，获得很多的人脉，国外市场的业务以俄罗斯和哈萨克斯坦客人为主，影响力很大。

成功后的王博涵没有忘记母校的培养，每年定期回到母校为学弟学妹们做报告，讲解就业创业知识，还讲述自己的创业经历，经常为毕业生联系就业岗位。

为了推广传播中国传统医学，他还办班组织哈萨克斯坦的医生到国内学习中医，他的理疗养生馆名扬海口和俄罗斯，维坦斯及很多驻华大使等名人都经常光顾他的养生馆，在那里理疗，他们非常赏识王博涵的为人，认可他的经营理念，帮助他推介旅游项目，纷纷把身边的朋友介绍到中国三亚。

天妒英才

2013年1月，正当他的生意蒸蒸日上时，被海南301医院确诊为直肠癌。坚强的王博涵没有被病魔吓倒，先后在国内外积极接受治疗，治疗期间他乐观豁达，表现出对生活的热爱，对生命的渴望。对来医院看望他的朋友，他总是微笑对待。2014年9月28日，王博涵因病医治无效去世，年仅37岁，留下年迈的双亲和两个年幼的儿子，以及他热爱并未完成的事业和梦想，结束了他短暂而富有传奇色彩的人生。

采访时间：2016年3月

口述人：王苏，女，王博涵的妹妹，1978年10月17日出生，海南省经商

布拉戈维申斯克的淘金者

——张元磊和他的母亲

接触张元磊母子是很偶然的机会，由于我的颈椎病发作，经朋友介绍来到黑河市中心的元磊按摩馆。虽然店面不大，但是母子俩诚实待客，用娴熟的手艺解除病人的痛苦，来到店里的大都是回头客。

在治疗期间我认识并逐渐了解按摩馆的年轻店主张元磊和他的母亲。张元磊，1983年出生，原籍山东，是一个不善言辞、性格倔强、勤劳务实的年轻人。他的母亲王力性格开朗、善良质朴，爱说爱笑。王力原在黑龙江省拜泉县糖厂工作，丈夫是一名普通汽车司机。

闯黑河谋求生路

王力

20世纪90年代初，王力的丈夫所在单位拜泉县第二建筑公司亏损解体。为了寻找就业门路，经黑河的亲属介绍，夫妇二人带着年幼的孩子来到边境地区黑河市谋生。1993年，正值黑河对俄边境贸易进入高峰期，由于边境贸易如火如荼，加上民间易货贸易日渐频繁，一时间，吸引大批外地下岗工人、附近富余的农村劳动力到黑河淘金。她的丈夫来到黑河粮贸仓库任吊车司机，由于业务量大，经常加班加点，每月工资在 200 元左右，每逢节日，单位都为职工发放福利米、面、油等。为了提高一家人的生活质量，勤劳聪慧的王力在黑河市中央街摆摊卖鞋垫等杂物，增加收入，以减轻家中的负担。张元磊转学到黑河一小三年级读书，他的姐姐在五年级读书，一家人过着平淡而幸福的日子。

抢抓机遇边境易货

那时中俄边境贸易刚刚开始，黑河中央街是互市贸易街，市民们在街道两旁摆起地摊，经营俄罗斯商品。经常有中国人围着三三两两的俄罗斯人进行易货贸易，双方主要用俄语、中文、手势来沟通交流，运动服、泡泡糖、琳琅满目的日用品是俄罗斯人的最爱；而俄罗斯人手中的大衣、礼帽、望远镜、手表也是中国人的抢手货物，中俄边境的民间贸易就这样简单进行着。

王力在经营中逐渐发现，自己的小商品已经无法获得俄罗斯人的青睐，无法满足俄罗斯人的需求。她在与俄罗斯人接触中发现了商机，开始自学俄语，力图与俄罗斯人易货换取更高价值的商品。在中俄边境贸易的大环境影响下，还在小学读书的张元磊，不经意也学到一些简单的问候语，如"您好""爸爸""妈妈""再见"。1994 年，王力第一次跟随弟弟去俄罗斯布拉戈维申斯克市开始易货贸易，用牛仔服换回俄罗斯人的皮衣、皮帽以及各种生活用品，如剃须刀、望远镜、照相机、排骨刀、蒜夹子等，回到黑河转手出售，在一买一卖中赚取利润。黑河与俄罗斯布拉戈维申斯克隔江相望，是赴俄重要通道。那时赴俄人数较多，旅游签证有多种，非常快捷方便：有商务照，还有长短期的旅游照，如半月照、45 天照以及 1 日游、3 日游的护照。黑河海关出境大厅挤满了出境的人群，有时外地人员等上一周仍无法过境。王力利用旅游照频繁出境，换取货物，不断积攒钱财。

胼手胝足布市淘金

不久，王力花费 2000 元办理一个长期护照，拿着积攒的 4500 元血汗钱，跟随从事边境贸易的老乡过江来到布拉戈维申斯克练摊。那时候，中国商户居住在俄罗斯的老式木刻楞宾馆中，窗户和地板都是木头的，这种材质建造的房子冬暖夏凉，每天的房费大概350卢布折合100元人民币。那时布拉戈维申斯克的物价很高，但是肉食品价格低廉，低于蔬菜、水果的价格，由于俄罗斯人不喜欢吃猪内脏、鸡爪子等食品，鸡爪子等价格非常低廉，许多中国的倒爷们经常花费50卢布或者100卢布就可以买到一堆食品。

当年俄罗斯的中国大市场是露天开放的，是个铁棚子，中间用木板作为支架，形成这样一个简单的购物场所。俄罗斯的床费较高，一天租金400卢布，还不包括办理护照和租住宾馆的费用。无论夏天下雨还是冬天刮风下雪，中国业户们为了赚钱都克服困难坚持卖货。王力每天早上3点起床开始装货，四五点就出去摆摊卖货，由于俄罗斯与中国有2小时时差，下午3点半左右收摊。每天收摊后她在库房清理货品，天黑才拖着疲惫的身体回宾馆休息。在大多数情况下，中国商户的午餐在中国大市场解决，他们买盒饭或者在俄罗斯摊床上买咖啡、面包、牛奶和茶，由于饮食价格昂贵，俄罗斯的饮食以肉类为主，蔬菜大多是土豆、黄瓜、柿子，数量少且价格昂贵，鸡蛋一个卖8卢布。商户们都无法适应俄罗斯生活，为了节约开支，业主们大多自己动手做饭，晚上收摊后王力准备晚饭。她心灵手巧，包饺子、烙饼样样都会，经常做一些美食，与左邻右舍的业主们共同分享。

张元磊开设的按摩馆

异国经商非常辛苦，在俄罗斯的收入是不固定的，有时候辛苦卖一天的货净挣几百元人民币，有时候还赔钱。那时候俄罗斯中国大市场的大多数商户主要经营鞋帽和服装，为了货品不重复，快速销售商品，王力分别从绥芬河与哈尔滨进货，经销各类化妆品如眼影、眉笔以及珍珠项链等首饰。后来，为了适应俄罗斯客户的需求，经销手机充电器、服装等。

2000年，张元磊初中毕业后，也去布拉戈维申斯克淘金，在中国人经营的汽车修理厂修车、平钣金。后来在阿穆尔州腾达市中国饭店务工10个多月。由于对俄生意兴隆，他的姐姐也过江帮助母亲卖货，一家人住在列宁大街75号，房屋月租金3000元。王力带着张元磊姐弟二人在那里艰难打拼，一家人省吃俭用，起早贪黑，辛辛苦苦地经营小摊床。一年多后有了积蓄，所得利润都用作扩大资本积累，拓宽业务，购进品种繁多的商品。虽然很辛苦，但是收入比国内多。在王力归国前，仅货物就积压20余万元。

谈到对俄罗斯的印象，张元磊笑着说："我第一次到俄罗斯，发现俄罗斯人并不排斥中国人，他们很热情，比较散漫，随意。男人非常喜欢喝酒，女性干活比较多，大街上经常看见喝得醉醺醺的男人。贫富差距比较大，经常是女人掏钱买东西。俄罗斯的街道很宽，旧式的楼房比较多，建筑楼房的速度比较慢，俄罗斯注重工程质量，一栋楼房需要几年工期才能完成。"

2007年，俄罗斯中国大市场改造，建立7层楼高的新市场巴扎勒，王力花费近12万元一次买下摊床5年的使用权。市场环境改变了，商场供暖条件好了，每家商户都有隔断。那时候贸易形势非常好，货物进出口量特别大，她经营的摊床每天最多能卖1万多元钱的货物，最低也卖几百元的货物。为了提高营业额，增加收入，王力适时雇佣俄罗斯服务员卖货，最初雇佣的是乌克兰人，后来雇佣名叫嘎丽娅的俄罗斯人，她的俄语非常娴熟，懂营销，了解客户需求，善于和俄罗斯人讨价还价，商品日销量比较大。嘎丽娅的工资收入按照销售额提成，最少一天可以提成600元人民币，最多一天提成1300元人民币。每月库房和摊床的租金就达2.5万元，去掉上缴的利税，还有盈余。

2008年俄罗斯爆发经济危机，卢布贬值，同行的人陆续撤回国内发展。2010年，王力由于在国外打拼多年，身体早已透支，加上早期常年在室外卖货，风寒侵体，积劳成疾。她患上类风湿关节炎，行走不便，拿着积攒的 30 多万元回到国内。在三四年的时间里，她奔走在求医问药的路上，积蓄所剩无几。

张元磊独自一人坚持在俄罗斯中国大市场甩卖货物，转让床铺的使用权。商场在 1~3 层，中国人租住的宾馆及库房在 4~7 层，他每天出货、卖货、接货，独自经营，那是一段两点一线的日子，单调而寂寞的日子。两年后，他把俄罗斯的货物处理完毕，回到黑河，结束他在俄罗斯近 10 年的淘金生活。在陪同母亲治病期间，张元磊对中医按摩产生浓厚兴趣。2012 年，张元磊在哈尔滨学习中医按摩，先后在金美美等美容养生会馆工作 10 个月，后到如意康都按摩馆工作一年多。

张元磊虚心学习中医按摩技术，2015 年 3 月，他独自创办元磊按摩馆。业务范围主要有拔罐、中医按摩、经络梳理等。虽然店面不大，但是面向普通百姓，价格合理，由于他技术娴熟，客源不断。张元磊是 20 世纪 80 年代出生的孩子中最能吃苦耐劳的年轻人，他苦心钻研，自学课程，技术水平不断提高，有时候店里客人多，中午他顾不上吃饭。无论是年纪大的老者，还是年轻的顾客都愿意和他聊上几句，他也愿意向顾客们传授健康理念和知识。他乐善好施，虽然年龄小，但是一心向佛。

历经俄罗斯的艰难淘金，归国返乡求医治病，如今王力身体已经康复，赋闲在家。儿子张元磊经营按摩馆，遇上按摩馆业务量大，人手不够的时候，勤快的王力帮助儿子打下手，如今一家人快乐幸福地生活着。他们母子是新时期最早到布拉戈维申斯克淘金的人，是千万个异国成功淘金者的缩影，也是归国返乡重新创业的代表。

采访时间：2015 年 10 月
采访地点：黑河市元磊按摩馆
口述人：王力，女，1960 年出生，个体经营者
张元磊，男，1983 年出生，个体经营者

中俄边境贸易的领路人

走进李栋江是一次偶然的机会。听政协的朋友说，要想全面了解新时期黑河的对俄贸易，一定要采访黑河市大洋经济贸易有限公司的董事长李栋江。在朋友的引荐下，我贸然给他打了个电话，令我惊喜的是他竟然爽快答应。

在金秋九月，我如约走进位于黑河市海兰街的大洋经济贸易有限公司的办公楼。这是一栋旧式俄式建筑，绿树掩映下，透着古朴而神秘的色彩。神秘在于这栋古建筑具有近百年的历史，由20世纪初雄振东北的黑河

李栋江的大洋经济贸易有限公司办公楼

实业家——振边酒厂创始人徐鹏远建造,更在于古建筑的新主人李栋江的神秘面纱。他究竟是什么样的人,带着好奇心,我走进了这栋古建筑。

在他的带领下,我们来到二楼办公室。我上下仔细地打量他,个子很高,一身朴素的便衣,平和的话语,没有成功商人的傲气,是一位令人尊重的长者。说明来意,我便坐在他的对面。他熟练地沏了一壶茶,递给我一杯,自己点燃一根烟。我们便随意地聊了起来,没有丝毫的距离感。与朋友介绍的一样,他低调,谦和,儒雅。

钢铁情缘

李栋江,1953年生于齐齐哈尔。7岁那年,由于他的父亲响应国家支援边疆建设的号召,举家搬迁到黑河市。他的父亲任黑河市长途线路中心站站长,家中兄妹7人,他排行老三。

谈到经历,他笑着说,命中注定与钢铁有缘,一生与钢铁打交道。1969年,在他16岁时,在黑河市上马场乡西山后村开拖拉机,闲暇时间总喜欢摆弄和维修农机用具。他年轻能吃苦,经常天刚亮就出工,踏着夕阳而归,脏活累活抢着干。乡间小路、田间地头都曾留下他辛勤的汗水,全然没有城里孩子的娇气,这样的日子持续了3年零3个月。由于工作勤奋、踏实肯干,得到组织和群众的认可,被保送到佳木斯工学院学习机械制造,命运让他再度与钢铁为伴。毕业后在原黑河市乡企局工作9年,1984年他到黑河市科委工作,1986年调到黑河行署科委科学器材公司任经理。这一时期,李栋江的生活可谓顺风顺水,平坦而布满鲜花的人生之路令人羡慕不已。

初露锋芒

1987年,中苏边境地区的黑河市率先用一船西瓜换回苏联布拉戈维申斯克360吨尿素,打开两国尘封30多年边境贸易的大门。1988年中苏代表团开始陆续签约。边境开放伊始,黑河仅有4家贸易公司开展进出口贸易业务。1988年10月7日,李栋江所在的公司接待了苏联阿穆尔州消费合作社。为了能成功签约,他用半年的时间进行了精心准备,共花费70多万元,在中央街西市场附近公司楼上设计制作了展台,把从珠海、深圳、香港、广州购来的电子产品以及服装百货样品两千余种进行展示。70多万元在当时是天文数字,黑河也仅此一家公司设有展台。琳琅满目的商品、直观的样品、详细的介绍、周到的后续服务,不仅令边境黑河市民惊叹不已,更令刚刚走出国门的苏联人耳目一新,他们看到精美、高端前卫的电子产品纷纷竖起手指连声称赞"哈拉少"。这一次,李栋江负责的公司成功与苏联代表团签约出口2000台全自动洗衣机。每台洗衣机进价2000元,出口价4000元,净利润400余万元。第一次试水便旗开得胜,他心中暗暗窃喜。第二天,《黑河日报》头版头条对他的公司展台产品及签约活动进行专题报道。

李栋江是走在时间前面的人,他认为时间就是经济效益。1989年1月,他开始往苏联发货。守信誉、保质量、重合作,使他在苏联商界口碑较好,苏联各代表团争相和他负责的公司签约,公司每月都会接到大批订单。他忙于进货发货,经常奔走在黑河与阿穆尔州之间,仿佛乘上快节奏的火车,很少停站休息。无论寒冬还是酷暑,他都加班加点,有时候谈判签约一天奔走在几个城市之间。那是一段累并快乐着、收获满满的日子。

刚入商海便如鱼得水,年轻的李栋江把生意经营得红红火火。谈到首战成功,他分析道,在那个开放的年代里,国家刚允许企事业和机关单位开办公司,公司的经理大多是政府官员,他们刚刚从政府机关的大门走出来,思想依然保守,还不适应变幻莫测的商海,还没有完全进入角色。幸运的是1985年李栋江被公司派到深圳,当时正值改革开放之初,深圳走在全国前列,

李栋江与苏联阿穆尔州主管边境贸易的副州长西蒙涅茨

他耳闻目睹学到许多商业知识,开阔了视野。他头脑灵活,接受新事物较快,回到黑河后马上进入角色。由于在科委工作,他及时了解国家对外方针政策,预料到中苏关系会有新进展,适时准备利用边境地区的地缘优势与苏联开展合作贸易。

机遇往往垂青有准备之人,20世纪90年代,在别人大包小包过江倒货的时候,他已开始用火车发货,出口大量日用百货、家用电器,进口苏联的木材、化肥、钢材,在商界开始大展拳脚,成了边陲小镇的名人。公司业绩蒸蒸日上,也给他带来丰厚的回报。

商海遨游

20世纪80年代末90年代初,中苏贸易不断升温。从1989年到1993年,李栋江每年频繁到苏联洽谈业务,多达四五十次。最忙的时候朝至夕归,有时候在莫斯科等地一住就是40多天,阿穆尔州、哈巴罗夫斯克、雅库茨克、莫斯科等地留下他艰辛的足迹和辛勤的汗水。由于他的努力,公司贸易范围扩大到乌克兰以及中亚地区。

当时苏联急缺电子产品。为了推荐产品,他总是提前把质优价廉的录像带作为礼物送给俄罗斯客户,再由他们分发给各自的朋友。通过试用,苏联人发现中国产品质量好、价格优,对新产品非常满意,纷纷和他签订合同,订货量非常大。公司开始源源不断地出口电脑、复印机、录像机、录音机、录像带、录音带。由珠海和香港合资生产的录像带,质优价廉,是俄罗斯人喜爱的商品,市场需求量大,他一次发货达几个火车皮,出口数量大得惊人。那时由哈尔滨到黑河的火车尚未开通,李栋江只好先把货物发到北安和龙镇,再用货车运送到黑河然后出口。阿穆尔州消费合作社,联合国贸易促进协会阿穆尔州分会,阿穆尔州索比特公司,雅库特共和国消费合作社,乌克兰共和国钢厂等客户与他签订大批合同。他与贸易伙伴找到最好的切入点,用瑞士法郎进行贸易核算,当时签订的合同价值几亿元瑞士法郎。

1991年,幸运女神再次垂青于他。由于苏联盛产羚羊角,大多制成工

第三章　新时期的旅俄华侨

艺品，价格低廉，而我国作为药材使用价格昂贵，他找准商机与联合国贸易促进协会阿穆尔州分会签订10吨羚羊角价值7000万元的订单，但是黑河海关对进口羚羊角有明确要求，必须提供进口货物的产地证明，没有证明书不准商品进入国内。10月的一天下午，黑河海关快闭关时，苏联客户以向中国出口儿童玩具的名义，在苏联海关报关后并把货物运送到黑河海关。得到消息后，李栋江马上让翻译去海关摸清情况，得知苏联客户没有通关的相关手续后，他及时给省级主管领导打电话请示如何处理这批货物，领导批示由他择机定夺。那时天马上就黑了，他迫不及待去找黑河市海关关长，可是海关关长公出，副关长无法定夺，货物被迫在海关停留一夜。第二天他去黑河联检有关部门咨询，明确答复这批货物没有产地证明，中国不能进口。事情非常严重，苏联商人又不肯把羚羊角拉回国，他们担心的是如果把货物拉回去，苏联海关的主管领导和商人要负法律责任并会被判刑，还会牵涉更多的人。可是黑河市联检有关部门严格执行规定，不准进口没有产地证明的货物，苏方提出就地烧毁，李栋江没有同意。无奈之下，苏联客户只好把货物拉回国。虽然事情解决了，但是令他担忧的是苏联商人所欠下的10吨羚羊角的易货货物是否能偿还？经双方多次协商，李栋江向俄方提出进口苏联生产的新型米－8T直升机，经过俄方公司半年多的协调工作，俄方有关部门批准向中国出口两架米－8T直升机，作为所欠中方的货物补偿，当时米－8T在苏方也是最先进的机型。

1992年年初，中俄双方准备将两架米－8T直升机由布拉戈维申斯克机场飞往中国黑河机场，因国际航线需要在民航总局办理，李栋江多次到国家民航总局办理国际航线未果。在万般无奈中李栋江思索着解决问题的办法。在一次过货中他乘坐一辆40吨的货车回国，在途中货车给了他启示，40吨的货车可以在平整的江面通道上行驶，米－8T直升机自重不超过5吨，在冰面上将直升机由俄方口岸牵引到中国黑河口岸或许可行，后经俄方机场有关技术人员现场勘查，他的设想完全实现，飞机可以通过冰面货车通道通过。1992年3月14日他成功地从俄罗斯口岸将两架米－8T直升机牵引至中国黑河口岸。

苏联与中国的易货贸易主要有钢材、木材、化肥等产品。李栋江打破传统易货贸易方式，成为第一个敢于吃螃蟹的人，这是当年中俄边境易货贸易中的一件大事，引起轰动，国内外报纸、电台竞相报道。

后来他又陆续进口几架飞机，1993年，他把一架飞机卖给泰山旅游公司，另外几架卖给解放军陆海局。谈到当年的壮举，他笑着说："那时黑河刚开关，老百姓的头脑还不开阔，一时间还不适应边境形势的变化。各大宾馆收到的兑换券都不知道如何使用，百姓也不认识，我只是中俄经济贸易中的幸运儿。"

2005年以前，李栋江所在公司主要进口航空器材。几年来公司发展很快，规模不断扩大，经营范围不断拓展，涉及酒店服务业和制造业，他成立大洋假日酒店和黑河市罗西亚木制品有限公司，主要生产空心砖。如今，俄罗斯经济下滑，卢布贬值，冲击到边境贸易，海关过货量减少，公司主要出口食品机械、矿山机械和酒厂的设备。随着边贸形势的发展，他把业务陆续向南方转移，业务范围扩大到南方沿海地区深圳、珠海、广州等地。为了放手让年轻人干，他把许多业务都承包出去，自己则每年往返于深圳、北京、哈尔滨进行督办，偶尔享受快乐的收藏时光。

谈到对苏联人的印象，他说第一次出国到苏联，乘坐环城汽车游览，当翻译付款时，苏联人异口同声地说，外国人不要钱。他们免费乘车环城一周。中苏边境封锁了30多年，两岸人民迫切需要沟通和交流。刚开始与

李栋江与直升机机组人员在黑河口岸

李栋江（左一）1989年在哈尔滨中苏第一次哈洽会开幕式

布拉戈维申斯克的客户谈生意，苏联人非常热情，他最多一天喝7次酒，经常被客户邀请到农庄，无论到哪里苏联人都是那么热情好客，老百姓的文化素质高。他亲眼看见苏联的清扫工人开着汽车上班，娴熟地把车停在马路边，换上工作服进行清扫，工作完毕后，再换上衣服开车回家。百姓安居乐业，生活富裕，每个人脸上露出幸福的笑容。当年他所看见的情景与苏联小说中描写的一模一样，这样的笑脸和人群给他留下深刻的印象。

善人者，人亦善之

李栋江为人平和、宽容，从不斤斤计较，在生意兴隆时，他淡然处之，从不狂妄。面对逆境，他也不退缩。对合作的伙伴和朋友，他以诚相待，倾心帮助，是可以信赖的好哥们、好朋友。当年《毛岸英》剧组到黑河拍电视剧，他全权负责解决剧组吃住和外景拍摄等一系列问题，得到制片人和剧组的一致好评。

他与人为善，有一颗慈悲心，在"文化大革命"期间，看到振边酒厂的管家吕升远被批斗，顿生怜悯之心，叮嘱"红小兵们"在看守过程中不要打骂老人，允许家人送饭并寻找机会陪老人聊天。

在家中，他是慈父，早年驰骋商海，因工作繁忙，早早就把儿女送往俄罗斯留学，待儿女长大后，他带在身边手把手教授经商贸易技巧，帮助他们解决生意上的难题。如今他放手让孩子们去闯，儿女都成为他生意上的好帮手，他则闲下心来，收藏古玩，享受人生美好时光。

他一心向佛，师从阿旺班玛诺布，经常参与弘扬佛法之事。李栋江畅游商海 30 余年，收获满满。回首往事，他总是谦虚地说："在商业贸易中，我赶上好机遇，遇到的都是好人。"

李栋江和老同事王世祥（元茂昌经理的儿子）在一起

憧憬未来

谈到未来，他笑着说："我喜欢收藏古董瓷器，同时也购买并收藏到人生中最可心的民国初年古建筑，准备把这栋古建筑建成古瓷艺术馆，向市民开放，我最想看见戴着红领巾的孩子们来参观，让孩子们从小就能接受艺术熏陶，古瓷艺术馆受众多，影响几代人。也能让俄罗斯游客了解中国璀璨的历史、文化和艺术。"李栋江非常钟情这栋古建筑，与之有不解的情缘。当年这里是元茂昌旧址，是日本关东军头目和商界富甲云集的地方，更是远东国际情报站情报员徐日晓的住所及办公的地方。几经波折，1998 年他耗资 50 多万元购买这个古建筑，为了保持原有风貌，一年后在加固的基础上，他耗费 800 万巨资精心维修这个搁置多年的建筑，如今这座二层小洋楼像一道靓丽的风景线屹立在海兰街，向世人述说它古老而神秘的历史。

闲暇时，他收藏大量唐、宋、元、明、清时官窑烧制的瓷器，这些藏品观赏和收藏价值极高，朋友们笑称他被"白色鸦片"迷惑到了不可收拾的地步，他乐此不疲，每年都花费很多钱进行购买。为了实现自己在边陲城市黑河建立瓷器艺术馆的梦想，他执着地行走在国内各城市有关博物馆及国外博物馆，与收藏者交流，学知识、谈体会、话收藏。

离开他的办公室，望着绿树掩映的古老俄式建筑，我仿佛看见快乐的孩子们和中俄游客驻足在藏品前欣喜的样子。边陲黑河因侨而兴，因侨而旺，从黑河走出去的企业家，爱心满满，情系黑河，这里的侨乡文化因他们而丰富多彩。

口述人：李栋江，1953 年出生，黑河市大洋经济贸易有限公司董事长
采访时间：2016 年 9 月 26 日
采访地点：元茂昌旧址，现黑河市大洋经济贸易有限公司办公楼

爱情无国界

在黑河市对岸俄罗斯布拉戈维申斯克的大街上经常看见三三两两的中国人。由于俄罗斯男女比例失调，勤奋、帅气、有责任感的中国年轻男子常常受到俄罗斯少女的青睐，如今在中俄边境黑河有近百个中俄通婚家庭。

2017年1月17日，我在布拉戈维申斯克市调研中俄边境地区的华侨时，住在亚洲宾馆，偶然得知亚洲宾馆的财务总监许迎春在布拉戈维申斯克市生活多年，已经娶了俄罗斯妻子。中俄通婚一直是我研究的领域，好奇心驱使我迫切想走近这个21世纪的中俄通婚家庭。

通过朋友介绍，我们相约北京时间下午4点在亚洲宾馆的一楼咖啡厅见面，这刚好是许迎春的下班时间。典雅温馨的咖啡厅，弥漫着咖啡的浓香，三三两两的俄罗斯人在这里边品尝咖啡边交谈。出于礼貌，我提前来到咖啡厅，刚落座，一个戴着眼镜，身着衬衫、西裤，帅气而斯文的年轻人朝我走来，寒暄过后，我们品尝着咖啡，聊起家常。得知我的来意，他并不避讳，向我述说他的经历及与妻子娜斯佳的爱情故事。在近两小时的交谈中，我看出他是一个爽朗、健谈、乐观、向上的年轻人。

许迎春，1984年出生在黑龙江省嫩江县林场，祖籍山东，父亲年轻时闯关东到东北落户嫩江县，父母都是林场普通的工人。许迎春从小就在山东省奶奶家读小学、初中、高中，常年在外求学，培养了他独立思考和解决问题的能力。2002年，他以优异的成绩考入北京邮电大学经济学专业，

2006年大学毕业后在省城哈尔滨中国移动公司工作。那时他工作很轻松，没有压力，收入也合理。没有挑战和创新，无法实现自己的人生价值，许迎春感到很落寞，甚至看到自己苍老时的模样，这不是他追求的完美人生。

年轻人富有梦想，非常想到外面的世界看一看，闯一闯。许迎春在大学期间"二外"选择俄语，黑河市又与俄罗斯布拉戈维申斯克市一江之隔，他对俄罗斯产生浓厚的兴趣，业余时间学习俄罗斯历史地理。他凭借对国际政治的喜好和熟稔，特别是对新时期世界政治经济形势的密切关注和认真分析，断定中俄作为利益共同体关系将进一步融洽，一江之隔的俄罗斯必有很大的发展空间。他自信凭借俄语优势以及对俄罗斯政治、历史、经济、法律和人文等领域知识的熟悉和了解，日后必将有用武之地，实现自己的人生价值。

2008年11月，他辞职来到黑河对岸布拉戈维申斯克国立师范大学学习俄语。第一年学习生活很紧张，"二外"学的那点俄语知识太匮乏，环境和语言都很陌生，不像同班其他同学，他们绝大多数有俄语基础，要么是中学学的俄语，要么是跟随父母在俄罗斯生活多年，日常俄语早已滚瓜烂熟。他每天埋头刻苦学习，往返在寝室和教室、食堂三点一线。第二年，他已经适应国外的学习和生活环境，不想再重复学习"哑巴英语"，不想每天沉浸在教室里、书本中，试图突破书本的局限，想尽办法锻炼口语和听力，在宿舍里、大街上、公园里、江边、食堂、商店，他主动找俄罗斯人攀谈，接触许多老人、妇女和孩子，他们喜欢聊天，有耐心，在交流中他的俄语会话能力和听力不断提高。

当时正值布拉戈维申斯克亚洲宾馆招工，他主动找经理商谈，到宾馆餐厅做初级翻译，免费打工，目的是锻炼俄语的听力和口语。餐厅从服务员到经理全是俄罗斯人，每天要接触许多客人，在与人沟通中，他学到许多知识，口语提高很快，也切实体会到中俄文化的差异、民族性格的不同，并逐步掌握了与之相处之道。不久他又在布拉戈维申斯克市房地产从事三个月翻译工作。后来他应聘到布拉戈维申斯克语言学校担任汉语教师,在那里遇到一生的真爱娜斯佳,从此改变了他的人生,毅然决定留在布拉戈维申斯克市发展。

2010年,随着酒店的发展和提升,亚洲宾馆急需会语言又懂财务的管理人员,由于许迎春在国内大学学习经济学专业,俄语娴熟,再加上酒店经理对他的工作能力和为人非常了解,在他们的力邀下,他来到亚洲宾馆做财务总监。他每天中国时间早8点上班,晚上5点下班。酒店有100多名员工,他负责酒店的日常收支、工资核算、财务监督、文件翻译和草拟等工作。这里的点点滴滴给他留下许多回忆,在这里有稳定并较高的收入,与同事们相处很愉快,他喜欢这里的工作,6年里他与亚洲宾馆共同成长。

由于许迎春在俄罗斯生活多年,熟练掌握俄语,与俄罗斯人沟通交往较容易,了解俄罗斯人的现状,我们聊起民族教育问题。许迎春说:"俄国人和中国人有许多共同点,但是在教育孩子的方式上有许多不同。中国人过分溺爱孩子,从不放手,怕孩子冻着、饿着;而俄罗斯人注重从小培养孩子独立的性格、战斗的意志。冬天在街上经常看见单身母亲推着年幼的孩子进行抗寒锻炼,孩子脸冻得通红,他们旨在让孩子从小就具备战胜严寒的体魄和能力。每当孩子和小伙伴冲突时,家长从不责备孩子,而是告诉孩子自己的问题自己解决,用拳头说话,教育孩子从点滴做起。"

谈到俄罗斯人与中国人的区别时,他思考一下说:"俄罗斯人认为中国人善变,头脑灵活;而俄罗斯人活得很真实,性格外向,情感外露,不掩饰自己的内心,他们从不忍耐,喜怒哀乐都写在脸上,发脾气也很短暂,不记仇。刚刚和你生气,五分钟后就内心平静了,和你开起玩笑,在刚接触时会让中国人不适应。"

许迎春刚到俄罗斯时,感到俄罗斯人比较懒散,责任心不强。他谈起对俄罗斯的印象:"俄罗斯民族是战斗的民族,战斗的基因强大,每周日经常看到有人在打架,布拉戈维申斯克中餐馆时有发生,俄罗斯人喝完酒必打架,赤手空拳打,作为动手的游戏。"许迎春谈到在俄罗斯的难忘经历:"刚踏入俄罗斯土地,和周围的人格格不入,中西文化有许多差异,自己无法融入俄罗斯的朋友圈，感觉自己的心一直在漂着。这几年，对俄罗斯的文化了解得比较多，接触许多俄罗斯人，现在已经适应这里的生活。"

许迎春的妻子娜斯佳是他的俄罗斯学生，身材高挑，温文尔雅。当年他在布拉戈维申斯克语言学校任教，二人一见钟情，在接触中从相识到相知，他们相恋两年，相处三年后结婚，具有较强的感情基础。谈到为什么娶俄罗斯女子为妻，他说："爱情来了，挡也挡不住。"刚开始交往时，二人的婚姻遭到双方家长的一致反对。娜斯佳的父亲是布拉戈维申斯克铁路局的一名工人，母亲经营一家小商店，他们反对娜斯佳与中国人交往。由于苏联解体后率先到来的中国倒爷们给他们留下很差的印象，他们认为把女儿的终身大事托付给陌生的中国人，不托底，也不放心。父母对娜斯佳交往对象管得很严，每个月只允许两个相爱的年轻人见面一到两次，每次时间不超过三个小时，甚至第一次见面时只给了他们半个小时的时间。两个年轻人，通过聊天软件互诉思念，谈古论今，憧憬未来。每次见面前，两个年轻人经常因为激动而彻夜难眠；每次相聚时，总会把一个月来精心准备的活动计划打乱，因为彼此眼里只有对方，其他事情都忘得一干二净。由于娜斯佳住在布拉戈维申斯克郊区，每次需要乘火车到布拉戈维申斯克与许迎春见面，每次临别之际，双方难舍难分，许迎春护送娜斯佳总是最后一刻才登上开往郊区的火车，几次险些错过当天最后一列开往郊区的火车。

时间会改变一切，他们的爱情经受住了时间的考验，随着时间的推移，许迎春的一举一动，最重要的是两个年轻人跨越国界、坚定不移又持之以恒的爱，逐渐感化了娜斯佳的母亲，让她见到了一个执着、诚实、睿智、有责任感的中国男孩，逐渐改变了对中国人的态度，也让她见证了坚

许迎春和妻子娜斯佳

贞不渝的爱情，可以跨越种族和文化。她常说："我的中国女婿，好过周围的俄罗斯年轻人一百倍！"

许迎春的父母也非常传统，他反复做父母的工作，后来母亲心软了，父亲依旧不同意。在两个年轻人的坚持和努力下，双方父母都改变了看法。二人相差8岁，许迎春用真爱真心呵护着娜斯佳，2015年二人携手走入婚姻殿堂。在娜斯佳的眼里，许迎春是家庭责任感强、诚实守信、睿智进取、博学多识、有主见能吃苦的好丈夫。在许迎春的眼里，娜斯佳是一个漂亮温柔、诚实善良、性格直爽、能歌善舞、多才多艺、居家完美的俄罗斯姑娘。谈起妻子娜斯佳，许迎春满脸爱意，幸福洋溢在脸上。如今，娜斯佳在阿穆尔国立师范大学读临床心理学。她具有语言天赋，能熟练掌握汉语，喜欢旅游和运动。许迎春年轻，有朝气，喜欢打篮球、羽毛球、乒乓球、台球、跑步、画画和旅游。二人的兴趣爱好广泛并相同，经常一起看电影、健身，一个眼神、一句话语，配合非常默契。两人每月都回娜斯佳父母家1至2次，岳母、岳父会做拿手的好菜招待他，每年的"五一"、春节，许迎春带着妻子回到国内与亲属团聚。许迎春非常享受安静的生活，在异国能耐得住寂寞，闲暇时间会和中国、俄罗斯朋友一起到郊外滑雪、烧烤，到咖啡厅聊天，打球，如今他已经完全融入俄罗斯社会。

谈到未来，许迎春说："还有一年娜斯佳大学毕业，我们想去莫斯科、圣彼得堡发展，那里的空间大，平台多，待积累一些经验和财富，再回到国内。"

望着他离去的背影,我知道这个年轻人和千万个华侨一样,无论在异国飞多高、飞多远,祖国永远是他停泊的港湾。

采访时间:2017 年 1 月 17 日

采访地点:布拉戈维申斯克亚洲宾馆

口述人:许迎春,男,1984 年出生,亚洲宾馆财务总监

从黑土地走出去的跨国建筑第一人何文安

华富商城在黑龙江畔黑河早已家喻户晓，是中俄两国市民购物的理想去处，黑河市对岸布拉戈维申斯克市的五星级亚洲大酒店也是当地的标志性建筑，这些精美的建筑作品都是出自企业家何文安之手。笔者2017年1月来到布拉戈维申斯克市亚洲大酒店，走近何文安，了解他艰辛而辉煌的创业历程。

幼年聪慧　痴迷设计制作

何文安1957年7月21日出生于福建省福清市镜江镇一个华侨之家，汉族。父亲是印尼华侨，年轻时曾闯过南洋，祖传的木工技术在当地很有

何文安

名。在家庭的熏陶下，何文安继承父亲能吃苦、敢于创新和挑战自我的好品质，从小就显露出较强的创造才能，经常拿着木工彩绘笔到处涂涂画画，有时还趁大人不注意，拿起木工工具，用边角料制作木枪、木剑等男孩子喜欢的玩具。在他上小学的时候，已经练出了一手令同学羡慕的绝活，只要是谁家的家具让他看几眼，就能用家里的工具制作出与原物品一模一样，甚至款式还要更新颖的物件。到了十六七岁时，他已经具备一定的雕刻绘画水平，从事木工，技术可以独当一面。

满怀壮志　远涉千里谋发展

那时候何文安凭借出色的手艺，在当地完全可以成为一名优秀的手艺人，过上衣食无忧的日子。但是，他不满足于此，想到外面的世界闯一闯、看一看，用自己的聪明才智、勤劳而灵巧的双手打拼出一片属于自己的建筑天地。

1984年春节后，他辞别妻儿父老，与同乡结伴来到北方哈尔滨闯世界，开始了他的创业生涯。先是经人介绍在一处建筑工地落脚打工，第二年，他便与同乡组建工程队在哈尔滨建筑市场谋到了一席之地。这期间，他一面承包工程施工，一面刻苦学习企业管理专业课程，为以后的发展做好知识储备。

他起早贪黑跑工程、找项目，带领工人一起干，和工人同吃同住，克服东北气候寒冷和南北方饮食上的差异，通过实践锻炼，已经完全掌握建筑工程的专业知识，并具备独立组建、驾驭工程队的能力。可是辛苦一年，仅够养家糊口，不满足现状的他认为哈尔滨也不是落脚的地方，想寻求更大的商机，以施展自己的才华，实现自己的建筑梦想。

创业黑河　中俄边境展才艺

1986年，何文安带领同乡小施工队来到了中俄边境城市黑河寻找创业良机。在最初的日子里，他经历了常人难以承受的艰苦与压力，刚来到人生地不熟的黑河，他以一个小包工头的身份出现在建筑市场，建筑项目少，自己又没有创出品牌，黑河人尚不熟知，很难承揽到工程项目。当时的黑河刚刚从计划经济向市场经济转型，建筑市场管理还不规范，辗转承包一个建筑工程项目后，他历尽千辛万苦带领工人保质保量如期完成工程建筑任务，可是到了年底甲方没能依照合同按时付给他工程款，而他负责接包的工人又急等着这笔工程款回家过年，他无钱支付工人工资。心急的工人包围了他的住处，砸碎了他家的盆碗家具。现在回忆起当年创业的艰辛时，他的妻子说："最困难的时候，无钱给工人发工资，为筹到1000元钱，我们两口子坐在沙发上相对而泣，一股火让何文安身上长满火疖子。"

艰辛的日子不堪回首，磨炼了他面对逆境不退缩的坚强意志。虽然创业很艰难，但是他凭借一股韧劲、永不言败的勇气硬是坚持下来，闯出一条新路。1987年他参加了黑河市青年手工业木工比赛，力压群雄，摘得第一名，在黑河建筑业站稳脚跟并创出自己的品牌，开辟属于自己的领地，令人刮目相看。成功的喜悦令他心花怒放，这个奖让他对选择的职业更加充满信心，此时涂涂画画，琢磨琢磨刨子和刻刀，已经无法满足他的更高愿望，他需要更广阔的舞台施展才华。为了实现更远大的目标，在艰苦、紧张劳作之余他挤出时间学习建筑专业知识，先后考取了建筑师、经济师等证书。

20世纪80年代末，边城黑河在全国率先开启中苏经贸的大门，黑河市与布拉戈维申斯克市互补性贸易迅速升温，蕴含无限商机。何文安是一个永远不满足现状的人，看准了对岸阿穆尔州建筑市场的巨大潜力。1989年，是他人生的一个转折点，从一个建筑者一跃成为跨国建筑企业家。他刚到黑河做了几年工程项目，信誉度高，质量好，在黑河创出品牌。当年，黑河市政府组织人员赴阿穆尔州进行建筑市场开发，原黑河行署建委在布拉戈维申斯克市开发项目，问他是否参与，他考虑后，果断做出决定，去外面的世界闯一闯、看一看。

跨国建筑　布市建筑业的领军人

1989年，在原黑河行署的推介下，何文安带领150人的建筑装饰队伍沼泽地里建一栋大型住宅楼，那时布拉戈维申斯克市人根本不相信能在沼泽地里建筑住宅楼。他和他的施工队在1996年春季开始动迁，7月全面进入地面施工，10月即竣工交付使用。这样一座建筑面积1万多平方米的住宅楼，若由俄罗斯工程队承建，最少要2年方可竣工。他率领的华富建筑大军在如此短的时间内高质量建好住宅楼并交付使用，令俄罗斯人震惊。俄罗斯的多家新闻媒体纷纷报道，称赞"中国人创造了无法想象的建筑奇迹"。布拉戈维申斯克市居民对华富公司刮目相看，对此布拉戈维申斯克市政府为华富公司特别签发了建筑开发许可证。于是他在阿穆尔州建住宅楼、写字楼、商务楼，还修建了变电站、沥青路，铺设了水暖管线、电缆线。几年的时间里，他从一个名不见经传的小包工头，一跃成为拥有200多名来自中国的建筑工人，100多名俄罗斯籍专家的华富集团的老总。

信誉有多高，事业就会有多大。2007年，何文安以诚信与胆识投资3.5亿元人民币建起了俄罗斯远东地区最大酒店"亚洲大酒店"。酒店建筑面积3万平方米，21层86米高，拥有226间客房，其中包括总统套房、豪华套房、标准套房和提供代表身份的特殊楼层——行政楼层，以及商务中心、餐饮娱乐场所，是高度智能化酒店，成为阿穆尔州布拉戈维申斯克市标志性建筑。

2011年，在黑龙江省委、省政府以及中国进出口银行黑龙江省分行的大力支持下，他再次投资7.3亿元人民币，全力打造由中俄两国领导人见证签约的项目——俄罗斯远东地区最大的建材市场。这个项目的启动实施使华富集团的发展又迈上了一个新的台阶，为中俄两国经贸交流起

亚洲大酒店

跻身阿穆尔州建筑市场，承建8.5万平方米的阿穆尔州医院的内部装修工程。当时，他们克服语言不通、环境不熟、信誉度不足（在他之前其他装修队因与苏方纠纷而停建此项目）等实际困难，保质保量并提前完工，以良好的形象在布拉戈维申斯克市亮相，并以此站稳脚跟。

回想当年在布拉戈维申斯克创业，他认为当时最大的困难是两个国家的管理体制完全不同，建筑业管理部门和政策不同。刚开始承包时，自己没有公司，挂靠在甲方福建省土木建筑公司，要熟悉苏联纳税及建筑政策、适应异国环境，语言不通，地形不熟，困难重重，许多事无从解决，他经常周旋于布拉戈维申斯克市各建筑部门，每天焦头烂额。后来他学习苏联建筑市场管理法规政策，学会换位思考，用他们的方式思考和解决问题，逐渐适应这里建筑市场的变换和发展需求。1991年，苏联解体后创业更加艰难，经常一件事拖很久才能解决。布拉戈维申斯克市商业萧条，正是创业好时机，他头脑灵活，在新形势下，把握住商机，1995年决定自己成立华富商业建筑有限公司，把建筑和商业合在一起。当时和黑河几个朋友商量为公司命名，有人建议以他的名字"文安"或"华安"命名，他认为不妥。中华文化源远流长，必走出亚洲，冲向世界，国富则民安，民富则国强，为凸显中国文化，他决定用"华富"命名，于是组建团队，聘请翻译，设计企业徽标，大刀阔斧干起来。

他是不断完善自我的人，虽然事业做得如日中天，但是，他逐渐意识到，作为老板，企业的生死存亡不仅仅关系到个人事业成败，还关系到跟着自己打拼的千余名员工的生活，必须对他们负责任，这种责任促使他不断完善自己，提高自身的管理水平。他开始转变思想观念，把以前不喜欢接触的财务报表、销售业绩图、销售策略等变成了喜欢看、喜欢琢磨东西。

他又是一个不墨守成规的人，敢于创新，挑战自我，面对困难，不退缩，越挫越勇。决定的事情想方设法去做，要做就做最好，这是他生信条。他立足于阿穆尔州后开始了大展宏图的建筑生涯，在承建阿穆尔州医院的内部装修工程后，承接的项目是在布拉戈维申斯克市郊到积极的推动作用。该项目分二期，2013年上半年一期工程已经完成1.8万平方米交付使用，二期8万平方米工程也已经交付使用。

倾情回报黑土地

何文安是一名重情重义之人，在异国的成功没有让他忘记黑河这片黑土地是他成长的沃土，在他最艰难的时候曾助他一臂之力，更没有让他忘记黑河给予他施展才华的舞台和空间，这片黑土地留给他太多的回忆。2004年，他为改善黑河人的生活环境及生活质量，大手笔改造中央街黄金地段，在中央街与邮政路交叉口，竞拍获得了96000余平方米的土地使用权。3月12日，华富集团投资1.5亿元动工承建黑河最大，集中欧建筑风格于一体的大型商业服务场所。2005年12月10日，黑河市规模最大的5万平方米的商业旗舰店——华富商城投入运营，很快成为黑河民营企业的纳税大户。为了使企业不断完善，华富集团成立了党支部，并配有专职书记。华富商城以诚信经营，成为黑河人购物的天堂，以此荣膺"黑龙江省五星级文明诚信商场""黑龙江省平安商场""全省商业文明服务示范店""全国商品交易市场系统先进单位""全国文明诚信经营示范市场""先进基层党组织"等多项称号。

黑河是他的第二故乡，他非常热爱这片黑土地。多年来，他默默地用实际行动回馈这块让他展翅高飞的土地，曾为黑河的黑龙江公园亮化工程捐款60多万元。当时正是俄罗斯经济萧条时期，卢布贬值。现在60万元对他来说可能不算什么大的数字，可是当年对他来说却是天文数字了，他倾其所有把仅有的资金捐给了第二故乡，美化了黑河人的生活环境。为了响应黑河市委、市政府建设"双子城"的号召，他建设华富中俄互市贸易大厦，为繁荣第二故乡出力。

乐善好施　倾情回报社会

如果说在创业之初是想赚钱，赚钱是重要的动力，但当何文安拥有的财富足以满足物质生活时，他的想法就会改变，就会追求一种境界，那就是以事业来衡量自己的人生价值，用生命来承担社会的一份责任。

何文安是有社会责任感的人，从不把利润最大化作为自己的终极目标，一直坚持回报社会。2000年他为家乡捐资70多万元建学校、修路。当家乡福清市委、市政府组织代表团赴俄罗斯对福州江阴码头进行招商时，他作为福清市政协委员没有犹豫，带领华富集团积极承担了福州江阴6、7号码头的建设任务，为家乡的发展贡献着自己的力量。他常怀感恩之心，经常回忆在创业艰辛时，曾经帮助他的人。他慷慨解囊、乐于助人，在布拉戈维申斯克市的中国人无论是商人还是普通百姓遇到困难都愿意找他帮助解决，他经常是有求必应、鼎力相助，成为布拉戈维申斯克中国人最信赖的领军人物。

在俄罗斯，他为三位"二战"老兵提供优质住宅，改善了他们的居住条件，还为俄罗斯社会福利事业捐资200多万元人民币，用实际行动践行了自己的人生格言："我的事业是建筑业，我的人生是一砖一瓦筑起的，我的为人是实实在在的，我的人生坐标是拼搏奋斗，我的人生价值在于奉献。"

助推中国文化

艺术是相通的，何文安不仅是建筑的行家，还是美术、音乐、文学爱好者，对油画、钢琴、小提琴、写诗、唱歌也情有独钟。他喜欢画画，家中收藏许多油画，还精通俄语，这些才华在中俄友好交流活动中充分展示。他认为，在俄罗斯，他代表的是中国企业家的形象，要让俄罗斯人民看到中国人的友好，要用思想与行动感染身边的俄罗斯人，只要大家共同努力，中俄友好之花会越开越艳。他所做的不仅是这些，更令他引为自豪的是为中俄民间经济文化交流做出的努力。每年在黑河的大黑河岛经贸洽谈会和哈洽会上，他都出资邀请俄方商业与政府代表团参加，进一步增进中俄双方的合作与交流。2011年，在黑河与布拉戈维申斯克市共建"双子城"活动中，他派亚洲大酒店的厨师回黑河参加文化大集活动，展示了境外中国人的风采及高超厨艺，为增进中俄间的文化交流做出奉献。

何文安兴建的友谊公园

他有深深的爱国情结,在布拉戈维申斯克市的许多工程都注入中国文化的元素,是把长城和苏州园林修到俄罗斯的人。在布拉戈维申斯克的建筑工程友谊公园里有长城、假山、园林,漫步在公园里,仿佛置身于中国,让俄罗斯人领略更多的中国建筑文化。

细节决定成败

何文安注重工程质量,认为质量是企业的生命线,从不放松对工程质量的要求。一有空闲,他就跑到工地,进料、施工,每一个环节都亲自把关过问。每进入工程阶段,他连续多日都睡不了安稳觉,亲自到工程现场查看工人砌砖、搅拌水泥,每天最少3~4个小时,最多5~6小时。

在布拉戈维申斯克市建设大华富、小华富时,为了确保工程质量,他和俄罗斯各主管部门经常沟通联系,严格按照俄罗斯设定的建筑标准规范执行,有的楼盘在设计上他还融入自己的思想理念,令俄罗斯人非常满意。多年来,他完全适应与俄罗斯人的沟通方式,俄罗斯人执着、认真,无论发生什么问题,他总能找到解决问题的办法,遇到不符合标准的地方,他及时更改,按照俄罗斯建筑标准要求圆满完成各项任务,并避免下次出现类似的问题。布拉戈维申斯克市的旅游宾馆、友谊宾馆、话剧院、阿穆尔州立医院,都是他承建的品牌工程。多年来,他与俄罗斯各建筑部门相处非常愉快，承建的工程项目得到阿穆尔州质量监督局和布拉戈维申斯克市民的好评。如今在布拉戈维申斯克亚洲宾馆后面质量优、地理位置佳、销路好的45区、170高层住宅、大华富、小华富以及宾馆旁边的三个商场都由华富集团有限公司承建，经常出现市民排队购买的情景。

总结在俄罗斯的成功经验，他认为主要靠五张牌：靠"质量牌"站稳脚跟；靠"信誉牌"占领市场；靠"经营牌"规避风险；靠"本土牌"（起用俄罗斯人）夯实后劲；靠"远见牌"做大蛋糕。继续抢抓机遇，占领俄罗斯欧洲部分的建筑市场，用全新的经营理念，再展国内国际建筑事业的宏伟蓝图，是他一直追求的目标。

成功男人背后的贤内助

在爱人何雁眼里，老何是一个能想事、干大事的人，是能吃苦，靠一双勤劳的双手起家的人，是一个敢于承担责任，遇到问题独自扛的人。她告诉我们，老何最能吃苦，重情重义，当年从老家、东北、海伦等地招聘很多工人，解决了千余名工人就业的问题，其中时间最长的跟随老何20年。何雁是贤妻良母，为了不让丈夫分心，集中精力干大事，她一人在家留守侍奉公婆、照顾孩子。那时孩子小，她独自照顾4个孩子读书和生病的老人，默默承担起家庭重任，帮助何文安解决后顾之忧。孩子从小学、初中、高中、大学到成家立业，她付出很多的辛苦和努力，她的眼里都是丈夫和孩子。1986年公公去世、1993年婆婆去世，她亲自料理后事，有时候忙不过来，娘家父母帮助她渡过难关。坚强的她没有被困难吓倒，从不叫苦、叫累，一心一意支持丈夫干事业。她的家人也全力支持他们创业，有时候她的父亲在家乡负责招聘工人，遇到资金周转不灵活时，她四处奔走默默帮助丈夫筹集，2008年、2009年最困难的时期，由于经济危机，俄罗斯卢布大跌，布拉戈维申斯克的税金又高，公司交不起税，只好在民间按2分利息借贷700万~800万元人民币。遇到项目批下来，手中资金周转不开，何文安夫妇采取众筹的方式，最多的时候斥资1个亿，她与丈夫携手渡过一个又一个难关。

在她的教育培养下，4个孩子都很懂事，生活节俭，从不乱花钱。如今孩子们都大学毕业并成家立业，替父母分担一些工作，成为他们的好帮手。大女儿学医，现在布拉戈维申斯克市负责公司财务工作，大女婿在那里承包土地；二女儿黑龙江大学毕业后负责黑河华富商场的业务，二女婿在黑河市工作；大儿子在布拉戈维申斯克负责公司业务，二儿子在老家。老两口儿孙满堂，孙子、外孙就8个，平时何雁在黑河照顾上学的孙子、外孙，周末孙儿放假，她不辞辛苦往返在黑河与布拉戈维申斯克市之间，帮助丈夫洗洗涮涮，做点可口的饭菜。说起孩子，何文安满脸爱意："孩子们都很务实、肯干，都成为我生意上的帮手。"他从不重男轻女，只要孩子肯读书，一定克服困难供孩子上大学。谈到妻子，他说："在最艰辛的时候，妻子伴我创业，我的财产70%属于妻子，自己仅留30%。"

在大儿子何京海眼里，何文安是个好父亲，支持儿女干事业，放手让孩子们自己去闯，他非常感谢父亲给他们姐弟搭建这么好的创业和生活的平台。

有耕耘亦有收获

20多年来，何文安带领华富人克服种种困难，以艰苦奋斗、顽强拼搏、开拓进取的创业精神，从一个普通的建筑队伍，发展成跨地区、跨国界的国际化大型企业集团。截至2015年年末，华富集团在俄布市经营4个商场、1家五星级宾馆；在黑河市有一座5万平方米的商城；在福州市福清江阴投资14.3亿元兴建新码头；在俄开发总面积100多万平方米，境外资产总额已达17亿元人民币。

他带领的华富集团创造了华侨在俄罗斯建筑业的奇迹。20多年的坚守与创新，也给他带来意想不到的收获，成为俄罗斯布拉戈维申斯克市前五位纳税大户，被俄罗斯阿州和布市政府授予"荣誉市民"的殊荣。2000年7月，俄总统普京访华返程，途经布市做短暂停留，当普京总统乘车驶过市区时，街道旁样式新颖、造型别致的建筑引起了他的注意。得知这些建筑均由中国的企业家何文安投资兴建，了解到何文安的事迹后，普京总统立即委派随行的俄罗斯建设部部长,代表自己专程前往华富集团建筑工地看望何文安。部长在转达了总统的问候后表示:"你干得非常出色,你可以到莫斯科搞房地产开发,我们欢迎你。"何文安与华富人充分抓住这一有利契机,经赴莫斯科多次考察,华富集团已获得了在莫斯科郊外黄金地段开发房地产业的土地使用权,总面积37万平方米的工程项目已签约。

2004年11月,何文安在莫斯科荣获俄罗斯国家杜马在克里姆林宫向他颁发的"胸章纪念奖",以表彰他在俄罗斯建筑领域做出的卓越贡献。经俄联邦建设部推荐,何文安在瑞士的苏黎世被欧洲建筑联合会授予国际"金锭奖",在莫斯科被授予"推动住宅建设"奖章,荣获俄罗斯"年度慈善人物"等诸多荣誉。2010年3月20日,时任国家副主席习近平访问俄罗斯,在符拉迪沃斯托克何文安荣幸地受到接见。

何文安在他的威尼斯项目沙盘前

在异国打拼了近30年,早已经功成名就,许多人劝他,歇歇吧。可是他没有停下奋进的脚步,他想让更多的人了解中国,了解中国的建筑。2016年他启动"威尼斯项目","威尼斯项目"难度大,做工精细,仿照威尼斯商城进行1:1设计,占地4公顷,计划5年完工。项目包括3个大型宾馆,第一层是商场、洗浴和餐厅,水城可以划船、游玩,整个方案全部由公司自行设计,交给阿穆尔州民用建筑设计院审核,是俄罗斯联邦第二大工程项目,是俄罗斯的重点项目。采访时他走到沙盘前,欣喜地介绍他的"威尼斯项目"。谈到未来,何文安说:"能干一天就坚持,干不动时回老家颐养天年。"

临别时,我回望他的"威尼斯项目"沙盘和何总一家朴实真诚的笑脸,感到由衷的骄傲,因为他是从黑土地走出去的华侨,是把长城、苏州园林建到俄罗斯的第一人。

采访时间:2017年1月17日
采访地点:布拉戈维申斯克市亚洲宾馆
口述人:何文安,男,1957年出生,华富商业建筑有限公司总经理
何雁,女,1956年出生

我和我的中国丈夫

结识达莎，是一个非常偶然的机会。五月的清晨，与我一起练太极的赵姐告诉我："你不是调研旅俄华侨的生活吗？我身边有个会汉语的俄罗斯朋友，她的丈夫曾经在俄罗斯做生意，她嫁给中国人在中国生活好几年了。"带着一份惊喜我走进大黑河岛，走进美丽而贤惠的达莎。

在大黑河岛商贸城二楼的玉缘堂，赵姐指着身边的女孩告诉我，那就是达莎。我仔细地打量她：齐眉的刘海，粉色的运动服，黑色的长裤，黑色的运动鞋，浑身散发着青春、阳光和朝气。正在我窥望她时，她微笑向我走来，一声纯正而标准的东北口音"您好"，一下子拉近了我们的距离，她装扮朴素，像邻居家的妹妹一样。我们坐在茶几旁，热情好客的赵姐为我们沏上一壶茶，我们一边品味着茶，一边聊了起来。达莎的汉语非常流利，如果不看她的脸，谁也想不到她是俄罗斯人。

达莎的丈夫名字叫张弘江，大庆人，1979年出生，家里有1个姐姐，2000年后，他从大庆来到黑河，后来到托木斯克投奔在那里经商的姐姐，在姐姐带领下，逐渐也走上经商之路。当我问起两人如何相识并牵手时，达莎笑着说："这是缘分。"我们顺着达莎的记忆走入他们的生活。

达莎家在托木斯克，父母是犹太人，妈妈退休在家操持家务，父亲从事木材生意，家中姐妹5人，如今最小的妹妹已经上大学。2000年，达莎开始自学汉语，凭着对中国文化的热爱，她的汉语口语会话能力不断提高。为了减轻家里的负担，懂事的达莎在托木斯克大学读会计学专业期间一直坚持打工，毕业后就在中国大市场卖服装。2005年，达莎的丈夫在新西伯利亚托木斯克的中国大市场经商，商品以鞋类为主。托木斯克的大学生很多，就业压力大，达莎在中国大市场卖服装，店主是中国人。那时中国大市场有中国业户20多家，由于工作关系，她经常和中国人打交道，逐渐与张弘江相识了。

达莎身边的俄罗斯年轻人大多喜欢酗酒，工作也不认真，她注意到身边这个比她年长4岁的中国人工作踏实、没有不良嗜好，有责任感，会体贴人，稳健成熟，逐渐产生好感。空闲时间，他们就在一起聊天，张弘江的话不多，但是他们彼此都有共同的话语，他给达莎介绍中国的传统文化、风俗习惯，他们在一起很开心、默契，那是一段难忘而值得回忆的日子。

由于对中国文化的热爱和对身边这个中国年轻男子的信任，相识3年后，2008年，达莎将自己的一生托付给这个异国的年轻人，他们携手走入婚姻的殿堂，达莎的父母也很开明，尊重他们的选择。达莎的丈夫踏实能干，能吃苦，为了幸福生活，他们俩起早贪黑做生意，张弘江的姐姐也在那里经商，他们互相照应。刚开始经商时效益非常好，俄罗斯的购买力强，货物销售快，利润很大，他们把赚到的钱用到扩大投资规模上，不久姐姐归国返乡。2011年，爱情的结晶降临到他们身边，儿子的到来给这个家庭带来许多的欢乐。天有不测风云，由于2011年俄罗斯爆发经济危机，卢布贬值，对俄贸易额萎缩，经商卖的货越多，赔钱越多，两人的生意受到影响，亏本20多万元。在儿子8个月的时候，他们俩商量选择回到黑河安家落户，因为张弘江的姐姐在黑河，且靠近俄罗斯，方便达莎回国。

达莎性格温和、办事果断，由于能流利使用汉语，沟通能力强，她成为丈夫的贤内助，默默支持着丈夫，不离不弃。无论是在丈夫生意辉煌的时候，还是在生意受阻、艰难困惑的时候，她总是默默鼓励支持丈夫，空闲的时候她也帮助朋友们翻译一些资料。丈夫张弘江开出租车，夏季每月收入5000~6000元，每年花费1万元租房子。他们俩都很能吃苦，独立性强，希望靠自己的努力和打拼换回幸福的生活，虽然日子很平淡，但是很真实，一家人和和美美地生活在一起。

达莎认为："人都是逼出来的，每个人都有无限的潜能，面对压力，不要焦躁，我们的脚下，无论是艰难险要的路，还是平坦笔直的路，只要坚定信念往前走，就是一条幸福的路。"

如今他们爱情的小天使6岁了，既聪明可爱又顽皮，他不会俄语，一学俄语就头疼。达莎带他回老家托木斯克，托木斯克到布拉戈维申斯克需要坐4天3宿的火车，儿子不习惯那里的生活，他们总是住上一段时间就返回中国。如今俄罗斯经济不景气，达莎的母亲退休前每月工资35000卢布，如今退休后只有25000卢布。达莎在中国生活时间久了，不习惯俄罗斯的生活，她喜欢中国，喜欢中国的古代文明和历史文化，喜欢看中国历史题材的小说和电视剧，非常喜欢中国第一个女皇上——武则天。黑河的天蓝水秀，日常生活用品齐全且价格合理，她偏爱中国的食品，如茄子等，喜欢用同一种蔬菜做出不同的菜肴。闲暇时，她喜欢做几个拿手的好菜，给丈夫和儿子，看到他们的笑脸，达莎感到很幸福。虽然儿子已经加入俄罗斯国籍，可是她的丈夫离不开中国，他们打算长期居住在中国。

达莎和儿子

谈到婚姻，达莎告诉我："刚开始时，我们周围的朋友并不看好我们的婚姻，认为不牢固，不会长远，中俄通婚存在文化的差异，早晚会分开的。如今我们结婚9年，感情越来越深厚，周围的朋友也非常认可我们的婚姻，我们的爱情经受住时间与地域文化的考验，我们彼此都有很深的了解和感情基础。"达莎属猪，张弘江属羊，笔者曾和他们开玩笑："用中国传统文化解释，你们的属相属于三合，是互补的婚姻，感情会持久。"他们的婚姻生活虽然很平淡，但是很甜美，共同努力经营着属于他们的爱情。由于丈夫张弘江夜班开出租车，凌晨三四点下班就到早市买回早餐，此时正值达莎和孩子在梦乡中；待她和儿子起床，丈夫已经睡去。他们也像其他年轻人一样秀着恩爱、晒着幸福，通过微信传递着爱的信息："亲爱的老婆，给你和儿子买的豆浆、油条，你起来热一下吃吧，别忘了吃药，爱你的老公"；"别忘了十一点叫我起床给孩子做饭，谢谢您老婆"；"亲爱的老婆大人早上好，有你特幸福快乐，你到哪里老公的心在哪里，早上一定吃早饭，爱你"。达莎说，自己能想到最浪漫的事情就是和丈夫一起慢慢变老，这就是她最大的幸福。

爱是需要经营的，达莎到中国生活6年，已经完全适应这里的生活。她是贤妻，从不娇气，在家里里里外外一把手，会做丈夫最喜欢的地道葱花花卷，会腌制大蒜、油黄瓜。由于丈夫夜班工作，白天休息，她负责做午饭和晚饭，还要接送上幼儿班的儿子上学、放学，辅导孩子做作业，家里交电费、水费、供热费，这些事情都由她负责打理，她已经熟悉周边的环境。达莎是称职的妻子，每次从俄罗斯回来，都给丈夫做好吃的饭菜，弥补自己不在家的时候，对丈夫的亏欠。

达莎很勤奋，业余时间做俄罗斯商品代购，经常往返于黑河与布拉戈维申斯克之间，儿子也是她的好帮手，帮助她背东西，经销化妆品、保健品、奢侈品、紫龙晶等，贴补家用，她说要把朋友圈当作自己的实体店面，每天早上起来都发个图。达莎不仅会说汉语，还会写汉字，做微商时，遇上不会写的汉字，丈夫总是替她打字，俩人你情我浓，相濡以沫。

达莎是可爱的小女人，喜欢平平淡淡的生活，追求简简单单的幸福，非常疼爱儿子。她在微信中感叹道："亲爱的儿子，谢谢你陪着妈妈一起成长、成熟，因为有你，妈妈觉得自

笔者和达莎

己是世界上最幸福的人，我希望你能快乐地成长，过上幸福的生活。妈咪爱你。"母爱跃然字面，流露在生活中。她陪伴儿子玩耍，为儿子做可口的饭菜，为儿子讲故事，儿子是她全部的爱，在她的精心照料下，儿子长得很壮实，也十分的聪慧。

达莎爱心满满，家中窗台前经常放一把米，引来鸽子觅食，在观赏中享受自然之美。达莎朴实贤惠、善解人意，她认为有房子不叫幸福，有车不叫幸福，有温暖的家才叫幸福，有爱她的老公才叫幸福。她的爱情宣言是：陪伴不是因为有钱才追随，珍惜，也不是因为漂亮才关注，时间留下的不仅仅是财富，更有爱情。

问起她的愿望，达莎说，她有三个最大的愿望：丈夫顺利地工作；家人平安健康；宝贝儿子快快长大，好好学习，能自力更生，成为对社会有用的人才。爱情没有国界，爱就是不求回报，默默地付出，这就是中俄边境地区一个普普通通的中俄通婚家庭的真实生活。

采访时间：2017年5月26日

采访地点：黑河市大黑河岛

口述人：达莎，1983年出生，俄罗斯人

我的前半生

我一直感叹自己是幸运的，在研究的道路上，有许多热情的好心人无私帮助我，解决一个又一个困难。结识"东子"，也很偶然。在我晨练的圈子里，热心的朋友知道我痴迷旅俄华侨研究，总是为我介绍采访的对象，提供线索。一天，从事对俄贸易的赵姐告诉我，有个"东子"每天练习站桩，是一个在俄经商近20年、颇有故事的人。

2017年5月的一个傍晚，吃完饭我来到拳艺健身馆，找到正在练习站桩的"东子"，他中等个儿，黝黑的皮肤，一身休闲的运动服，坦诚而随和，完全没有成功商人的傲气。为了不打扰他站桩，我坐在沙发上，顺着我的提问，他一一回答。

边境淘金

郭振东，1972年出生，黑龙江省铁力县（今铁力市）人，高中文化，家中有弟弟妹妹。1993年，郭振东听到边境城市黑河对俄贸易如火如荼的消息时，按捺不住闯一闯的想法，年轻的他对外边的世界很向往，怀揣着淘金的梦想来到黑河。那时黑河有一条中央街，两岸边民自由互市贸易，熙熙攘攘的大街上每天有许多中国人围着俄罗斯人换货，在大街的两侧有许多摊床，摆着琳琅满目的商品。

郭振东在黑河中央街摆地摊，出售一些紧俏的体育用品、健身器材等，当时黑河刚开始对外开放，摆地摊不缴税，他出售的商品不仅是本市居民的最爱，也是俄罗斯人的特需商品，深受俄罗斯人欢迎。俄罗斯人不讲价，看好就拿货，日销售量大，商品供不应求，每天的日子忙碌而快乐，丰厚的利润坚定他继续留居的决心。那时日销售额最多时相当于家乡一人的月工资，他开始积攒资金，批发更多的商品，不断增加商品种类。

异国打拼

两年的时光转瞬即逝，郭振东积攒了一些本钱，也积累了一些贸易经验，学会了俄语。这时在本地经商已经满足不了他对高质量生活的追求，听说许多人过江到布拉戈维申斯克做生意，那里空间大，利润多。面对襁褓中的儿子和年轻漂亮的妻子，他决定趁年轻出去再闯一闯，善良的妻子也支持他的想法，再三叮嘱他注意安全，不要惦记家里，她会照顾好孩子和老人。

1996年，儿子仅10个月时，郭振东告别妻儿，和千千万万个淘金者一样来到布拉戈维申斯克。那时他的梦想就是挣钱给家人买车买房，告别木板房，拥有一台属于自己的摩托车，让家人过上好日子。

当时布拉戈维申斯克"巴扎勒"中国大市场是露天开放的，冬天下雪、夏天下雨，环境恶劣，商户们顶风冒雪做生意，郭振东在那里出售体育用品，偶尔易物换货。在异国经商很辛苦，出摊的时候，他自己装货、扛包、推车、摆货，每天把那个1米多长、半米高、重80～90公斤的绿色帆布包装满并往返于商场和库房之间，白天忙一天，晚上回家还要自己做饭。他与其他中国人一样在曙光宾馆租住，那里有一二百家的中国业户，20平方米的房屋每月租金几千元人民币，由于中国人不断涌入，房屋租金不断上涨。

为了实现致富的梦想，郭振东克服一切困难，努力坚持。一年后，布拉戈维申斯克市兴建了"阿基克"中国大市场，一楼是饭店，二、三楼有几十名中国业主出售中国商品，他在三楼租100平方米的摊床经营体育用品，每月租金2000元人民币。由于生意兴隆，摊床租金不断上涨，经常出现一铺难求的现象。郭振东性格随和，平日喜欢结交朋友，晚上闲暇时和朋友小聚一下，打发异国漫长而枯燥的夜生活。由于工作关系，他和"阿基克"老板米沙相识并成为朋友，米沙也成为他经商路上的贵人。阿基克一楼饭店经营状况不好，一天，米沙主动问他是否有意租下来，年轻头脑灵活、颇有投资眼光的郭振东看准商机，把400多平方米的一楼全部租下来，自己使用一半，其余按照每个3米长、2米宽划分为十几个小摊床，一转手每个摊床月租金1万元。这样不经意间，他一年仅出租摊床就收入20多万元，获取丰厚的利润。

1998年，孩子2岁时，他的妻子深知郭振东一个人在外打拼太辛苦，把孩子留给老人照看，来到布拉戈维申斯克和他一起经商。他们选择把业务拓展到中国人较少的白山市中国大市场，经营皮夹克等，那里销售快，不赊欠，生意兴隆。

1999年，他们不满足仅出售一些体育用品，选择更大的投资项目。布拉戈维申斯克家具市场货品单一、样式陈旧，不能满足市民所需。由于朋友的父亲做家具，抱着试一试的态度，郭振东开始尝试雇人做家具，然后出售，刚开始雇佣几个人，最多时雇佣安徽等地40多名工人，从事生产、零售和批发业务。郭振东家具厂生产的家具采用新技术，材料中西合并，中国的油漆、粘纸，美观新颖；俄罗斯的木材坚固耐用，家具式样不断翻新、价格合理，深受俄罗斯阿穆尔州政府部门及市民的喜爱，销售量急剧上升，一天最多生产几十件家具，产品供不应求，阿穆尔州各乡镇以及远在雅库地区的客户都闻名而来，经营家具一年获得几十万元的丰厚利润。说起在布拉戈维申斯克最开心的事情，他笑着说，最难忘的事情就是数钱，经常是一回到家里，就把门锁上，把一面袋的钱倒在地上，每天数到手软，那时累并快乐着。

为了应对卢布贬值，郭振东每隔一两天就把卢布换成美金，积攒到1万美元就千方百计捎回家，那时除了卖货他就兑换美元，分几次偷偷地兑换。由于俄罗斯海关严格规定，每名中国人出境携带的现金不允许超过500美元，否则海关没收罚款，他就采取各种办法，有时候采取雇人带美元的方式，按照带回美元的数额给带货人提成，支付报酬。1998年、1999

年俄罗斯爆发经济危机，卢布贬值，由于卢布兑换及时，他的财产没有受到影响。

2003年郭振东成立华兴有限责任公司，拥有几千平方米的厂房，按照俄罗斯千分之一到千分之一点五的纳税政策，每年公司上缴税金就达20万~30万元人民币，每天公司周转资金上亿卢布。2008年，俄罗斯爆发经济危机，卢布贬值，原先雇佣木工师傅月工资1500元人民币，后来布拉戈维申斯克人工工资不断上涨，已经涨到每月1万至1.2万元人民币，那时卢布和人民币的兑换比率是1∶3，一个大衣柜售价2000元人民币合6000卢布，卢布贬值后，产品依旧卖6000卢布，只值几百元人民币，扣除人员工资、房租、上缴的利税，每月不赚钱还亏本，他只好把家具厂关闭。

2010年，郭振东花费几百万元人民币在布拉戈维申斯克购买土地，在环城大街66号兴建厂房，建立华兴家具厂，会计和营业员均雇佣俄罗斯人，俄罗斯会计每月工资4000元人民币。俄罗斯政府希望华商雇佣更多的俄罗斯人，解决就业问题，中俄工人在思想理念上存在差异，俄罗斯工人工作不吃苦，到点下班，只要够吃饭就可以，不想加班；中国人能吃苦，希望多挣钱养家，每天加班加点地干活。

在俄罗斯打拼近20年，郭振东的思想观念逐渐发生变化，严格遵守俄罗斯社会公德。他说最不理解的是中国人买东西不排队、随地吐痰，他赞赏俄罗斯人遵守时间，时间观念强；在斑马线上，车给狗让路……

永不言败

在家千日好，在外一日难。在俄罗斯经商并非一帆风顺，谈到难忘的经历，他向我讲述一个至今无法忘记的事情。2002年的夏天，郭振东在白山市租住的中国宾馆里悠闲地嗑瓜子，听见外边有人使劲地敲门，他急急忙忙打开门，十几个蒙面的阿蒙端着枪闯进来，一阵搜索，扬长而去，他们穿过宾馆走廊时，把过道两边中国人晾晒的衣服扔在地上并使劲地踩。那一幕让他心有余悸，第二天夫妻二人回到布拉戈维申斯克，再也不敢在白山市停留。

第三章　新时期的旅俄华侨

谈到在俄罗斯经商最大的困难，郭振东说自己不会俄语，为了生意，自学俄语，对俄罗斯的移民政策及纳税法规等了解不深入，雇工不合法，经常遇到麻烦。俄罗斯移民局每年下发劳动配额有限，控制严格，一年只发给每个公司10个劳务护照，家具厂其余雇工30~40人均使用旅游照。俄罗斯移民局定期到华商开设的各工厂里检查工人的劳务照，严格执行政策，如司机的劳务照不准从事木匠工种，如果违纪罚款2次，3年内俄罗斯移民局不准入境。

2003年，郭振东的家具厂厂房因电跑火引发火灾，损失100多万元人民币，面对熊熊大火，他们欲哭无泪，无法施救。俄罗斯出动10多台消防车灭火，大火过后，厂房一片狼藉，仅家具厂的废墟用3台卡玛斯整整运了7天才运完。接着俄罗斯消防部门要查封工厂并罚款。面对几十个同胞要挣钱养家，面对他们期待的目光，以及多年来辛辛苦苦的积累遭受的损失，倔强的郭振东在逆境中没有退缩，坚强地带领工人一边清理厂房，一边做好粉刷维修工作。20天后，家具厂重新开业。这让他的俄罗斯朋友米沙都很震惊。那20多天的日日夜夜，他每天睡眠不足，各种困难纷扰，硬是咬牙挺了过来。在俄罗斯打拼多年，总会遇上这样或那样的麻烦，他总是利用一切可以利用的力量，沟通协调，许多问题迎刃而解。

常怀感恩之心

郭振东一直怀着感恩的心面对生活，他说自己是幸运的，在"阿基克"商场，遇上老板米沙，那是他一生的朋友和贵人，每当遇到困难的时候，米沙总是伸出援助之手。2003年他的家具厂着火后，布拉戈维申斯克消防局要求工厂停业并罚款，是曾在安全局工作的米沙出手相助，才化险为夷，减少许多麻烦。米沙开4S商店后，又帮助郭振东减免工厂的税。

当年开家具厂，也是朋友相助，他说没有朋友，这些年无路可走。到黑河定居后，他身心疲惫，身体每况愈下，又是在朋友的介绍下，和师傅

305

学习站桩。看到健身馆生源不足，他默默地和过江做生意的朋友共同出资，租下繁华地段的门市，供老师教授功法。

为爱相守一生

郭振东是圈内的爱妻模范，大家都知道他对生病的妻子不离不弃。他的妻子是兴隆镇人，比他小一岁，两人经介绍相识，感情甚笃。他说，刚结婚时家里没有钱，日子过得很清苦，每月花费100元钱在黑河租板房的后屋居住，四面漏风，家中唯一的电器是电饭锅。两人夫唱妇随、相濡以沫，白手起家，花100元钱买辆自行车，推货、进货，黑河的中央街上留下他们勤奋而疲惫的身影，俄罗斯的商场中留下他们艰辛的足迹。每赚到一笔钱，他都拿回家给妻子和孩子。孩子小的时候，母亲帮助妻子照看孩子，妻子每天三四点起床，起早贪黑发货，雇人带货。他每月回黑河一次，看望老人和孩子，最多的时候三个月回来一次。

他的妻子是坚强、肯吃苦的女性，在家里困难的时候，勇挑重担，帮助丈夫批货、捎货，常年和丈夫一起在异国打拼。他常说，无法忘记妻子和他异国共同打拼的记忆，没有妻子就没有今天的自己，这个女人的一生太不幸，好日子刚来临，就患病。他重情重义，是敢于担当的人。五年前，妻子身体不适，他陪伴妻子在北京求医问药。2015年，妻子患病，他毅然放弃如日中天的生意返回国内，带着妻子奔走于北京各大医院求医问诊，精心照顾。当听到美国的医疗设备先进、医疗效果好的消息时，他不惜花费重金坚持带着妻子赴美国求医，为了解病情，及时和医生沟通，他自学英语，带妻子在美国居住半年多，克服语言不通、地形不熟等困难。他曾对笔者说，如果能用全部家产能换回妻子健康的身体，他心甘情愿。他就是这样一个执着而痴情的男人，在他的精心照顾下，妻子的身体日渐康复。

他家庭责任感强，在俄罗斯生意刚有好转的时候，就把家里的亲属都带到布拉戈维申斯克，与妹妹、妹夫等十几口人合伙做生意，大家在一起互相照应。他把钱财看得很轻，由于妹夫和自己在布拉戈维申斯克打拼10

在布拉戈维申斯克的厂房

多年,归国前,他豪爽地把刚兴建不久的厂房无私交给了妹夫。

他21岁来到黑河,白手起家做对俄贸易,是新时期最早赴俄淘金者之一。20多年来付出太多的艰辛和努力,前半生的经历留给他太多的回忆。如今儿子已经22岁,在青岛大学读书,儿子不喜欢俄罗斯,去了一次就再也不想去。为了陪伴妻子,他也不想再去俄罗斯发展,这两年经常带着妻子到美国、三亚旅游,放松心情。如今二人经常练习站桩、打太极、学习养生,尽情享受人间美好生活。执子之手,与子偕老,20多年来,两人相识的誓言历经风雨依旧没有改变。

采访时间:2017年5月30日
采访地点:黑河市拳艺健身馆
口述人:郭振东,1972年出生,商人

代结语：未终结的研究与思考

为真实还原百年来黑龙江上中游旅俄华侨的历史文化活动，本书仅对旅俄华侨历史进行叙述，未对其做任何客观评价，尽量保持口述风格。笔者深知研究能力有限，并在调研方面也存在时间与空间的局限性。

旅俄华侨是中俄关系的基石

通过调查研究，作者发现新时期旅俄华侨不再从事繁重工作，他们的政治经济地位不断提升，是中俄文化交流的纽带，成为远东地区经济发展的重要力量。

1. 华商是远东地区主要的纳税者，是当地经济发展不可或缺的力量

新时期旅俄华侨随着祖国的强盛和个人经济地位的提升，生存环境发生很大变化，成为俄罗斯远东地区经济发展不可或缺的一部分，是重要的生力军。对于远东地方政府来说，中国大市场每年上缴的各种税费成为当地财政收入的重要来源。在远东地区的大市场如比罗比詹市"中央百货商场"等，经济危机后由于华商的有力支撑才没有倒闭，华商是当地经济的重要支柱，据统计，在比罗比詹市一个华商每月纳税4000卢布，平均每2名华商养活1名俄国人；2000年在布拉戈维申斯克市每名华商每天上缴500元人民币税，上缴的税收用于支付远东地区俄罗斯公务员的工资。乌苏里斯克市政府仅从一个中国市场收取的摊位费每年就高达150万美元。

该市副市长曾经说过,该市之所以能够保证公务员开支,主要就是依靠从中国大市场得到的收入。[①]华商的经济活动满足了俄国居民的日常生活需要,填补了远东劳务市场的空白,为俄罗斯的市场繁荣、经济振兴注入了巨大的活力。

2. 华商解决俄罗斯人就业问题

由于雇佣同胞费用高,每月在 4000 元人民币以上,厨师月工资在 8000 元以上,还需要负责中国雇工的吃住、办理护照等,加上俄罗斯移民局出台外国人不按时办理落地签就不允许出入境等苛刻政策,华商大多选择雇佣工资低的俄罗斯员工,减少投资成本,增加利润。从事商品销售的许多华商雇佣俄罗斯营业员,工资收入按照销售额提成,而从事体力劳动的俄罗斯服务员日工资大多在 350~740 卢布,无须负责吃住。在比罗比詹经营饭店的 Y 某每天工作到晚上七八点回家休息,由雇佣四五年的俄罗斯服务员负责看店;黑龙江省逊克县的 H 先生,在阿穆尔州租种 10000 垧土地,除雇佣少数中方技术专家外,雇佣俄罗斯工人 100 余人;比罗比詹市的 L 女士雇佣长期俄罗斯员工 7 人,短期的卸车工人若干人;在布列亚经营"哈尔滨饭店"的 W 女士雇佣 4 名俄罗斯工人。俄罗斯雇工工作认真务实,与华商雇主相处和睦。华商少则雇佣 1~2 人,多则十几人、数十人,采取日工资、当天结账的方式。华商的进入为俄罗斯人提供更多就业机会,提高远东地区的就业率,解决远东地区就业难的问题。

3. 华侨经济社会地位的提升

由于中国经济实力的崛起,中国文化走出去的步伐逐渐加快。中国的文化、语言、饮食备受俄罗斯人推崇,华侨的社会地位、经济地位不断提升,不再从事又苦又累的工作,工资有保障,生存环境、工作条件发生质

[①] 《环球时报》2003 年 12 月 26 日,第 12 版。

的变化。他们在远东地区中俄经贸发展中从事俄罗斯人艳羡的职业，购买力强，在俄罗斯购房、购车并置业，经常往返于中俄两国边境地区。

许多华侨在俄罗斯都是高收入者，物质生活和精神生活丰富。小Z在黑龙江省黑河学院毕业后选择在俄罗斯布拉戈维申斯克读硕士、博士，利用业余时间从事翻译和化妆品代购工作，由于适应能力强、地形和业务比较熟悉，经常往返于阿穆尔州、哈巴罗夫斯克、符拉迪沃斯托克等地。2015年，人民币与卢布汇率在1∶11的时候，他以70000卢布/平方米在布拉戈维申斯克购买一套小户型公寓，并花费5万元人民币购买一辆二手日本车，方便联系业务，两年后又更换新车辆。在俄罗斯闯荡20余年经营"哈尔滨饭店"的W女士，与丈夫在距离布列亚镇80公里的巴拉干购买一套门市，用于经营饭店。白山市W先生，购买一套300平方米的二层楼用于经营饭店，饭店的业务由外甥负责打理。他在布拉戈维申斯克还经营2家中国饭店，并购买私家车。在比罗比詹的J女士在俄罗斯打拼近20年，花费200多万元购买770平方米的两层门市房，二层是餐厅、卧室、休息室，一楼用于批发业务，由于业务量大，雇佣许多中俄工人，并购买私家车。

无论是从事服装批发业，还是从事农业、餐饮业的华商，大多雇佣俄罗斯人完成具体工作，他们只负责联系业务，早已完成由雇工到雇主身份的转变。物质生活的富裕带给华商丰富的精神生活，年轻的华侨业余时间大多和中俄朋友一起滑雪、游泳、旅游、看演出，已经完全融入俄罗斯的社会生活。

4. 微型华人社区的出现

国内学者认为，移民网络指先行移民与故乡的后来者所具有的各种裙带关系的组合，这种组合包括亲人、朋友以及基于亲情、友情所建立起来的种种联系。在俄罗斯打拼的中国人，大多不是独自一人，而是与亲属或者同乡同行，刚刚在俄罗斯站稳脚跟，有一定经济基础，便以移民网络为基础把亲属朋友带过来共同创业打拼，互相照应和依靠，他们以家庭为单位，少则 2 至 3 人，多则十几人、数十人。一些华商举家迁往俄罗斯，子女在俄罗斯上学，并购买了房屋、汽车。他们大多数人都从摆地摊，出售服装、小百货、食品等小本生意开始，积累财富后投资扩大产业或转型其他产业。

华商认为，在俄罗斯人口较多的城市，中国人多，竞争力大，竞价之下利润低，经营困难。布拉戈维申斯克距离黑河市较近，是华商云集的地方，在大街上经常看见三五成群的中国人，或务工，或购物。华商中盛行三角债，形成恶性循环，许多华商资不抵债，无法偿还，形成许多死账、烂账。白山市是阿穆尔州的地级市，位于西伯利亚大铁路的节点，设有通往中国油气管道办公室，有 8 万多人口，200 余名中国人从事建筑、商品批发和餐饮业。白山市、比罗比詹市与布拉戈维申斯克市不同，卖水果全部现金交易，不赊欠，货物出售较快。比罗比詹市政府不排斥、歧视华商，亲商、容商，并负责给中国务工人员发劳务卡，为华商提供许多便利条件。比罗比詹市"中央百货商场"负责人为华商代办邀请函、签证，雇工手续合法，使华商们安心做生意，解决他们的后顾之忧。比罗比詹市为华商谋生营造了较为宽松的社会环境、安全环境、政治环境，使中国人社会融入较好，这也是比罗比詹中国人的幸福指数和满意度在远东地区各个城市中最高的主要原因。

20 世纪 90 年代初，在布拉戈维申斯克的华商居住在俄罗斯的老式木刻楞宾馆中，黑河市的王女士带着女儿、儿子租住在列宁大街 75 号，月租金 3000 元人民币。2016 年，大庆的刘先生与妻子租住在 30 多平方米的华人宾馆，月租金 2000 元人民币。白山市经营服装的吴女士与丈夫、叔叔等亲属 5 人租住在华人大市场内，大市场内的华商除了做生意外几乎足不出院，一年中只有圣诞节休息 3 天，春节期间照常营业。在布列亚镇王女士经营"哈尔滨饭店"，她的丈夫在距离布列亚镇 80 公里的巴拉干经营产权属于自己的饭店。每遇中国节日在比罗比詹做服装生意的王先生都与亲属朋友 20~30 人聚会。闫女士与 10 多名亲属一起在比罗比詹市经商。杨某和丈夫一起在比罗比詹市经营饭店，儿子在圣彼得堡读语言，弟弟、弟媳妇、舅舅、姨妈在尼古拉耶夫斯克经营服装。来自黑龙江省齐齐哈尔市的W女士在比罗比詹生活10多年，丈夫和亲属承包耕种土地，她在家照顾孩子。比罗比詹的J女士和儿子儿媳一起从事水果批发，哥哥一家在当地经营洗车修车行。冯先生夫妇与儿子、儿媳、孙子一起住在比市太阳岛学校，那里有华侨70～80人。

在调研中，远东地区95%以上的华商和亲属朋友共同生活在一起，他们组成大大小小的不同群体，这些群体不断补充和更新，逐渐扩大规模，他们既是单独的个体，又通过移民网络组成不同的华人群体，形成微型华人社区。华商个体独立处理在异国的法律纠纷、商业事务、与俄罗斯海关等部门的沟通协调，解决生活、工作中的难题。

俄罗斯移民政策对旅俄华侨的影响

大量中国人的涌入，引起俄罗斯中央及地方政府的注意及部分极端主义者的恐慌。俄罗斯一家咖啡馆提供的咖啡砂糖袋上用俄语写着："这里的一切都是俄罗斯的，这里的一切都属于我们，从莫斯科到俄罗斯的尽头。"这句话实际上是用来庆祝哈巴罗夫斯克建市150周年的口号，说明俄罗斯社会对原属于中国的远东地区的归属一直深怀戒备心理。在20世纪90年代初期政治变迁带来的族群地理重构趋向平静之后，俄罗斯为解决本国劳动人口短缺问题而出台的移民政策，依然显示了鲜明的族群偏好，对外来移民的选择存在明显的双重标准。俄罗斯开发远东需要大量劳动力、技术和资金时，就制定一系列优惠政策吸引中国人到俄罗斯务工淘金；当中国人数量增加并在当地产生影响时，当地政府就开始极度恐慌，这种矛盾的心理决定俄罗斯移民政策的两面性。

1991～2003年，在移民政策问题上，俄罗斯政府已经通过了37个联邦法律、10项总统令、62个联邦级法规、26个部级法规以及9个国际协议。[1] 俄罗斯联邦于新时期制定并实施的一系列移民政策，明显表现出以

---

[1] 拉林:《俄罗斯人眼中的中国移民》。

同族、同源、同文为选择标准的移民偏好。①

2002年2月20日俄国家杜马通过了新的《国籍法》草案。新法律规定，获得俄罗斯国籍须具备的首要条件是在俄罗斯境内居住5年以上，其中每年出境时间不得超过3个月；申请者在申请加入俄罗斯国籍的时候必须放弃原有国籍；申请加入俄罗斯国籍的外国公民必须掌握俄语。俄罗斯国籍对中国人没有太大的吸引力。资料表明，想在俄罗斯定居的中国人并不多。在滨海边疆区获得永久居留权的中国人仅为37人，② 1991~1996年间在阿穆尔州获得永久居留权的中国人为99人，获得俄罗斯国籍的中国移民为15人。在哈巴罗夫斯克边疆区较多些，获得永久居留权的中国人为170人。③ 2007年1月15日通过《俄罗斯联邦外国公民法律地位法》《俄罗斯联邦外国公民和无国籍人士移民登记法》，对中国移民的数据更加明朗化，规范了外国人在俄罗斯的登记、生活和工作的程序，完成了许可登记制向通知登记制的改变。从2001年开始，俄罗斯对外国移民实行配额制度。几年来，移民配额一直在减少。2014年，俄罗斯面向外籍和无国籍人员发放暂住许可证配额仅为9.58万个，比上年缩减近万个，仅为2008年的2/3。2012年，俄罗斯拟立法强制在俄临时打工的外来移民和打算在俄罗斯长期定居并获得俄罗斯公民身份的移民学习俄语，并进行语言测试。

2015年1月1日起，俄罗斯新移民法开始生效，对于与俄罗斯实行免签证的国家取消移民配额，代之以个人或者法人工作许可制度。《俄罗斯2020年发展战略》明确提出，俄转向创新发展道路需要高技能的劳动移民。这些移民政策的更迭，把从事对俄商品贸易的中国人拒之门外。

中国人买车大都用俄罗斯人的名字落牌照，俄罗斯交警队严格控制中国人倒买倒卖车辆。如果中国人闯红灯、压线、没系安全带，不仅交罚

---

① 李明欢：《国际移民政策研究》厦门大学出版社，2011，第260页。

② Г. С. Витковская, Ж. Зайончиковская, Новаястолыпинскаяпоитикана Дальнем Востоке России: надежды и реалии. —Москва: Гендальф, 1999, с. 5.

③ В. А. Ларин, Китай и Дальний Восток России в первойполовине 90 — х: проблемырегионалыноговзаимодействия. Владивосток: Дальнаука, 1998, с. 114.

款，还要在护照上做记录。2007年1月生效的《俄罗斯联邦外国公民和无国籍人士移民登记法》规定："在俄境内被行政处罚两次以上的外国人，移民局将不再发给签证或拒绝为其办理暂居和长期居住手续。"如果中国人有两三个罚款记录，就不允许办理签证，影响出入境，中国人为了留居俄罗斯大多不敢冒这个风险，都使用俄罗斯人的名字落户，如果车辆违章，替俄罗斯人交罚款，双方沟通协商就可以解决问题。《俄罗斯联邦外国公民和无国籍人士移民登记法》第6条规定，对于违反移民登记规定的外国公民，俄罗斯将依法处以2000~5000卢布的罚款。严重违反规定者将依照法院判决予以遣返，签证过期仍滞留俄罗斯的外国人，将被俄移民管理局在护照上加盖黑章，而且在一定年限内不能进入俄境内。许多在俄罗斯做生意的中国人由于护照被俄罗斯移民局盖上黑章，无法入境，只好在中俄边境地区黑河市的俄罗斯商品一条街经营俄罗斯商品。

1998年俄罗斯经济陷入多重危机，1~10月中俄两国贸易额为44.7亿美元，其中俄从中国的进口额为15.1亿美元，全年两国的贸易额低于同年上半年的61.2亿美元。卢布兑换美元的官方汇率为16.9:1。据俄报刊社透露，8月17日以后的1个月内，美元对卢布的官方汇率提高了98%，卢布贬值了48%。经历那场经济危机，80%的中国业户归国，经济危机后，华商们手中不再留存卢布，卖完货尽快兑换人民币带回国内，减少经济损失。

2014年至2015年俄罗斯经济严重萎靡，秋季人民币与卢布兑换比例为1:6.5，年底降到1:12，在布市经营水果的L先生说2014年以前年净利润30万~50万元人民币，在俄罗斯布拉戈维申斯克友谊库一天能批发出去20万元人民币的货物，雇车从黑河市直接过货一车能挣5万元人民币，如今批发一车水果只挣3000元人民币。在布拉戈维申斯克市"三条金鱼"大市场，2004~2005年、2008~2009年有几千个中国摊床，曾出现一铺难求的现象，现在只剩下几百个摊床，闲置一半；在阿穆尔州白山市服装批发市场，鼎盛时期，有100多个华侨业户，如今进货贵，商品卖不上价，只剩下10多个业户；比罗比詹市的工厂效益差，俄罗斯人找不到工作，华侨经营的木材厂、沙发厂，投资的建筑均无利润，风险大，许多华侨辛苦挣的钱一夜赔光。

20 多年来，俄罗斯经济跌宕起伏，尤其是 2014 年，俄罗斯遭受西方国家的经济制裁，创下卢布汇率 15 年来的最大跌幅，卢布对美元的汇率暴跌了 85%。经历几次较大的经济危机和俄罗斯移民政策的调整，面对俄罗斯苛刻的移民政策及俄罗斯经济萎靡、卢布贬值，大批中国人无法继续留居，放弃在俄罗斯继续发展的机会，归国谋生，远东地区中国人数量锐减。

旅俄华侨面临的困难和挑战

1. 缺少安全感

从黑龙江上中游中俄边境地区走出去的华侨深受庚子俄难的影响，无法从记忆中抹去百年前沙俄对黑龙江边民的残酷暴行，对俄罗斯国家、民族一直持有恐惧和不信任的心理。加上俄罗斯社会治安差，光头党暴力伤害、抢劫和杀戮华商的事件经常发生，旅俄华侨为了淘金在异国谋生，他们抛家舍业，命悬一线，人身安全得不到保障，尤其是俄罗斯移民政策不断调整，令华商无法久居俄罗斯。

俄罗斯海关等部门官僚腐败，黑社会猖獗，国家管理调控社会的能力极端衰弱，行政服务体系较弱，卢布汇率跌宕起伏，企业倒闭停产，老百姓购买力低下，导致俄罗斯贸易、投资环境不佳。尤其是新时期，在俄罗斯实行劳动配额的政策下，为了获取蝇头小利，在俄华商大多持旅游照、商务照经商，不符合俄罗斯法律，俄罗斯海关及警察局了解中国人的心理，进行罚款、驱逐，为了获得更多在俄经商机会，大多数华商贿赂警察，致使俄罗斯警察勒索华商现象时常发生。

2. 华人社团组织缺少凝聚力

在远东地区的华侨大多以亲属链为基，形成单独的群体，他们独自解决生活、工作中的各种难题，承担困难和风险。由于对峙和分裂状态，海外华侨社会缺乏团结和凝聚力，从而影响华侨社会生存和发展的潜力。笔者调查布拉戈维申斯克市、白山市、比罗比詹市的华侨，均未参加任何社团组织。

由于俄罗斯政府的打击和限制，加上俄罗斯民族的排他性，远东地区很难形成强有力的中国社团组织，即使个别地方的中国人成立了社团组织，也是有名无实，很难开展实质性的活动，不能发挥维权保护、市场管理、救护、文化普及的功能，无法行使华商代言人的权利，帮助华商解决法律纠纷、法律诉讼、商品价格调整、担保、证明、文化传播、搜集商业信息、看病就医、提供就业门路等，更无法解决中国人内部与外部的纠纷等实际问题。

3. 大多数华侨游离于俄罗斯主流文化乃至主流社会之外

由于远东地区华侨俄语沟通能力弱，为减少与当地政府部门打交道的麻烦，纷纷聘请俄罗斯人作为代理，负责生意上的沟通协调。虽然华侨在俄罗斯没有形成唐人街、中国城，但是他们以亲属链为基形成微型华人社区，建立华人社区的组织和结构，保持和继承中华民族的传统文化，并形成坚固的抗拒外来文化的防波堤。俄罗斯远东地区的华侨在饮食、服饰、生活习惯等依旧沿袭国内的风俗习惯，他们除工作外，很少与俄罗斯人交流，大多喜欢和本民族人群居。在远东地区的中国人宾馆或者社区内，住满以亲属链为基的华侨，少则几十人，多则几百人。黄皮肤、汉语、汉族服饰是他们的典型特征。

虽然旅俄华侨在俄罗斯的地位不断提升，但是他们无法进入俄罗斯的主流社会，没有社会话语权，没有安全感，无法扎根俄罗斯，加之华人社团组织缺少凝聚力，使大批华侨无法融入俄罗斯社会。俄罗斯多变的移民政策、排外的民族特性、诸多不安全的因素，使华侨无法在俄罗斯落地生根，受落叶归根的思想影响，他们到俄罗斯淘金积累一定钱财后大多选择归国。

4. 由于商业无序竞争，华商无法扩大经营规模

近年来，俄罗斯经济危机，购买力下降，对俄贸易利润低，许多华商只能从事小规模、低层次经营。由于行业竞争激烈，华商互相提防、打压，往往采取无序竞争，把价格压到最低点。俄罗斯人熟悉和了解华商的经营心理和方式，压低价格，致使一些中国小企业无法获得较高利润，甚至低于成本价格卖出商品，无法继续支撑下去，亏损或倒闭。在相互厮杀中华商企业无法扩大规模，致使俄罗斯人获利，个别人甚至勾结俄罗斯黑社会打击同胞。华侨群体之间缺少联系和沟通，缺少凝聚力，加上同行业缺少有序竞争，华商会等社团组织的主导作用较弱，很难发挥示范榜样作用，华商小企业经营规模无法扩大，难以形成庞大的商业网络，至今大多数仍停留在初步经营阶段。

附录 采访人员名单

序号	姓名	性别	出生年月及年龄	居住地址或工作单位	采访时间
1	宁林山	男	80岁	黑河市（已故）	2013年4月
2	宁殿阁	男	1943年，72岁	黑河市	2013年4月
3	刘国利	男	1953年5月29日	黑河市旅俄华侨纪念馆退休	2013年5月13日，2015年7月19日
4	刘奎恒	男	1939年6月11日	齐齐哈尔龙沙区合意路	2013年5月17日
5	韩陆军	男	1956年8月	黑河市房产局	2013年5月22日
6	韩来兴	男	1948年2月14日	黑河市社科联退休	2013年5月
7	付金山	男	1934年，82岁	黑河市幸福乡长发村	2013年6月，2015年5月1日
8	关金凤	女	1944年，72岁	黑河市幸福乡长发村	2013年6月，2015年5月1日
9	毕至民	男	1951年10月25日	黑河逸夫中学退休	2013年9月29日，2016年12月18日
10	吴彩芬	女	1944年	黑河市	2014年10月
11	吕美琴	女	1943年	黑河市	2014年10月
12	曲云和	男	90岁	黑河市张地营子乡白石砬子村	2015年4月11日
13	曲兆花	女	61岁	黑河市张地营子乡白石砬子村	2015年4月11日
14	曲俊生	男	67岁	黑河市张地营子乡白石砬子村	2015年4月11日

附录　采访人员名单

续表

序号	姓名	性别	出生年月及年龄	居住地址或工作单位	采访时间
15	葛双友	男	92岁	黑河市张地营子乡	2015年4月11日
16	葛双友妻子	女		黑河市张地营子乡	2015年4月11日
17	葛伟	男	1960年2月	黑河市	2015年4月
18	张洪斌	男	84岁	黑河市张地营子乡	2015年4月11日
19	宁彩珍	女	1936年，80岁	黑河市爱辉区人事局退休	2015年4月18日
20	宁彩琴	女	1934年，82岁	黑河市	2015年4月18日
21	吴全增	男	73岁	黑河市张地营子乡霍尔沁村	2015年4月17日
22	吴全义	男	68岁	黑河市张地营子乡霍尔沁村	2015年4月17日
23	关银双	男	1940年，76岁	黑河市张地营子乡霍尔沁村	2015年4月17日
24	韩淑英	女	80岁	黑河市上马厂乡	2015年4月17日
25	关采琴	女	82岁	黑河市上马厂乡	2015年4月17日
26	徐文杰	男	57岁	黑河市上马厂乡	2015年4月17日
27	毛玉华	女	59岁	黑河市上马厂乡	2015年4月17日
28	毛贵兰	女		黑河市东方红煤矿	
29	苏刚喜	男	1942年，73岁	孙吴沿江乡哈达彦村	2015年4月25日
30	车淑娟	女	1961年，55岁	孙吴沿江乡哈达彦村	2015年4月25日
31	赵金龙	男	1952年，63岁	孙吴沿江乡哈达彦村	2015年4月25日
32	赵金虎	男	1958年5月11日	孙吴县	2015年4月25日
33	黄凤翠	女	1953年，62岁	孙吴沿江乡哈达彦村	2015年4月25日
34	杨玉芝	女	1952年，64岁	孙吴沿江乡哈达彦村	2015年4月25日
35	张振宇	男	68岁	孙吴沿江乡哈达彦村	2015年4月25日

续表

序号	姓名	性别	出生年月及年龄	居住地址或工作单位	采访时间
36	王丛河	男	1932年，83岁	孙吴沿江乡哈达彦村	2015年4月25日
37	何世环	女	1927年，88岁	孙吴沿江乡四季屯村	2015年4月25日
38	吴宪忠	男	1956年，60岁	黑河市爱辉区坤河乡黄旗营子村	2015年4月25日
39	吴宪尧	男	1960年，56岁	黑河市爱辉区坤河乡黄旗营子村	2015年4月25日
40	宁石成	男	1933年，83岁	黑河市瑷珲区瑷珲镇外三道沟村	2015年4月25日
41	张志杰	女	1966年，49岁	黑河市爱辉区瑷珲镇外三道沟村	2015年4月25日
42	郭琪玛廖娃·吉娜（周金娜）	女	1935年3月18日	布拉戈维申斯克	2015年5月
43	李广厚	男	80岁	《黑河日报》社退休	2016年3月12日
44	刘佩勋	男	1931年	黑河行署副秘书长离休	2015年4月19日
45	王笑红	女	1935年	黑河市文化局退休	2015年4月19日
46	徐枫	男	1956年，59岁	黑河市评剧院	2015年5月1日
47	王玲	女	1957年，58岁	黑河市新华书店	2015年5月1日
48	高凤兰	女	80岁	黑河市	2015年4月19日
49	李春利	男	1943年，72岁	黑河市四家子乡西子家子村	2015年5月2日
50	关品秀	男	1921年，94岁	黑河市四家子乡西子家子村	2015年5月2日
51	朱秀华	女	1938年，78岁	黑河市四家子乡西子家子村	2015年5月2日
52	文艳秋	女	68岁	黑河市	2015年5月2日
53	王金才	男	79岁	逊克县	2016年2月

附录　采访人员名单

续表

序号	姓名	性别	出生年月及年龄	居住地址或工作单位	采访时间
54	王力	女	1960年	黑河市	2016年3月6日
55	张元磊	男	1983年	黑河市	2016年3月6日
56	徐松芝	女	1950年12月3日	山东省化纤总公司	2016年4月
57	王苏	女	1978年	海南省海口市	2016年3月
58	孟欣	女	1974年	黑河市	2016年3月
59	吕志贤	男	1930年	黑河市人大工委副主任离休	2016年6月3日
60	祁学俊	男	73岁	黑河市人大退休	2016年6月3日
61	李纯珊	男	1930年	黑河市离休	2016年6月3日
62	滕忠民	男	83岁	黑河市离休	2016年6月3日
63	白继莲	女	65岁	上海市	2016年6月30日
64	白继兰	女	74岁	孙吴林业局退休	2016年6月30日
65	盖玉玲	女	1962年	黑河市瑷珲古城风景名胜区管理处	2016年6月
66	张宝魁	男	1940年	黑河市	2016年7月26日
67	张金生	男		黑河市	2016年7月26日
68	徐静娴	女	1933年	北京市教育学院离休干部	2016年7月31日
69	徐静敏	女	1938年11月20日	北京市第二中学教师	2016年7月31日
70	张治国	男	84岁	黑河市	2016年8月6日
71	徐洪春	男	1945年12月	山东省莱州市	2016年8月7日
72	王洪志	男		山东省莱州市后吕村支部书记	2016年8月7日
73	王世祥	男	1937年	黑河市退休	2016年9月19日
74	苗忠林	男	1932年	逊克县边疆乡	2016年9月22日
75	邱锦秀	女	1930年	逊克县边疆乡	2016年9月22日
76	马玉花	女	1939年	逊克县	2016年9月22日
77	皓利佳	男	1963年12月22日	逊克县	2016年9月22日
78	王维德	男	1957年	逊克县个体	2016年9月22日

续表

序号	姓名	性别	出生年月及年龄	居住地址或工作单位	采访时间
80	高永生	男	1964 年	逊克县史志办	2016 年 9 月 22 日
81	李栋江	男	1953 年	黑河市大洋贸易有限公司	2016 年 9 月 26 日
82	韩春平	女	1954 年 6 月 13 日	沈阳市退休	2016 年 10 月 21 日
83	韩春仪	女	1957 年 6 月 1 日	沈阳阜新退休	2016 年 10 月 21 日
84	单吉昌	男	1949 年	黑河市建筑设计院退休	2016 年 12 月 17 日
85	毕英芬	女	1937 年	逊克县政府退休	2016 年 12 月 17 日
86	邹淑玉	女	1932 年	黑河市南大街	2017 年 1 月 9 日
87	姚春祥	男	1967 年	逊克河东村	2017 年 1 月 11 日
88	许迎春	男	1984 年	布市亚洲宾馆财务人员	2017 年 1 月 17 日
89	何文安	男	1957 年 7 月	亚洲宾馆经理	2017 年 1 月 17 日
90	何雁	女	1956 年		2017 年 1 月 17 日
91	金宗林	男	1953 年	哈尔滨市工商联退休	2017 年 2 月 3 日
92	宋贵卿	男	1928 年	原呼玛县医院院长、政协副主席	2017 年 4 月 3 日
93	达莎	女	1983 年		2017 年 5 月 26 日
94	郭振东	男	1972 年	经商	2017 年 5 月 30 日

注：年龄为采访时计算。

后 记

　　历经五年的调研采访,《黑水为证:旅俄华侨的历史记忆》即将面世。搁笔于此,在拙著即将付梓之时,我如释重负地松了一口气。本书是我在旅俄华侨历史研究中的又一成果,是向几年来在旅俄华侨史研究的路上给予我关心、支持、帮助的各位领导、各位专家、学者,递交的一份尚不完美的答卷,亦是对百年来黑龙江上中游地区旅俄华侨的一个粗浅记录。

　　2013年春,从调研家族的溯源开始,我接触一些归国旅俄华侨及其后裔,他们的人生经历深深吸引了我,从此走上旅俄华侨历史研究之路。我利用寒暑假、休息日,走遍黑龙江上中游地区,查阅档案,走访旅俄华侨及其亲友,探寻旅俄华侨的历史足迹。旅俄华侨的历史是中俄关系史的真实写照,他们的辛酸血泪深深牵动着我的心,他们拼搏奋进、艰难创业的历史激励着我,还原历史,让更多的人知晓旅俄华侨百年来的足迹,便是支持我一路走下去的原动力。

　　本书的编写意义在于挖掘旅俄华侨的历史档案资料,开辟黑龙江上中游地区旅俄华侨研究新领域,填补旅俄华侨口述史研究的空白。由于时间仓促,加之才疏学浅,对于旅俄华侨的口述资料挖掘尚显肤浅,对于录像、音频档案整理还不够充分,这将是我今后科研攻关的重点。

　　本书是国家社科基金项目"十九世纪末至二十世纪末黑龙江上中游地区旅俄华侨及其后裔相关史料的调查研究"的阶段性研究成果,也是中央财政支持地方高校专项"俄罗斯远东地区经济文化研究中心"项目的研究成果。参与本书编写的还有汲长伟、赵宇、盖玉玲。

  本书编写中得到诸多旅俄华侨及其亲友的大力支持，他们积极给予配合，提供大量有价值的史料，使我顺利完成采访和编写任务。在从事旅俄华侨历史研究的道路上，我得到周南京、李明欢、李永昌、曲晓范、张建华、王禹浪、谢春河等诸多老师的关心和帮助，在他们的鼓励帮助下，在家人的理解支持下，我心无旁骛从事研究，为此我感到幸运。在近五年的时间，拿出四部旅俄华侨历史研究的成果，更没有想到曾经的业余爱好如今变成我的主要研究方向。由于时间仓促，虽竭尽全力，错误仍在所难免，恳请读者见谅。

  "路漫漫其修远兮，吾将上下而求索"。既然选择了旅俄华侨历史的研究，我甘愿做一只蜜蜂，在世界史的百花园里采摘，坚持不懈地努力求索。倘若此书能为研究者提供点滴帮助，我已倍感欣慰。

宁艳红

2017 年 5 月 30 日

图书在版编目（CIP）数据

黑水为证：旅俄华侨的历史记忆／宁艳红著．--
北京：社会科学文献出版社，2018.4
　ISBN 978－7－5201－2482－9

　Ⅰ．①黑…　Ⅱ．①宁…　Ⅲ．①华侨-历史-俄罗斯
Ⅳ．①D634.351.2

中国版本图书馆CIP数据核字（2018）第049951号

黑水为证：旅俄华侨的历史记忆

著　　者／宁艳红

出 版 人／谢寿光
项目统筹／宋荣欣
责任编辑／李期耀　徐成志

出　　版／社会科学文献出版社·近代史编辑室（010）59367256
　　　　　地址：北京市北三环中路甲29号院华龙大厦　邮编：100029
　　　　　网址：www.ssap.com.cn
发　　行／市场营销中心（010）59367081　59367018
印　　装／三河市尚艺印装有限公司
规　　格／开　本：787mm×1092mm　1/16
　　　　　印　张：20.75　字　数：303千字
版　　次／2018年4月第1版　2018年4月第1次印刷
书　　号／ISBN 978－7－5201－2482－9
定　　价／89.00元

本书如有印装质量问题，请与读者服务中心（010－59367028）联系

版权所有 翻印必究